U0083223

中國學術思想 研究輯刊

十九編

林慶彰 主編

第 8 冊

《淮南鴻烈》氣論思想研究

楊婉羚 著

花木蘭文化出版社

國家圖書館出版品預行編目資料

《淮南鴻烈》氣論思想研究／楊婉羚 著 -- 初版 -- 新北市：花
木蘭文化出版社，2014〔民 103〕

目 4+242 面；19×26 公分

（中國學術思想研究輯刊 十九編：第 8 冊）

ISBN 978-986-322-928-5（精裝）

1.淮南子 2.研究考訂

030.8   103014774

ISBN-978-986-322-928-5

9 789863 229285

中國學術思想研究輯刊

十九編　第八冊　　　　　　ISBN：978-986-322-928-5

《淮南鴻烈》氣論思想研究

作　　　者	楊婉羚
主　　　編	林慶彰
總 編 輯	杜潔祥
副總編輯	楊嘉樂
編　　　輯	許郁翎
出　　　版	花木蘭文化出版社
社　　　長	高小娟
聯絡地址	235 新北市中和區中安街七二號十三樓
	電話：02-2923-1455／傳真：02-2923-1452
網　　　址	http://www.huamulan.tw 信箱 hml 810518@gmail.com
印　　　刷	普羅文化出版廣告事業
封面設計	劉開工作室
初　　　版	2014 年 9 月
定　　　價	十九編 25 冊（精裝）新台幣 42,000 元

《淮南鴻烈》氣論思想研究

楊婉羚　著

作者簡介

楊婉羚，台北人，1983 年生，2005 年 6 月畢業於中國文化大學中國文學系文學組，同年考取中國文化大學中國文學系碩士班，2009 年 1 月以《《淮南鴻烈》氣論思想研究》取得碩士學位，9月考取中國文化大學中國文學系博士班。目前為台北海洋技術學院通識教育中心、馬偕醫護管理專科學校通識教育中心兼任講師。

提　要

漢朝初年的《淮南鴻烈》為淮南王安集眾賓客共同撰作完成的重要著作，其內容包羅萬象，並以道家思想為主軸，兼融先秦眾家學術思想之長，同時，繼承戰國以降氣論思想，具承先啟後之功。本文試以氣論思想為主，探討《淮南鴻烈》中氣論思想結構。以下簡述各章主旨。

第一章，說明本文撰寫研究動機、目的與研究方法、範圍、前賢研究成果。

第二章，簡述劉安生平事蹟與相關著作、前人對《淮南鴻烈》思想家派歸屬問題，及其成書時代背景與氣論思想淵源。

第三章，整理分析道之內涵和道與氣的關係、道創生萬物的過程、次序及氣在其中所扮演的角色，最後論述氣由無限道體中落實到有形世界之過程。

第四章，透過全面對天文、曆法、星象、節氣、地理、物類產生現象之探討，試圖藉陰陽五行之氣在天地間的變化，傳達氣化天道輪轉不息及貫通天地包羅萬有的特色。

第五章，討論陰陽五行之氣與各種物類間的相互感應、影響，並藉由天人是一、天人同類的特殊關係，強調以人為尊的觀念，說明人可直接與天相互感應，故人不合道，天降下災異；反之人行道則精誠感通，天會回應並降下祥瑞。

第六章，探討氣化作用落實於人的肢體、臟器，及其在溝通內外所扮演的角色，和氣化作用對心性情欲的產生與影響，並帶出人貴於萬物，具備變化氣質修養學習工夫的特點。

第七章，結論，首先論述後世的批評與褒揚，其次討論氣化思想對後世之影響，最後總論《淮南鴻烈》之氣論思想特色，希冀藉由各章的討論能充分掌握《淮南鴻烈》氣論思想之全貌。

目

次

第一章　緒　論

第一節　研究動機與目的

　　「氣論」為中國思想史上的一大特色，張立文云：「氣在中國哲學範疇系統中，是一個重要的範疇。與西方哲學範疇相比較，它是中華民族獨有的、普遍的範疇。〔註1〕」除了心學、理學的研究之外，近來許多學者發現氣論思想的重要性，氣不但具有形上本體義，其流動不已的特質，使其可以無限創生萬物同時循環流行於天地之間，成為自然天道間應然之理序。經過學者們的研究與討論，氣論已成為思想詮釋發展上的新方向，因此本文試以氣論思想源流展開論述。

一、氣論思想的產生

　　《說文・氣部》：「气，雲气也。〔註2〕」可知氣最早是用來描繪天地間所產生的自然現象，此時並無明顯哲學意涵。到了戰國時期，氣的內容出現明顯的轉變，《國語・卷一・周語上》〔註3〕中氣與陰陽兩種相對觀念結合，使

〔註1〕 張立文：《氣》（臺北：漢興書局有限公司，1994年5月），頁1。

〔註2〕 （漢）許慎撰、（清）段玉裁注：《說文解字注》（臺北：洪葉文化事業有限公司，據經韻樓藏版影印，2001年10月），頁20。

〔註3〕 《國語》：「幽王三年，西周三川皆震。伯陽父曰：周將亡矣！夫天地之氣，不失其序；若過其序，民亂之也。陽伏而不能出，陰迫而不能烝，於是有地震，今三川實震，是陽失其所而鎮陰也，陽失而在陰，川源必塞；源塞，國必亡。夫水土演而民用也，水土無所演，民乏財用，不亡何待？」（魏）韋昭

陰陽二氣由原本表示冷熱之氣轉變爲兩種具有創生作用的概念，《老子》云：
「萬物負陰而抱陽，沖氣以爲和。〔註4〕」陰陽二氣相生調和被用來描述萬物
產生之理，自此氣的內涵不再只是天地間流動的氣體，氣開始出現生生創造
之意義。《莊子・外篇・知北遊》：

> 人之生，氣之聚也，聚則爲生，散則爲死。若死生爲徒，吾又何患！
> 故萬物一也，是其所美者爲神奇，其所惡者爲臭腐；臭腐復化爲神
> 奇，神奇復化爲臭腐。故曰通天下一氣耳。〔註5〕

藉由《莊子》討論可看出氣已有本體的觀念，《莊子》云氣爲構成人最基礎的
元素，氣的作用凝結在人的身上形成人生命的根本，氣若消散，人的生命甚
至形體都會消亡，這都是貫通天地之氣化作用所造成的。同時期的《孟子・
公孫丑上》亦云：

> 夫志，氣之帥也；氣，體之充也。夫志至焉，氣次焉。故曰：持其
> 志，無暴其氣。……志壹則動氣，氣壹則動志也。今夫蹶者趨者，
> 是氣也，而反動其心。……我知言，我善養吾浩然之氣。〔註6〕

藉由孟子與告子間的對話亦可發現，當時人已將氣視爲人生命中的重要的基
礎元素，氣不但爲心志作用的內涵，同時充盈於形體間，成爲溝通心志與肢
體與臟器間重要的關鍵，因此孟子提出保養浩然之氣，藉由養氣的過程使身
心達到最和諧的狀態。《荀子・王制》：

> 水火有氣而無生，草木有生而無知，禽獸有知而無義，人有氣有生
> 有知，亦且有義，故最爲天下貴也。〔註7〕

《荀子》更是明白指出氣爲天地間所有事物中最基礎的本體，同時點出人與
物之別在於人有生生創造能力與認知判斷的能力，這也是人最尊貴的地方。
透過上述討論發現，戰國時期，氣論思想已成爲學者討論以及建構理解人事

注：《國語》二十一卷（臺北：臺灣商務印書館，1975 年 6 月，《四部叢刊》
初編史部據上海商務印書館縮印杭州葉氏藏明金李校刊本），頁 8。

〔註4〕 （晉）王弼注：《老子道德經》（臺北：藝文印書館，1967 年，《百部叢書集成》
本），下篇，頁 8。

〔註5〕 王叔岷：《莊子校詮》（全三冊）（臺北：中央研究院歷史語言研究所，2007
年 6 月），冊二，頁，809。

〔註6〕 （漢）趙岐注、（宋）孫奭疏：《孟子注疏》十四卷（臺北：藝文印書館，2001
年 12 月，《十三經注疏》本影嘉慶二十年重刊宋本），卷三上，頁 54。

〔註7〕 （唐）楊倞注、（清）王先謙集解：《荀子集解・考證》（臺北：世界書局，2005
年 10 月），卷五，頁 143。

物的重要方式之一，氣論思想也在戰國時期開始蓬勃發展。

二、氣論思想大盛

　　氣論思想的興盛，戰國末年集稷下學說大成的《管子》扮演很重要的角色〔註8〕。張立文云：「《管子》的精氣論，標誌著中國哲學氣範疇發展的新水平，對中國哲學思想的發展產生了深遠的影響。〔註9〕」《管子‧心術下》云：

　　　　氣者，身之充也。〔註10〕

《管子》不但將精氣視為天地萬物中流行的本源，且更進一步將氣與道等同視之，〈內業〉云：「夫道者，所以充形也。〔註11〕」陳鼓應云：「『道』在此即是『精氣』之意，精氣是充滿人身的。〔註12〕」《管子》將精氣提高到道的層次，更加肯定了氣論可作為本體義上的地位。此外，戰國末年由呂不韋集眾賓客所編纂的《呂氏春秋》，更是站在氣論的基礎之上，將氣化作用更加廣泛的運用在詮釋宇宙間所有事物變化之理上。《呂氏春秋‧圜道》云：

　　　　日夜一周，圜道也。日躔二十八宿〔註13〕，軫與角屬，圜道也。精
　　　　行四時，一上一下各與遇，圜道也。物動則萌，萌而生，生而長，
　　　　長而大，大而成，成乃衰，衰乃殺，殺乃藏，圜道也。雲氣西行，
　　　　云云然冬夏不輟；水泉東流，日夜不休；上不竭，下不滿；小為大，

〔註8〕　詳說參見本文第二章〈劉安生平與思想淵源〉，頁42～43。

〔註9〕　張立文：《氣》，頁45。

〔註10〕黎翔鳳撰《管子校注》（全三冊）（北京：中華書局，2006年4月），中冊，卷十三，頁778。

〔註11〕同註9，頁932。

〔註12〕陳鼓應：《管子四篇詮釋──稷下道家代表作解析》（北京：商務印書館，2006年4月），頁23～24。劉長林：「《管子》將道與氣通用。」劉長林：《中國象科學觀──易、道與兵、醫（修訂版）》（全二冊）（北京：社會科學文獻出版社，2008年1月），下冊，頁759。陳麗桂：「『氣』是極其細微的流動性物質，無固定形式，可隨時隨地變化存在。『氣』也是生命的本源，……又充滿天地之間。這一切的功能和性徵，和描繪『道』的完全一樣，『氣』當然等於『道』。」陳麗桂：〈先秦儒道的氣論與黃老之學〉，收入哲學與文化月刊雜誌社編《哲學與文化月刊》第398期（第卅三卷第八期）（臺北：哲學與文化月刊雜誌社，2006年8月），頁10。

〔註13〕「日」本作「月」。陳奇猷：「『月』疑『日』字之誤，……日周躔二十八宿即為一年，亦即日行一周，故曰圜道。」說見（周）呂不韋等撰、陳奇猷校釋：《呂氏春秋校釋》（全二冊）（臺北：華正書局有限公司，2004年6月），冊上，卷三，頁176。

重爲輕；圜道也。黃帝曰：「帝無常處也，有處者乃無處也」，以言
不刑寒，圜道也。人之竅九，一有所居則八虛，八虛甚久則身斃。
故唯而聽，唯止；聽而視，聽止。以言說一，一不欲留，留運爲敗，
圜道也，一也齊至貴，莫知其原，莫知其端，莫知其始，莫知其終，
而萬物以爲宗。聖王法之，以令其性，以定其正，以出號令。令出
於主口，官職受而行之，日夜不休，宣通下究，瀸於民心，遂於四
方，還周復歸，至於主所，圜道也。〔註14〕

由此可看出《呂氏春秋》將星宿的運行、四時氣候轉變、萬物生長、人形體
與知覺等等，皆視爲自然天道間的經氣流行。氣化思想在經過戰國時期的發
展，至戰國末秦初的《呂氏春秋》可說趨近成熟的階段。

漢朝初年的《淮南鴻烈》便是在這種思潮之下由淮南王劉安集合眾家賓
客所編纂完成的，全書繼承戰國以降諸家對氣論思想的討論，同時更站在《呂
氏春秋》的基礎之上，將氣化論全面性的運用在詮釋天道間所有事物的變化，
試圖建構出一個貫通天人，包羅萬有的氣化世界。《淮南鴻烈》的思想研究已
有相當的成就，近代學者也開始注意到其中所蘊含的氣論思想，因此本文希
望透過全面地分析，對《淮南鴻烈》中的氣論思想，以及其對後世的影響，
作更深入的研究與了解。

第二節　研究範圍與方法

一、研究範圍

（一）原　典

漢淮南王劉安好讀書，並曾「招致賓客方術之士數千人〔註15〕」，著《淮
南鴻烈》二十一卷，全書主旨以道爲本體，論及天地宇宙人事變化之理，最
後以「總萬方之指，而歸之一本，以經緯治道，紀綱王事〔註16〕」的帝王之

〔註14〕（周）呂不韋等撰、陳奇猷校釋：《呂氏春秋校釋》，冊上，卷三，頁172。
〔註15〕（漢）班固撰、（唐）顏師古注、（清）王先謙補注：《漢書補注》一百卷（全
　　　　二冊）（臺北：藝文印書館，1996年8月，據清乾隆武英殿刊本景印），冊二，
　　　　卷四十四〈淮南衡山濟北王傳〉，頁1037。
〔註16〕（漢）劉安：《淮南子》二十一卷（臺北：台灣商務印書館，1979年，《四部
　　　　叢刊》正編子部據上海涵芬樓景印劉泖生影寫北宋本），卷二十一，頁162。

道總結。而其內容無所不包，兼容眾家學說，博雜精深。今本文站在氣論思想基礎之上，對《淮南鴻烈》的思想淵源、氣論思想架構以及其對當代後世的影響，作一討論分析。

《淮南鴻烈》傳世的版本眾多，經于大成的整理研究，「淮南舊本，卷子本唯餘一卷。其完本者，有二十八卷本及二十一卷本二大統系〔註17〕」。今就完本者作一簡述：

1、二十八卷本：以「正統道藏」本爲底本，其將〈原道〉、〈俶眞〉、〈天文〉、〈地形〉、〈時則〉、〈主術〉、〈氾論〉諸篇分上下卷，故分二十八卷。「今傳道藏有明正統、萬曆二本。民國十二年。康長素、張季直借北京白雲觀藏正統藏交涵芬樓重印，道藏面目，大顯于世。〔註18〕」

2、二十一卷本：此本爲金友梅景鈔北宋小字本，劉泖生景鈔金本，《四部叢刊》據上海涵芬樓景印劉泖生本影寫北宋本〔註19〕。此本「首高誘敘，卷耑題『淮南鴻烈卷第幾，太尉祭酒臣許愼記上』。書中匡、朗、敬、鏡、殷、恆、貞、徵諸字皆缺末筆，當爲北宋仁宗時刊本。……顧千里謂爲當日最善之本，遠出臧本之上。〔註20〕」故本文以台灣商務印書館編《四部叢刊》據上海涵芬樓景印劉泖生影寫北宋本爲底本，並參考整理眾家學者對《淮南鴻烈》校刊成果，希望盡可能貼近全書原貌進行氣論思想的分析。

（二）前人研究成果

針對《淮南鴻烈》的研究著作繁多，以下就校刊與思想研究兩大部分作一簡單整理。

1、校　刊

《淮南鴻烈》自西漢淮南王安編撰完成之後，《漢書·藝文志》開始著錄，流傳至今，傳鈔多有訛誤，導致後世難以讀通。至明清之際，章句訓詁之學大盛，「乾嘉已降，訓詁考據之學大明，學者治經之餘，亦兼理子學，於是校訂淮南王書者，若惠棟、黃丕烈、顧廣圻、盧文弨、王念孫、錢大昕、錢塘、

〔註17〕于大成：《淮南鴻烈論文集》（全二冊）（臺北：里仁書局，2005年12月），上冊，頁21。

〔註18〕同註17，頁21。

〔註19〕陳奐云：「此北宋本舊藏吳縣黃蕘圃百宋一廛，後歸同道汪閬源家。高郵王懷祖先生屬余借錄寄至都中，遂倩金君友梅景鈔一部藏之於三百書舍，顧澗蘋景鈔豫大其賈四十金者及此本也。」說見（漢）劉安：《淮南子》，頁1。

〔註20〕同註17，頁27。

錢坫、孫志祖等,各有校本,若王念孫、劉台拱、俞樾、陶方琦等,並有專著,淮南一書,乃稍稍可讀。〔註21〕」

有關校刊部分研究著作有:(清)錢塘撰《淮南天文訓補注》二卷〔註22〕、(清)王念孫撰《讀書雜志》〔註23〕、(清)陶方琦撰《淮南許注異同詁》〔註24〕、(清)吳承仕撰《淮南子校理》〔註25〕、(清)馬宗霍撰《淮南舊注參正》〔註26〕、(清)呂傳元撰《淮南子斠補》〔註27〕、鄭良樹撰《淮南子斠理》〔註28〕、張雙棣撰《淮南子校釋》〔註29〕、劉文典撰《淮南鴻烈集解》〔註30〕、何寧撰《淮南子集釋》〔註31〕等等〔註32〕。

2、思 想

在思想方面,研究者站在前人校刊的基礎之上,對其思想上的闡發,皆有卓越的貢獻。以下就專書、學位論文、單篇論文三個部分進行整理。

在專書方面的研究著作有:牟鍾鑒撰《呂氏春秋與淮南子思想研究》〔註33〕、李增撰《淮南子》〔註34〕、高麗珍撰《淮南子神話與古代地理知識的探討》〔註35〕、李增撰《淮南子哲學思想研究》〔註36〕、陳德和撰《淮南子的

〔註21〕 于大成:《淮南鴻烈論文集》,上冊,頁37。

〔註22〕 (清)錢塘:《淮南天文訓補注》二卷(臺北:藝文印書館,1968年,《百部叢書集成》據清道光錢熙祚校刊《指海叢書》影印)。

〔註23〕 (清)王念孫:《讀書雜志》(全二冊)(臺北:世界書局,1988年11月,據同治庚午十一月金陵書局重刊本影印)。

〔註24〕 (清)陶方琦:《淮南許注異同詁》(坿補遺續補)(上海:上海古籍出版社,1995年,《續修四庫全書》據北京圖書館藏據北京圖書館藏清光緒刻本影印)。

〔註25〕 (清)吳承仕:《淮南子校理》(1924年)。

〔註26〕 (清)馬宗霍:《淮南舊注參正》(濟南:齊魯書社,1984年3月)。

〔註27〕 (清)呂傳元:《淮南子斠補》(影《戴庵叢書》本,1926年)。

〔註28〕 鄭良樹:《淮南子斠理》(臺北:嘉新水泥公司文化基金會研究論文,1969年)。

〔註29〕 張雙棣:《淮南子校釋》(全二冊)(北京:北京大學出版社,1997年8月)。

〔註30〕 劉文典:《淮南鴻烈集解》(全二冊)(北京:中華書局,2006年3月)。

〔註31〕 何寧:《淮南子集釋》(全三冊)(北京:中華書局,2006年4月)。

〔註32〕 另外如(清)桂馥:《札樸》(北京:中華書局,1992年)、(清)俞樾:《諸子平議》(臺北:世界書局,1966年3月)、(清)于鬯:《香草續校書》(全二冊)(北京:中華書局,2006年7月)、王叔岷:《諸子斠證》(北京:中華書局,2007年)、于大成:《淮南鴻烈論文集》(全二冊)(臺北:里仁書局,2005年12月)等等專著中也有許多《淮南》校刊的資料。

〔註33〕 牟鍾鑒:《呂氏春秋與淮南子思想研究》(濟南:齊魯書社,1987年9月)。

〔註34〕 李增:《淮南子》(臺北:三民書局股份有限公司,1992年7月)。

〔註35〕 高麗珍:《淮南子神話與古代地理知識的探討》(臺北:揚智文化,1993年4

哲學》〔註 37〕、雷健坤撰《綜合與重構—《淮南子》與中國傳統文化》〔註 38〕、陶磊撰《《淮南子‧天文》研究撰從數術史的角度》〔註 39〕、陳靜撰《自由與秩序的困惑——《淮南子》研究》〔註 40〕、楊有禮撰《新道鴻烈撰淮南子與中國文化》〔註 41〕、孫紀文撰《淮南子研究》〔註 42〕、戴黍撰《淮南子治道思想研究》〔註 43〕王云度撰《劉安評傳》〔註 44〕、等等。

在學位論文方面有：陳麗桂撰《淮南鴻烈思想研究》〔註 45〕、曾錦華撰《呂氏春秋十二紀紀首、淮南子時則訓及禮記月令之比較研究》〔註 46〕、郭立民撰《淮南子政治思想之研究》〔註 47〕、簡松興撰《西漢天人思想研究 —— 以《淮南子》、《春秋繁露》、《史記》為中心》〔註 48〕、王璟撰《黃老思想治身治國一體之理論研究——以《淮南子》為中心》〔註 49〕、陳怡君撰《《淮南鴻烈》中「無為」概念之探討》〔註 50〕等等。

月）。

〔註36〕 李增：《淮南子哲學思想研究》（臺北：洪葉文化事業有限公司，1997 年 10 月）。

〔註37〕 陳德和：《淮南子的哲學》（嘉義：南華管理學院，1999 年 2 月）。

〔註38〕 雷健坤：《綜合與重構——《淮南子》與中國傳統文化》（北京：開明出版社，2000 年 9 月）。

〔註39〕 陶磊：《《淮南子‧天文》研究：從數術史的角度》（濟南：齊魯書社，2003 年 7 月）。

〔註40〕 陳靜：《自由與秩序的困惑 ——《淮南子》研究》（昆明：雲南大學出版社，2004 年 11 月）。

〔註41〕 楊有禮：《新道鴻烈：淮南子與中國文化》（開封：河南大學出版社，2005 年 4 月）。

〔註42〕 孫紀文：《淮南子研究》（北京：學苑出版社，2005 年 7 月）。

〔註43〕 戴黍：《淮南子治道思想研究》（廣州：中山大學出版社，2005 年 9 月）。

〔註44〕 王云度：《劉安評傳》（南京：南京大學出版社，2006 年 4 月）。

〔註45〕 陳麗桂：《淮南鴻烈思想研究》（上下）（臺北：國立臺灣師範大學國文研究所博士論文，1983 年 3 月）。

〔註46〕 曾錦華：《呂氏春秋十二紀紀首、淮南子時則訓及禮記月令之比較研究》（臺北：國立政治大學中國文學研究所碩士論文，1988 年 6 月）。

〔註47〕 郭立民：《淮南子政治思想之研究》（臺北：國立政治大學政治學研究所博士論文，1989 年）。

〔註48〕 簡松興：《西漢天人思想研究 —— 以《淮南子》、《春秋繁露》、《史記》為中心》（臺北：輔仁大學中國文學系博士論文，1998 年 6 月）。

〔註49〕 王璟：《黃老思想治身治國一體之理論研究 —— 以《淮南子》為中心》（臺北：國立臺灣師範大學國文研究所碩士論文，2000 年）。

〔註50〕 陳怡君：《《淮南鴻烈》中「無為」概念之探討》（臺北：國立台灣大學哲學研究所碩士論文，2004 年 6 月）。

　　而單篇論文有：王叔岷撰〈淮南子斠證〉（上下）〔註51〕、戴君仁撰〈雜家與淮南子〉〔註52〕、陳麗桂撰〈《淮南子》與《春秋繁露》中的感應思想〉〔註53〕、周立升撰〈《淮南子》的易道觀〉〔註54〕、白光華撰〈我對《淮南子》的一些看法〉〔註55〕、陳鼓應撰〈從《呂氏春秋》到《淮南子》論道家在秦漢哲學史上的地位〉〔註56〕、陽濟襄撰〈由《淮南子》看先秦至漢初「陰陽」觀念之轉化〉〔註57〕、洪嘉琳撰〈《淮南子·原道》之得道論〉〔註58〕、呂凱撰〈《淮南子》形神論〉〔註59〕、陳麗桂撰〈《淮南子》中的陰陽學（一）──天文〉〔註60〕、黃玉麟撰〈道器之間撰《淮南子·天文訓》以氣爲樞的道物歷程〉〔註61〕等等〔註62〕。

〔註51〕　王叔岷：〈淮南子斠證〉（上下），收入國立臺灣大學編《國立臺灣大學文史哲學報》第五、六期（臺北：國立臺灣大學，1953、4 年 12 月）。

〔註52〕　戴君仁：〈雜家與淮南子〉，收入陳新雄、于大成主編：《淮南子論文集》（臺北：木鐸出版社，1975 年 12 月）。

〔註53〕　陳麗桂：〈《淮南子》與《春秋繁露》中的感應思想〉，收入輔仁大學中國文學系所編《先秦兩漢論叢》（第一輯）（臺北：輔仁大學中國文學系所，1999 年 7 月）。

〔註54〕　周立升：〈《淮南子》的易道觀〉，收入陳鼓應主編《道家文化研究》（第二輯）（臺北：文史哲出版社，2000 年 8 月）。

〔註55〕　白光華：〈我對《淮南子》的一些看法〉，收入陳鼓應主編《道家文化研究》（第六輯）（臺北：文史哲出版社，2000 年 8 月）。

〔註56〕　陳鼓應：〈從《呂氏春秋》到《淮南子》論道家在秦漢哲學史上的地位〉，收入國立臺灣大學編《國立臺灣大學文史哲學報》（臺北：國立臺灣大學，2000 年 6 月）。

〔註57〕　陽濟襄：〈由《淮南子》看先秦至漢初「陰陽」觀念之轉化〉，收入輔仁大學中國文學系所編《第二屆先秦兩漢學術全國研究生論文發表會論文集》（臺北：輔仁大學中國文學系，2000 年 6 月）。

〔註58〕　洪嘉琳：〈《淮南子·原道》之得道論〉，收入輔仁大學中國文學系所編《第二屆先秦兩漢學術全國研究生論文發表會論文集》（臺北：輔仁大學中國文學系，2000 年 6 月）。

〔註59〕　呂凱：〈《淮南子》形神論〉，收入國立政治大學中文學系編《第三屆漢代文學與思想學術研討會論文集》（臺北：國立政治大學中文學系，2000 年 12 月）。

〔註60〕　陳麗桂：〈《淮南子》中的陰陽學（一）──天文〉，收入國立政治大學中國文學系編《第四屆漢代文學與思想學術研討會論文集》（臺北：國立政治大學中國文學系，2003 年 4 月）。

〔註61〕　黃玉麟：〈道器之間：《淮南子·天文訓》以氣爲樞的道物歷程〉，收入《哲學與文化月刊》第 399 期（第卅四卷第八期）（臺北：哲學與文化月刊雜誌社，2007 年 8 月）。

〔註62〕　另外在大陸地區有：丁原明：〈《淮南子》道論新探〉，收入《齊魯學刊》（1994 年，第 6 期）、丁原明：〈《文子》與《淮南子》思想之異同〉，收入《文史哲》

二、研究方法

（一）原典摘錄

本文全面檢索原典，將其中蘊含哲學意涵的關鍵辭，如「天」、「道」、「氣」、「精」、「神」、「陰」、「陽」、「心」、「性」、「情」等摘錄出來，然後根據其在原句當中的思想特色作一分析與歸納，並以氣論作為研究主軸，試圖透過氣化生生輪轉無窮的角度，重新探討《淮南鴻烈》的本體論、宇宙論、心性修養論中的氣化思想。

（二）歸納與分析

氣化論已為近來學者重新認識漢代思想的重要觀點，因此有越來越多的學者對氣論思想進行研究，因此本文除了針對《淮南鴻烈》原文有關氣論思想的詞句進行歸納分析，更希望透過學者對氣論思想的研究成果的歸納與整理，更清楚的展現《淮南鴻烈》氣論思想的特色。

（三）圖表建構

《淮南鴻烈》的內容多以陰陽五行相生相勝觀念，對氣化式的天道、宇宙觀作出描繪與詮釋，本文為了對《淮南鴻烈》氣論思想進行全面探討，將其內容關於陰陽五行等理論系統的論述，繪製成圖表，希望透過圖表的整理分析能更清楚表現《淮南鴻烈》氣化生生的思想特色。

（1994 年，第 6 期）、王德裕：〈《淮南子》哲學思想述評〉，收入《重慶師院學報哲社版》（1994 年，第 4 期）、雷健坤〈《淮南子》與《春秋繁露》的思想比較〉，收入《晉陽學刊》第六期（2002 年）等等。

第二章　劉安生平與思想淵源

第一節　劉安生平、著作

一、生　平

　　《淮南鴻烈》的編撰者為劉安（179～122B.C.），他是西漢淮南厲王劉長之長子，劉長（198～174B.C.）為漢高祖劉邦的幼子，母為趙王張敖美人。高祖七年（200B.C.），韓王信降匈奴，高祖自往擊之〔註1〕。回程經過趙國，趙王張敖為高祖女婿，故以禮待之。《史記・卷八十九・張耳陳餘列傳第二十九》云：

> 漢七年，高祖從平城過趙，趙王朝夕袒鞲蔽，自上食，禮甚卑，有
> 子壻禮。高祖箕踞罵，甚慢易之。〔註2〕

趙王相貫高等人心生不滿，故勸趙王謀反，但遭趙王勸阻，遂懷有謀刺高祖之心。八年（199B.C.）冬，高祖二度往伐韓王信餘寇〔註3〕，返途又經趙國，

〔註1〕《漢書・卷一下・高帝紀第一下》：「秋九月，匈奴圍韓王信於馬邑，信降匈奴。七年冬十月，上自將擊韓王信於銅鞮，斬其將。」（漢）班固撰、（唐）顏師古注、（清）王先謙補注：《漢書補注》一百卷（全二冊）（臺北：藝文印書館，1996年8月，據清乾隆武英殿刊本景印），冊一，頁52。

〔註2〕（漢）司馬遷撰、（宋）裴駰集解：《史記》一百三十卷（全二冊）（臺北：藝文印書館，2005年2月，據清乾隆武英殿刊本景印），冊二，頁1046。

〔註3〕《漢書・卷一下・高帝紀第一下》：「八年冬，上東擊韓信餘寇於東垣。還過趙，趙相貫高等恥上不禮其王，陰謀欲弒上。」但未成功。同註1，冊一，頁53。

趙王獻一美人，侍幸而懷孕，趙王不敢將她納入宮中，故另修築宮殿讓美人居住。

高祖九年（198B.C.）「十二月貫高謀反事始覺〔註4〕」，趙王張敖、貫高遭逮補，美人也受牽連，她將懷孕之事告訴獄吏，獄吏上報，但因高祖正在氣頭上，不加理會。美人弟趙兼託與高祖家關係密切之辟陽侯審食其，向高祖皇后呂雉說情，呂后妒忌不肯為說，審食其亦不敢力爭，美人因以含恨自殺。獄吏遂抱嬰兒見皇帝，高祖後悔，便將美人葬於故鄉眞定，嬰兒交給呂后撫養，這嬰兒便是劉長。高祖十一年（196B.C.），淮南王鯨布反，高祖親往滅之，收回淮南封地，改立劉長為淮南王。

高祖共有八子，他死後由太子盈繼位，是為惠帝。惠帝無子，死後大臣共立高祖四子恆為帝，即是文帝。文帝繼位時，高祖八子只剩文帝與淮南王長，故長常仗恃與天子至親，驕慢不奉法，文帝也因此常寬赦之。《漢書·卷四十四·淮南衡山濟北王傳第十四》云：

> 三年，入朝，甚橫。從上入苑獵，與上同輦，常謂上「大兄」。屬王有材力，力扛鼎，乃往請辟陽侯。辟陽侯出見之，即自袖金椎椎之，命從者刑之。馳詣闕下，肉袒而謝曰：「臣母不當坐趙時事，辟陽侯力能得之呂后，不爭，罪一也。趙王如意子母無罪，呂后殺之，辟陽侯不爭，罪二也。呂后王諸呂，欲以危劉氏，辟陽侯不爭，罪三也。臣謹爲天下誅賊，報母之仇，伏闕下請罪。」文帝傷其志，為親故不治，赦之。〔註5〕

因此上至文帝母親薄太后，下至文武百官，無不憚忌之，此更加長其氣焰。劉長回國之後，不用漢法、出入稱警蹕、稱制，儼然與天子無二。文帝六年（174B.C.），棘蒲侯太子柴奇謀反，劉長牽連其中，文帝再不能忍受，召四十多位議罪大臣論其罪，皆曰「棄市」，文帝免其死罪，廢去淮南王位，發配往蜀郡嚴道縣。劉長平生從未受此屈辱，竟在檻車中絕食而亡，死時二十五歲，留下四子，年皆四、五歲。八年（172B.C.），文帝因憐憫淮南王四子尚年幼，故分封其子安為阜陵侯、勃為安陽侯、賜為陽周侯、良為東城侯。

十二年（168B.C.），有人作民歌「一尺布，尚可縫；一斗粟，尚可舂；兄

〔註4〕 同註1，冊二，卷四十四，頁1034，王先謙補注。

〔註5〕 （漢）班固撰、（唐）顏師古注、（清）王先謙補注：《漢書補注》，冊二，卷四十四，頁1034。

弟二人，不相容！〔註6〕」文帝聽到後非常感慨，於是追諡淮南王爲厲王，並將城陽王劉喜改封爲淮南王，治理淮南故地，以表自己非貪圖淮南的土地。十六年（164B.C.），文帝將淮南王劉喜改封回原來封地城陽，並將當年劉長的封地淮南國，一分爲三，封給他的三個兒子，長子安繼爲淮南王、勃爲衡山王、四爲盧江王。東城侯良已死，無後。

淮南王安爲人好書，鼓琴，不喜弋獵狗馬馳騁，亦欲以行陰德拊循百姓，流名譽。招致賓客方術之士數千人，作爲內書二十一篇，外書甚眾，又有中篇八卷，言神仙黃白之術，亦二十餘萬言。時武帝方好藝文，以安屬爲諸父，辯博善爲文辭，甚尊重之。〔註7〕

劉安好讀書鼓琴，且就輩分而言，劉安是武帝叔父，因此武帝非常尊敬他，也很看重其才華，每有文件至淮南，必令當時大文豪司馬相如等起草潤色，才敢送出。在一次入朝時，劉安獻上自己的著作《淮南內篇》，武帝極爲喜愛，又令寫《離騷傳》，劉安才思敏捷，早晨受詔，白天吃飯時已竣。又獻〈頌德〉及〈長安都國頌〉，武帝非常敬佩，故常宴請劉安談論學問及國家大事。

建元二年（139B.C.），劉安在一次入朝時，太尉武安侯田蚡於霸上迎接，曾煽動告之：「方今上無太子，大王親高皇帝孫，行仁義，天下莫不聞，即宮車一日晏駕，非大王當誰立者？〔註8〕」劉安聞之，大爲高興，厚贈武安侯金銀財物，並「陰結賓客，拊循百姓，爲畔逆事。〔註9〕」其賓客更以劉安父被廢徙道死之事刺激劉安〔註10〕。建元六年（135B.C.），有彗星出現，賓客告訴劉安，天下將有兵災，故劉安「心以爲上無太子，天下有變，諸侯並爭，愈益治器械攻戰具，積金錢賂遺郡國諸侯游士奇材。諸辨士爲方略者，妄作妖言，諂諛王，王喜，多賜金錢，而謀反滋甚。〔註11〕」元朔三年（126B.C.），

〔註6〕 同註5，頁1037。高誘敘：「一尺繒，好童童，一升粟，飽蓬蓬，兄弟二人，不能相容！」（漢）劉安：《淮南子》二十一卷（臺北：台灣商務印書館，1979年11月，《四部叢刊》正編子部據上海涵芬樓景印劉泖生影寫北宋本），頁2。
〔註7〕 （漢）班固撰、（唐）顏師古注、（清）王先謙補注：《漢書補注》，冊二，卷四十四〈淮南衡山濟北王傳第十四〉，頁1037。
〔註8〕 （漢）司馬遷撰、（宋）裴駰集解：《史記》，冊二，卷一百十八〈淮南衡山列傳第五十八〉，頁1256。
〔註9〕 同註8，頁1256。
〔註10〕 同註7，頁1038。
〔註11〕 同註7，頁1038。

武帝賜劉安几杖，准予免行朝覲之禮〔註12〕。

安有二子，長子不害為妾所生，不得寵，故反立次子遷為太子。遷喜劍道，自以為高明，元朔五年（124B.C.），逼與郎中雷被比劍，雷被推辭不得，相陪而誤傷劉遷。太子遷怒，雷被心生恐懼，「此時有欲從軍者輒詣長安，被即願奮擊匈奴。太子數惡被，王使郎中令斥免，欲以禁後。元朔五年，被遂亡之長安，上書自明，事下廷尉、河南。河南治，逮淮南太子〔註13〕」。朝臣詔曰棄市，武帝不許，最後乃消減劉安封地二縣，以示儆戒。劉安深以為恥，謀反之心益烈，積極部署造反進兵事宜。

劉安長子不害，既不得寵，又常受太子遷及王后的欺凌，不害之子建，暗中設法加害太子，被太子發現後「數捕繫笞建〔註14〕」，劉建乃與好友嚴正上書天子，告發劉安謀反。元朔六年（123B.C.），當年為劉長所椎殺的辟陽侯審時其孫審卿，亦暗中以淮南王謀反事證，上告宰相公孫弘。劉安賓客伍被更像官吏舉發淮南王謀反，《漢書》本傳記載：

> 吏因捕太子、王后，圍王宮，盡捕王賓客在國中者，索得反具以聞。
> 上下公卿治，所連引與淮南王謀反列侯、二千石、豪桀數千人，皆以罪輕重受誅。〔註15〕

由於搜出不少證物〔註16〕，罪證確鑿，武帝於是派宗正劉棄疾治劉安罪，劉安自殺，王后、太子及所有牽連者，全遭誅殺，並改封地為九江郡〔註17〕。

〔註12〕 楊有禮云：「几杖是指几案與手杖，用來供老年人平時靠身和走路時扶持之用的，所以古代以賜几杖為敬老之禮。漢武帝對劉安賜几杖，是表示對他的尊重。」參見楊有禮：《新道鴻烈：淮南子與中國文化》，頁10。

〔註13〕 （漢）班固撰、（唐）顏師古注、（清）王先謙補注：《漢書補注》，冊二，卷四十四〈淮南衡山濟北王傳第十四〉，頁1038。

〔註14〕 同註13，頁1039。

〔註15〕 同註13，頁1040。

〔註16〕 同註13，頁1039。云：「於是王銳欲發，乃令官奴入宮中，作皇帝璽，丞相、御史大夫、將軍、吏中二千石、都官令、丞印，及旁近郡太守、都尉印，漢使節法冠。」

〔註17〕 關於劉安謀反說，近代學者多主張為「被逼謀反」，詳說見陳麗桂：《淮南鴻烈思想研究》（上）（臺北：國立臺灣師範大學國文研究所博士論文，1983年3月），頁9～31、任繼愈主編：《中國哲學發展史（秦漢）》（北京：人民出版社，1998年5月），頁246～248、雷健坤：《綜合與重構——《淮南子》與中國傳統文化》（北京：開明出版社，2000年9月），頁23～24、徐復觀：《兩漢思想史》第二卷（上海：華東師範大學出版社，2004年2月），頁109～113、陳靜：《自由與秩序的困惑——《淮南子》研究》（昆明：雲南大學出版社，

劉安從十六歲被封淮南王至此，共四十二年，死時五十八歲，時爲武帝元狩元年（122B.C.）。

二、著　作

《漢書・淮南衡山濟北王傳》云：

> 淮南王安爲人好書，鼓琴，不喜弋獵狗馬馳騁，亦欲以行陰德拊循
> 百姓，流名譽。招致賓客方術之士數千人，作爲內書二十一篇，外
> 書甚，又有中篇八卷，言神仙黃白之術，亦二十餘萬言。〔註18〕

淮南王安好學，賓客眾多，因此留下的著作甚多，以下根據《漢書・藝文志》
所載之書目，加上學者的考證，作一概要整理〔註19〕：

（一）雜家類

1、《淮南內》二十一篇〔註20〕：《淮南內》又稱《內書》、《內篇》、《鴻
烈》、《淮南鴻烈》、《淮南》、《淮南子》、《劉安子》等。書成之時，原名《鴻
烈》，據高誘敘曰：「號曰鴻烈。鴻，大也。烈，明也。以爲大明道之言也。〔註
21〕」由於劉安與賓客所撰另有《外書》、《中篇》，因此又稱爲《內書》或《內
篇》。劉向校書定名爲《淮南》〔註22〕，而今習稱《淮南子》，此名稱始見於
《西京雜記》，《西京雜記・卷三》有云：「淮南王著鴻烈二十一篇。鴻，大也。

2004 年 11 月），頁 112～124、楊有禮：《新道鴻烈：淮南子與中國文化》，頁
13～21、鄭良樹：《淮南子通論》（臺北：海洋詩社，1964 年 5 月），頁 25～
26。故本文贊成此說。但王云度持反對看法，他認爲「即使迫於政治壓力，
司馬遷在傳文中不得不按官方文書敘事，他也不會在傳後主動給劉安下個『謀
爲畔逆』的結論；並且不按《史記》記載諸侯王事迹當立『世家』的體例，
而將淮南、衡山降爲『列傳』，以對他們叛逆之罪表示貶抑。」詳說參見王云
度：《劉安評傳》（南京：南京大學出版社，2006 年 4 月），頁 22。

〔註18〕（漢）班固撰、（唐）顏師古注、（清）王先謙補注：《漢書補注》，冊二，頁
　　　　1037。

〔註19〕有關劉安相關著作詳細之研究討論，詳說可參考于大成：《淮南鴻烈論文集》
　　　　（全二冊）（臺北：里仁書局，2005 年 12 月），上冊，頁 1～7。于大成：《中
　　　　國歷代思想家（四）——劉安》（臺北：臺灣商務印書館，1999 年 2 月），頁
　　　　140～142。陳麗桂：《淮南鴻烈思想研究》（上下）（臺北：國立臺灣師範大學
　　　　國文研究所博士論文，1983 年 3 月）上冊，頁 31～50。

〔註20〕同註18，頁897。

〔註21〕（漢）劉安：《淮南子》，敘，頁2。

〔註22〕同註21，頁2。

烈，明也。言大明禮教。號爲《淮南子》，一曰《劉安子》。〔註23〕」

　　關於《淮南鴻烈》的作者，高誘敘云：「天下方術之士多往歸焉。於是遂與蘇飛、李尚、左吳、田由、雷被、毛披、伍被、晉昌等八人及諸儒大山小山之徒，共講道德，總統仁義，而著此書。〔註24〕」由此可知，本書爲劉安與其門下之賓客所共同編撰完成，「大約此書是先由劉安擬爲篇目，然後由門客分頭搜集材料，作成初稿，最後再由劉安親加潤色完成。〔註25〕」

　　《淮南鴻烈》內容「言其大也，則燾天載地，說其細也，則淪於無垠，及古今冶亂，存亡禍福，世間詭異懷可之事。其義也著，其文也富，物事其類，無所不載。〔註26〕」因此「漢朝人已經讀它不懂了，因而在東漢時，便有許慎、馬融、延篤、高誘四人，分別爲此書作注解。〔註27〕」馬融爲東漢著名學者，《後漢書・馬融傳》云：「融才高博洽，爲世通儒，施養諸生，常有千數。涿郡盧植，北海鄭玄，皆其徒也。……注孝經、論語、詩、易、三禮、尚書、列女傳、老子、淮南子、離騷。〔註28〕」由此得知馬融曾爲《淮南》作注。延篤注〔註29〕《淮南》則僅見《文選・稽叔夜養生論》李善注：「淮南子曰：豫章之生，七年可知。延叔堅曰：豫章與枕木相似，須七年乃可別耳〔註30〕」，這是〈脩務〉：「豫章之生，七年可知〔註31〕」的注文。但馬、延

〔註23〕（魏）葛洪：《西京雜記》六卷（臺北：台灣商務印書館，1979年，《四部叢刊》初編子部據上海商務印書館縮印江安傅氏雙鑑樓藏明刻本），頁10。
〔註24〕同註21，頁2。
〔註25〕于大成：《中國歷代思想家（四）——劉安》，頁140。
〔註26〕（漢）劉安：《淮南子》，敘，頁2。
〔註27〕于大成又云：「漢人替古書作注解，對象都事先秦之書，以漢人而注解漢人之書，以此書爲第一部。」說同註25，頁140～141。
〔註28〕（南朝宋）范曄撰、（唐）李賢注、（清）王先謙集解：《後漢書集解》一百二十卷（全二冊）（臺北：藝文印書館，1996年8月，據乙卯秋中長沙王氏校刊本景印），卷六十上，頁700。
〔註29〕陳靜：「《後漢書・延篤傳》稱延篤『從馬融授業，博通經傳及百家之言，能著文章，有名京師。』從延篤的學術背景來看，他注《淮南子》是有可能的，但現存證據太弱，聊備一說而已。」說見陳靜：《自由與秩序的困惑——《淮南子》研究》，頁37～38。
〔註30〕（梁）昭明太子撰、（唐）李善注：《文選李善注》六十卷（臺北：藝文印書館，據宋淳熙本重雕鄱陽胡氏藏版，2003年3月），卷五十三，頁743。
〔註31〕同註26，卷十九，頁151。「七年可知」景宋本作「七年而後知。」劉文典云：「文選注、藝文類聚八十八引並作『七年可知』。（史記司馬相如傳集解亦云『生七年乃可知也』。）」詳說參見劉文典：《淮南鴻烈集解》（全二冊）（北京：中華書局，2006年3月），下冊，頁662。

兩家注今已全亡佚。今所見《淮南》注解僅剩許慎、高誘兩家，但「今本《淮南子》二十一篇，是宋朝人合許、高二家的本子而成的〔註32〕」，而後經宋人蘇頌校理〔註33〕大概可分出〈原道〉〔註34〕、〈俶眞〉、〈天文〉、〈地形〉、〈時則〉、〈覽冥〉、〈精神〉、〈本經〉、〈主術〉、〈氾論〉、〈說山〉、〈說林〉、〈脩務〉十三篇爲高注，〈繆稱〉、〈齊俗〉、〈道應〉、〈詮言〉、〈兵略〉、〈人間〉、〈泰族〉、〈要略〉八篇爲許注〔註35〕，但兩家注相混已久，故其中仍有許、高注文相參的現象。〔註36〕

　　2、《淮南外》三十三篇〔註37〕：唐顏師古曰：「內篇論道，外篇雜說〔註38〕」，清沈欽韓曰：「本傳云：外書甚眾。高誘序：劉向校定撰具名之淮南，

〔註32〕　同註25，頁141。

〔註33〕　《蘇魏公文集・卷六十六・校淮南子題序》：「是書有後漢太尉祭酒許慎、東郡濮陽令高誘二家之法注，隋唐舊目錄，皆別傳行，今崇文舊書與蜀川印本暨臣某家書凡七部，並題曰淮南子，注相參不復可辨，惟集賢本卷末〈末〉有前賢題載云：許標其首，皆（謂之閒）詁，鴻烈之下，謂之記上。高題卷首，皆謂之鴻烈解經，解經之下曰高氏注，每篇之下皆曰訓，又分數篇爲上下。以此爲異。……互相考正，去其重複，共得高注十三篇，許注十八篇。」說詳見（宋）蘇頌：《蘇魏公文集》（北京：線裝書局，舒大剛主編：《宋集珍本叢刊》（第12冊），2004年5月），頁745。

〔註34〕　姚範云：「疑『訓』字高誘自名其註解，非《淮南》篇名所有，即誘序中所云『深思先師之訓』也。要略無訓字。」說見（清）姚範：《援鶉堂筆記》（上海：上海古籍出版社，1997年，《續修四庫全書》景印清道光姚瑩刻本），頁172。蔣禮鴻亦云：「注文凡引《淮南》篇名皆無『訓』字，……作訓者後人輒改之耳。」詳說見蔣禮鴻：《蔣禮鴻集》第四冊（杭州：杭州教育出版社，2001年8月），頁348～349。本論文贊成姚、蔣兩家論述。但有學者持反對看法，牟鍾鑒云：「此說不足取。注家向來沒有在原書篇名上擅自增字而又不予說明者。同是高誘，注《呂氏春秋》即無此舉。」說詳見牟鍾鑒：《呂氏春秋與淮南子思想研究》（濟南：齊魯書社，1987年9月），頁162。

〔註35〕　于大成：「今以蘇氏識別之法以校今本，則原道、俶眞、天文、地形、時則、覽冥、精神、本經、主術、氾論、說山、說林、脩務十三篇，釋義多詳，篇題下皆有『故曰某某，因以題篇』字樣，高注本也。繆稱、齊俗、道應、詮言、兵略、人間、泰族、要略八篇，注文質略，又無『故曰』云云八字，許注本也。」說詳見于大成：《淮南鴻烈論文集》，上冊，頁10、80～84。

〔註36〕　關於許、高兩家注解考證，可參考于大成：《淮南鴻烈論文集》，上冊，頁8～16。陳麗桂：《淮南鴻烈思想研究》，上冊，頁49～50。陳靜：《自由與秩序的困惑——《淮南子》研究》，頁41～47。

〔註37〕　（漢）班固撰、（唐）顏師古注、（清）王先謙補注：《漢書補注》，冊二，頁897。

〔註38〕　同註37，頁897。

又有十九篇者，謂之淮南外篇，與此三十三篇不同，蓋其後或有缺矣。文選注引淮南莊子後解〔註39〕，疑即外篇。〔註40〕」今已亡佚。

此外，《漢書‧淮南衡山濟北王傳》中有：「作爲內書二十一篇，外書甚眾，又有中篇八卷，言神仙黃白之術，亦二十餘萬言。〔註41〕」《淮南中篇》又名《萬畢》、《枕中鴻寶苑秘書》〔註42〕。由此可知，其內容多言神仙家延命長生、練金等方術。今有輯本。

（二）易家類

《淮南道訓》二篇：注云：「淮南王安明易者九人，號九師法〔註43〕」，此爲淮南王有關《易經》的專書。今有輯本。

（三）賦家類

1、《淮南王賦》八十二篇：周壽昌曰：「隋志集一卷，北堂書鈔一百三十五，御覽七百十二引劉向別錄云：淮南王有熏籠賦，古文苑有屏風賦。〔註44〕」今除《古文苑》中尚可見〈屏風賦〉〔註45〕外，其他皆以亡佚。

2、《淮南王羣臣賦》四十四篇：王應麟曰：「楚詞招隱士，淮南小山之所作也。淮南王安招致賓客，客有八公之徒，分造詞賦，以類相從，或稱大山，或稱小山，如詩之有大小雅。〔註46〕」今除《楚辭》保留〈招隱士〉〔註47〕一首外，其他皆以亡佚。

〔註39〕 于大成：「劉安著有《莊子略要》、《莊子後解》，都是解說《莊子》的，大約是外篇三十三中的兩篇。另外前面提到的〈離騷傳〉，也可能是此中的一篇。」說見于大成：《中國歷代思想家（四）——劉安》，頁 141。

〔註40〕 同註37，頁 897。

〔註41〕 同註37，頁 1037。

〔註42〕 《漢書‧楚元王傳第六》：「更生以通達能屬文辭，與王襃、張子僑等並進對，獻賦頌凡數十篇。上復興神僊方術之事，而淮南有枕中鴻寶苑秘書。書言神僊使鬼物爲金之術，及鄒衍重道延命方，世人莫見，而更生父德武帝時治淮南獄得其書。更生幼而讀誦，以爲奇，獻之，言黃金可成。」同註37，頁 964。

〔註43〕 同註37，頁 875。

〔註44〕 （漢）班固撰、（唐）顏師古注、（清）王先謙補注：《漢書補注》，冊二，頁 899。

〔註45〕 （宋）章樵：《古文苑》（臺北：臺灣商務印書館，1975 年 6 月，《四部叢刊》初編集部，據上海商務印書館縮印常熟瞿氏藏宋本），第三卷，頁 26～27。

〔註46〕 同註44，頁 899。

〔註47〕 （漢）劉向集、（漢）王逸章句、（宋）洪興祖補注：《楚辭補注》十七卷（臺北：臺灣商務印書館，1975 年 6 月，《四部叢刊》初編集部據上海商務印書館縮印江南圖書館藏明覆宋刊本），頁 123～125。

（四）其　他

《漢書・藝文志》中與劉安著作相關記錄還有詩歌類有《淮南歌詩》四篇〔註48〕、天文類：《淮南雜子星》十九卷〔註49〕、樂家之下，顏師古有注曰：「出淮南劉向等琴頌七篇〔註50〕」、兵權謀下注曰：「省伊尹、太公、管子、孫卿子、鶡冠子、蘇子、蒯通、陸賈、淮南王，二百五十九種〔註51〕」、雜賦類《成相雜辭》十一篇下，補注引王應麟曰：「淮南王亦有成相篇，見藝文類聚。〔註52〕」今多已亡佚。此外，《漢書・嚴助傳》載淮南王有諫伐閩越書〔註53〕一篇。

第二節　《淮南鴻烈》歸屬探討

一、雜　家

> 雜家者流，蓋出於議官。兼儒、墨，合名、法，知國體之有此，見
> 王治之無不貫，此其所長也。〔註54〕

班固《漢書・藝文志》將《淮南》歸入雜家，馮友蘭云：「大概是因為《淮南子》和《呂氏春秋》一樣，成於眾人之手。〔註55〕」，因此後代學者多以雜的角度討論《淮南》的內容與性質。勞思光云：「此書各部分所敘述之思想，為許多觀念之拼湊；全書不成一系統理論；且亦無一明確『自我』觀念，實未接觸老莊心靈之真象。〔註56〕」認為雜家之雜為雜亂無章，並抱持貶低之涵義。

〔註48〕　同註44，頁902。補注云：「沈欽韓曰：上林賦淮南干遮。先謙曰：禮樂志有淮南鼓員。」于大成云：「淮南歌詩當為采自淮南之地之國風，恐不出于安手，姑存而不論。」于大成：《淮南鴻烈論文集》，上冊，頁1。

〔註49〕　同註44，頁906。

〔註50〕　同註44，頁880。

〔註51〕　同註44，頁903。

〔註52〕　同註44，頁901。

〔註53〕　同註44，頁1274。

〔註54〕　（漢）班固撰、（唐）顏師古注、（清）王先謙補注：《漢書補注》，冊二，頁1274。

〔註55〕　馮友蘭：《中國哲學史新編》第三冊（臺北：藍燈文化事業股份有限公司，1991年12月），頁148。

〔註56〕　勞思光：《新編中國哲學史（二）》（臺北：三民書局股份有限公司，2002年10月），頁118。

但根據戴君仁考究「雜字是融合的雜，不是集合的雜，即是一個雜家，他是身通眾學的，如《隋書‧經籍志》所說：『雜者通眾家之意』。〔註 57〕」從戴君仁的論述可看出他重新肯定了雜家的地位，並認為《淮南》歸入雜家是因其內容博採眾家之學，並能融會貫通各家之要，而並非混雜拼湊眾家之言。

胡適亦認為「司馬談說的『因陰陽之大順，采儒墨之善，攝名法之要』的道家，藝文志所說的『兼儒墨，合名法』的雜家，都是說那個統一帝國的時代的思想學說有互相調和，折衷，混合的趨勢，造成了某些個混合調和的思想體系。〔註 58〕」由此可知，《漢志》將《淮南》歸入雜家，並非其內容雜亂，而代表的是一個龐大綜合的思想體系。

最後，觀《淮南‧要略》篇所云創作主旨：「夫作為書論者，所以紀綱道德，經緯人事，上考之天，下揆之地，中通諸理〔註 59〕」，亦可得之劉安創作《淮南》的目的除了廣納眾家學說以及包容天地人事外，更重要的是貫通融會各家學說之理，以達到「經古今之道，治倫理之序，捃万方之指，而歸之一本，以經緯治道，紀綱王事〔註 60〕」，為君王服務的終極目標。

二、黃老道家

> 道家使人精神專一，動合無形，贍足萬物。其為術也，因陰陽之大順，采儒墨之善，攝名法之要，與時遷移，應物變化，立俗施事，無所不宜，指約而易操，事少而功多。……其術以虛無為本，以因循為用。……虛者道之常也，因者君之綱也。羣臣並至，使各自明也。〔註 61〕

> 道家者流，蓋出於史官，歷記成敗存亡禍福古今之道，然後知秉要執本，清虛以自守，卑弱以自持，此君人南面之術也。〔註 62〕

〔註 57〕 戴君仁：〈雜家與淮南子〉，收入於陳新雄、于大成主編：《淮南子論文集》（臺北：木鐸出版社，1975 年 12 月），頁 3。
〔註 58〕 胡適：《胡適選集（序言）》，頁 234。于大成亦云：「司馬所論六家，其道家蓋涵雜家在內。迨至劉向、歆父子，迺以純言道德者為道家，別以『兼儒墨，合名法』者，析而為雜家。漢志之雜家，實即在司馬氏道家之包，故司馬不別出耳。」說見于大成：《淮南鴻烈論文集》，上冊，頁 75。
〔註 59〕 （漢）劉安：《淮南子》，卷二十一，頁 161。
〔註 60〕 （漢）劉安：《淮南子》，卷二十一，頁 162。
〔註 61〕 （漢）司馬遷撰、（宋）裴駰集解：《史記》，冊二，卷一百三十，頁 1349～1350。
〔註 62〕 （漢）班固撰、（唐）顏師古注、（清）王先謙補注：《漢書補注》，冊二，頁

由《史記‧太史公自序》與《漢書‧藝文志》對道家定義的討論可知，司馬遷與班固所謂之道家定義，已非純粹自然無爲之道家，而成爲綜合眾家之長，「應物變化，立俗施事」的君王施政綱領，形成黃老道家。陳鼓應云：

> 黃老之學是以老子道論思想爲主軸，同時結合齊法家「法」的思想，以及當時盛行的刑名觀念而融會出的新道家思潮。這一思潮試圖於社會政治層面提出一套君無爲而臣有爲的治國有效原則。〔註63〕

而且近代學者根據高誘序言以及〈要略〉篇內容，皆主張《淮南》應歸屬道家，梁啓超〈漢書藝文志諸子略考釋〉云：

> 劉、班以《淮南》次《呂覽》之後而并入雜家者，蓋以兩書皆成於賓客之手，皆雜采諸家之說，其性質頗相類也。劉安博學能文，觀《要略》所提挈各篇要點及排列次弟，蓋匠心經營，極有倫脊，非漫然獺祭而已。故《淮南鴻烈》實可謂集道家學說之大成。就其內容爲嚴密的分類，毋寧以入道家也。〔註64〕

劉安於〈要略〉篇中清楚載明《淮南》主旨爲「故著書二十篇，則天地之理究矣，人間之事接矣，帝王之道備矣〔註65〕」，全書二十篇的主旨與其間的聯繫，皆作了詳細的說明〔註66〕，于大成亦云：「夫既云『無不貫綜』，則是混融眾家之說，以成一家之言，不得謂其汗漫而無所歸止也。……是知所謂雜者，特斥其事類言之耳；其書乃以道家爲中心者也。〔註67〕」，可見針對《淮南》內容之歸屬問題，已有初步的結論。近代學者大多贊成《淮南》內容思想屬於兼融各家思想的黃老道家，主要的學者有呂凱、李增、金春峰、胡適、梁啓超、徐復觀、陳麗桂、陳廣忠、曾春海、鄭良樹、戴君仁等等。眾家學者雖同意《淮南》歸屬秦漢流行的黃老道家學說，但在討論過程中仍出現一

1274。

〔註63〕陳鼓應：《管子四篇詮釋——稷下道家代表作解析》，頁5。陳麗桂亦云：「司馬談是黃老治術、黃老思想盛行時期的人，他所謂的『道家』，正是指的黃老道家。照他的說法，『黃老』思想是以《老子》的雌柔、反智哲學爲基礎，兼採陰陽、儒、墨、名、法各家，主虛靜、講無爲，並將之轉化爲尚因循、重時變，又運用刑名以防姦欺的君術。」說詳見陳麗桂：《秦漢時期的黃老思想》（臺北：文津出版社，1997年2月），頁2。

〔註64〕梁啓超：《梁啓超學術論叢》冊二（臺北：南嶽出版社，1978年3月），頁1302～1303。

〔註65〕（漢）劉安：《淮南子》，卷二十一，頁163。

〔註66〕同註65，頁161～163。

〔註67〕于大成：《淮南鴻烈論文集》，上冊，頁74。

些差異，以下分成三點論述。

（一）以道家消融各家思想

主張《淮南》內容思想是以道家消融眾家思想的學者有于大成、李增、曾春海、陳廣忠、陳麗桂、鄭良樹、戴君仁等人。鄭良樹云：

> 道家思想是全書的主流，環繞著的是法家、儒家和兵家等，雖然言及道家以外的思想，但都是用道家的觀點去發揮，去鋪衍陳說，以期溝通諸家思想。〔註68〕

《淮南》中兼融了諸子思想，如〈天文〉、〈地形〉、〈天文〉、〈時則〉保留陰陽家的說法；〈主術〉、〈泰族〉中反應法家「為君之道在於循名責實，因材授官；群臣守職，百官有常〔註69〕」的觀念；〈氾論〉、〈主術〉中尚賢、節用、節葬等思想皆來自《墨子》〔註70〕；〈兵略〉中兵家思想；〈說山〉、〈說林〉是縱橫家「為游說諸侯國的士人而準備的語言總集。〔註71〕」而貫通調和各篇中不同思想的，就是〈原道〉、〈俶眞〉篇中所描繪的自然無為之道。正如于大成云：「到後來眞正能調和光大，融會各家學說為一的就是『淮南子』，他的中心思想是道家的。〔註72〕」馮友蘭亦云：「他有一個中心思想，那就是

〔註68〕 鄭良樹：《淮南子通論》，頁 7。
〔註69〕 牟鍾鑒：《呂氏春秋與淮南子思想研究》，頁 166。
〔註70〕 詳說參見陳廣忠：〈《淮南子》與墨家〉，收入《中國道家新論》（合肥：黃山書社，2001 年 11 月），頁 369～385。
〔註71〕 孫紀文：《淮南子研究》（北京：學苑出版社，2005 年 7 月），頁 223。
〔註72〕 于大成：《淮南鴻烈論文集》，上冊，頁 1599。李增：「總而言之，淮南子思想體系之結構，總統歸納在一個『道』字。以道一以貫之而消除先秦諸子百家學說之衝突而採其精華、去其糟粕融會貫通，消化吸收而成為自己之體系而成一家之言也。」李增：《淮南子哲學思想研究》（臺北：洪葉文化事業有限公司，1997 年 10 月），頁 15。其他學者亦有相似觀點。曾春海：「《淮南子》遠承晚周稷下學風，近襲黃老治術，意在統合百學，以成一家之言，回應大一統的時代需求。……該書討論自然現象或社會事務，皆歸結到《老子》道家的『道』本上，因此，該書內容或有不一致處，大體而言，該書為『通眾家之言』，及黃老大成的淮南道家，仍有其思想的整體性。」說見曾春海：《兩漢魏晉哲學史（修訂版）》（臺北：五南圖書出版股份有限公司，2004 年 1 月），頁 33。陳麗桂：「《淮南子》裡這些方面的思想理論，不但是戰國以來這一系列理論的終結者、集大成者，也可視為西漢黃老治術的理論紀錄。」說見陳麗桂：《秦漢時期的黃老思想》，頁 4。陳廣忠：「就其思想接近老子的特點，應該歸入道家；就其書內容來說，不僅包容了道家的所有思想精華，而且又有所創新。」說見陳廣忠：《中國道家新論》，頁 313。楊有禮云：「《淮南子》屬於黃老新道家，……以道家思想為主體和核心，對儒墨名法各家思想有批

黃老之學。〔註73〕」

　　除以上論述外，也有學者提出比較不同的觀點，如金春峰認爲：「《淮南子》思想的特點是：以道家爲主旨，反儒的傾向鮮明而突出〔註74〕」，特別加強反儒的看法。另外呂凱認爲：「在《漢書・藝文志》中，班固雖將《淮南子》列爲雜家，但以〈要略〉之意，及其書篇次排列觀之。劉安以道家言之〈原道〉、〈俶眞〉列首，而繼之以陰陽家言之〈天文〉、〈地形〉、〈時則〉列次，就可以證明，他是以道家和陰陽的思想爲主體。他在序中所說的『道』和『終始』，『天地四時』和『避諱』，『至精』和『神氣』，『大聖之德』和『五行之差』，都是道家和陰陽的用語。前引司馬談論六家要指說道家，『因陰陽之大順』，便是道家吸收陰陽家最好的證明。〔註75〕」呂凱從《淮南》篇目的排序，認爲陰陽五行思想在全書是有重要地位的。以上學者的論述或許多少有些不同，相同的是皆贊成《淮南》內容是以黃老道家思想作爲貫穿全書的主旨思想。

（二）道家、儒家並重

　　主張《淮南》內容思想爲道儒並重者有徐復觀、羅光、牟鍾鑒、孫紀文等人，他們認爲「《淮南子》一書的主流思想有兩個骨幹，一是道家思想，二是儒家思想〔註76〕」，徐復觀云：「《淮南子》一書，高《敘》說：『其旨近《老子》』，這可以說是受了當時一般思想趨向的影響。但《淮南子》中的道家思想，與當時流行的道家思想，有一個很大的界域。漢初所承繼的戰國中期以後的道家思想，仍屬於『黃老』並稱的這一系。……且儒家思想，在《淮南子》一書中所占地位，深入地看，並不次於道家〔註77〕」，他們認爲雖《淮南》

判，有吸收，而吸收的部分大都置於新道家思想的統帥之下。」說見楊有禮：《新道鴻烈：淮南子與中國文化》，頁31。戴君仁云：「淮南的思想主幹是道家，可是他是新道家，是混和了老聃、慎到、申不害、韓非等家思想，而居道法之間的道家，也就是漢代所謂黃老之學。」說見戴君仁：〈雜家與淮南子〉，收入於陳新雄、于大成主編：《淮南子論文集》，頁10。

〔註73〕　馮友蘭：《中國哲學史新編》第三冊，頁148。

〔註74〕　金春峰：《漢代思想史》（北京：中國社會科學出版社，1997年12月），頁262。

〔註75〕　呂凱：〈西漢儒道與陰陽家之分流〉收入國立政治大學中文學系編：《第二屆漢代文學與思想學術研討會論文集》（臺北：國立政治大學中文學系，1999年7月），頁303～304。

〔註76〕　孫紀文：《淮南子研究》（北京：學苑出版社，2005年7月），頁24。

〔註77〕　徐復觀：《兩漢思想史》第二冊，頁113～114。孫紀文亦云：「這裡的『道家』

中兼融眾家思想，但以儒道兩家思想爲主，故孫紀文云：「《淮南子》的主旨是：『視儒道爲並列，因陰陽之大體，采墨家之善行，撮名法之長處。』之所以稱『視儒道爲並列』，是因爲《淮南子》著者的指導思想中對儒道這兩個骨幹思想採取妥協的辦法而組織寫作，即前半部多以道家思想爲主，後半部多以儒家思想（易傳思想）爲主，試圖在平等競進的思想交鋒中加以融合而運思。〔註78〕」

（三）創立新說

陳鼓應云：

> 《淮南子》爲漢代道家之集大成者，且爲漢代新道家的重要代表。
> 〔註79〕

主張應創立新說的學者主要有熊鐵基、陳鼓應、陳德和、陶建國〔註80〕等人。這些學者認爲《淮南》以道家思想融匯眾家學說，形成獨特的「新道家」，因此以黃老道家已不足以說明《淮南》學派歸屬問題，故主張創立新說。以下就熊鐵基、陳鼓應、陳德和三人之說簡述之：

1、秦漢新道家

熊鐵基認爲「秦漢之際的道家，應該被稱爲『新道家』，《呂氏春秋》和《淮南子》這兩部書是新道家的代表作。〔註81〕」並列舉三個理由如下：（1）「由批判儒墨變成了『采儒墨之善，撮名法之要』。〔註82〕」、（2）「由逃世變

實指戰國末、漢初的黃老道家，意思是黃老道家乃以老莊道家思想爲核心，而兼容各家思想所形成的。」說見孫紀文：《淮南子研究》，頁 25。

〔註78〕 同註 76，頁 24～25。羅光亦云：「以儒家的仁義治世，目的爲達到道家的消遙一世。因此，《淮南子》書中，基本思想爲道家思想，治國化俗的思想則是儒家的仁義道德。」羅光：《中國哲學思想史（兩漢、南北朝篇）》（臺北：台灣學生書局，1978 年 11 月），頁 550。牟鍾鑒云：「全書是在老莊哲學的基礎上，融冶儒、法、陰陽各家的思想而形成的，主要傾向是道家，……可知《淮南子》是以道家學者爲主、儒道合作而寫成的。」說詳見牟鍾鑒：《呂氏春秋與淮南子思想研究》，頁 164。

〔註79〕 陳鼓應：〈從《呂氏春秋》到《淮南子》論道家在秦漢哲學史上的地位〉，收入《國立臺灣大學文史哲學報》（2000 年 6 月），頁 47。

〔註80〕 陶建國云：「《淮南子》能繼承傳統老莊之精神，而更闡揚發揮，並與之調和諸家思想，使成爲漢際所謂之『新道家』。」說見陶建國：《兩漢魏晉之道家思想》（臺北：文津出版社，1990 年 3 月），頁 264。

〔註81〕 熊鐵基：《秦漢新道家》（上海：上海人民出版社，2001 年 3 月），頁 109。

〔註82〕 同註 81，頁 111～114。

成了入世。新道家不迴避現實矛盾，……因此，這些代表作可以說都是政論書。
〔註83〕」、（3）「與上述一點有關，也是最主要的一個不同之點，那就是發展了
老子天道自然無爲的思想，把它創造性地運用道人生政治上去。〔註84〕」

陳鼓應首先認爲「熊鐵基提出『秦漢新道家』的稱謂，頗有新義。但它
所例舉此說成立的三個理由，都有待商榷。〔註85〕」接著列舉出秦代新道家
的特點（1）貴生：適欲得情、（2）動靜相養主動說、（3）崇樂──道之樂以
和心行適、（4）歷史文化感：古典文化支援用與發揮、（5）弘揚士節、（6）
貴眾說。並將《呂氏春秋》與《淮南》並舉，點出兩書內在聯繫：（1）兩書
歸本黃老、（2）兩書寫作宗旨相同：都是以道家「法天地」爲其本原，而以
老子之「道」爲最高範疇，並以道論爲哲學理論基礎、（3）兩書中心論題是
君道、（4）兩書以道家爲主體而兼採各家之長，且陰陽學派在兩書中皆有相
當的地位、（5）兩書對古典經學的吸收與發揚，並強調「秦漢新道家之所以
有別於原始道家與稷下黃老，建立屬於道家的讀經、解經傳統是一重要特點〔註
86〕」，藉此說明其贊成創立新說的原因。〔註87〕

2、淮南道家

陳德和認爲不可稱《淮南》爲雜家，因雜家名稱過於廣泛，亦不可籠統
稱《淮南》爲黃老，因其風格又不全等於黃老，故主張「該當將它重新定位
並稱之爲『淮南道家』，以明顯標示它特有的地位和風貌。〔註88〕」

綜觀以上的討論，筆者認爲《淮南》以黃老道家思想貫穿眾家之學，繼
《呂氏春秋》之後，成爲集眾家之長以成自家之言的龐大著作。近代許多學
者們發覺其獨特性，因此欲成立新說彰顯其地位，雖仍未能有一統一且全面
的觀點，但也突顯出《淮南》全書思想的博雜。但不可否認《淮南》的中心

〔註83〕 同註81，頁114～116。
〔註84〕 同註81，頁116～118。
〔註85〕 詳說參見陳鼓應：〈從《呂氏春秋》到《淮南子》論道家在秦漢哲學史上的地
位〉，收入《國立臺灣大學文史哲學報》，頁61～62。陳德和亦云：「拙文有限
度同意熊先生『相因而實不同』的說法，但對『秦漢新道家』這種大範圍的
囊括與過於籠統的歸類，則實在難予苟同。」說詳見陳德和：《淮南子的哲學》
（嘉義：南華管理學院，1999年2月），頁53，注44。
〔註86〕 陳鼓應：〈從《呂氏春秋》到《淮南子》論道家在秦漢哲學史上的地位〉，收
入《國立臺灣大學文史哲學報》（2000年6月），頁76。
〔註87〕 同註86，頁61～76。
〔註88〕 陳德和：《淮南子的哲學》，頁47。

思想及內容特色，皆是站在黃老道家的基礎之上，繼承並發揮黃老治世思想的特性。

第三節　時代背景

一、政治背景

秦漢之際，中國在政治社會和學術思想，皆是一個面臨急遽變遷的大時代。就政治社會而言，隨著春秋戰國，群雄爭霸，諸侯割據，政治紛亂的時代結束，中央集權大一統的大帝國出現。但在秦統一六國之後，社會並沒有得到休息，卻大修宮殿，並行嚴刑峻法，使百姓生活勞苦，導致民心盡失。《史記・卷六・秦始皇本紀第六》云：

> 秦王懷貪鄙之心，行自奮之智，不信功臣，不親士民，廢王道，立
> 私權，禁文書而酷刑法，先詐力而後仁義，以暴虐為天下始。〔註89〕

秦帝國滅亡，漢帝國取而代之，開啟中國歷史上第一個長治久安的大帝國。但漢朝初期，長期的社會動盪，導致百姓飽受戰爭的摧殘，顛沛流離，極為疲憊。《漢書・卷二十四上・食貨志第四上》記載：

> 接秦之敝，諸侯並起，民失作業，而大饑饉。凡米石五千，人相食，
> 死者過半。〔註90〕

在這種情況之下，漢初朝臣如蕭何、曹參等〔註91〕便提出以黃老道家「清靜無為」、「與民休息」的政策，而這正好符合百姓需求，並使漢朝能在秦末戰亂，民生凋敝之後快速復甦，並在文景之際達到盛世。《漢書・卷五・景帝紀第五》云：

> 周秦之敝，罔密文峻，而姦軌不勝。漢興，掃除煩苛，與民休息。
> 至于孝文，加之以恭儉，孝景遵業，五六十載之間，至於移風易俗，

〔註89〕（漢）司馬遷撰、（宋）裴駰集解：《史記》，冊一，頁136。
〔註90〕（漢）班固撰、（唐）顏師古注、（清）王先謙補注：《漢書補注》，冊一，頁515。
〔註91〕《史記・卷五十三・蕭相國世家第二十三》：「及漢興，依日月之末光，何謹守管籥，因民之疾秦法，順流與之更始。」及《史記・卷五十四・曹相國世家第二十四》：「參為漢相國，清靜極言合道。然百姓離秦之酷後，參與休息無為，故天下俱稱其美矣。」（漢）司馬遷撰、（宋）裴駰集解：《史記》，冊二，頁805、810。

黎民醇厚。周云成康，漢言文景，美矣。〔註92〕

淮南王劉安生於文帝元年（179B.C.），正好處在黃老道家思想盛行的時代，而《淮南》的編撰、成書正好亦處於黃老思想盛行的文景之際，因此全書思想深受影響。

二、學術背景

　　戰國時期，諸侯割據，政治局勢紛亂，為了替各諸侯王服務，學者們紛紛提出各自見解，因此造成百家爭鳴的景象，由此可知戰國時期在思想上是非常自由蓬勃發展的時代〔註93〕。之後秦滅六國，建立大一統的帝國，在政治上取得了整合統一，在學術上秦始皇雖焚書坑儒，欲禁眾家之言〔註94〕，但仍無法阻止學術思想的發展。並且出現企圖迎合大一統帝國的需要，融合各家學說之長的著作。秦代以呂不韋的《呂氏春秋》為代表，《史記·卷八十五·呂不韋列傳第二十五》云：

> 呂不韋乃使其客人人著所聞，集論以為八覽、六論、十二紀，二十
>
> 餘萬言。以為備天地萬物古今之事，號曰呂氏春秋。〔註95〕

《呂氏春秋》內容包羅萬象，並試圖「備天地萬物古今之事」，看出他為了展現大帝國強盛及兼容並蓄的企圖心。同樣地，在思想上也表現出融合眾家思

〔註92〕 同註90，頁83。

〔註93〕 周桂鈿云：「亂世會激發人們思考，也由於亂世，統治者無法統治思想，思想家的創造性可以得到充分地發揮，可以自由的思考各種理論問題與社會現實問題，還可以與其他思想家進行平等自由地討論，平民百姓也可以有自由的選擇權。誰的思想更符合民眾的意願，誰的說法有更多的合理性，都可以在社會實踐中得到檢驗。」周桂鈿：《秦漢哲學》（武漢：武漢出版社，2006年5月），頁3。

〔註94〕 《史記·卷六·秦始皇本紀第六》：「今皇帝并有天下，別黑白而定一尊。私學而相與非法教，人聞令下，則各以其學議之，入則心非，出則巷議，夸主以為名，異取以為高，率群下以造謗。……臣請史官非秦記皆燒之。非博士官所職，天下敢有藏詩、書、百家語者，悉詣守、尉雜燒之。有敢偶語詩書者棄市。以古非今者族。吏見知不舉與同罪。令下三十日不燒，黥為城旦。所不去者，醫藥卜筮種樹之書。若欲有學法令，以吏為師。」又云：「盧生等吾尊賜之甚厚，今乃誹謗我，以重吾不德也。諸生在咸陽者，吾使人廉問，或為訞言以亂黔首。於是使御史悉案問諸生，諸生傳相告引，乃自除犯禁者四百六十餘人，皆阬之咸陽，使天下知之，以懲後。益發謫徙邊。」（漢）司馬遷撰、（宋）裴駰集解：《史記》，冊一，頁125、126～127。

〔註95〕 （漢）司馬遷撰、（宋）裴駰集解：《史記》，冊二，頁1014。

想，並作系統性整合的目的。高誘〈呂氏春秋序〉云：

> 然此書所尚，以道德爲標的，以無爲爲綱紀，以忠義爲品式，以公
> 方爲檢格，與孟軻孫卿淮南楊雄相表裏也。〔註96〕

高誘認爲本書是以道家思想爲準則，並兼採眾家之長而成，故《漢書·藝文志》將其歸入雜家，說明其中思想內容包羅之廣泛。但不論其歸屬爲道家或雜家，兩者特色皆是「因陰陽之大順，采儒墨之善，撮名法之要，與時遷移，應物變化，立俗施事，無所不宜，指約而易操，事少而功多。〔註97〕」而在秦之後漢帝國建立，淮南王劉安就是受到這種氛圍影響，召集賓客共同著作《淮南》二十一卷，企圖「觀天地之象，通古今之論，權事而立制，度形而施宜，原道之心，合三王之風，以儲與扈冶，玄眇之中，精搖靡覽，棄其畛挈，斟其淑靜，以統天下，理万物，應變化，通殊類〔註98〕」，展現大一統帝國的氣魄〔註99〕。

第四節　思想淵源

　　《淮南》內容博採眾家之長，形成一家之言，故全書思想淵源戰國以來各家學術無所不包，今就陰陽五行與諸子之學兩大部分，進行整理歸納。

一、陰陽五行

　　陰陽五行觀在戰國末年逐漸成熟，並對秦漢思想有重要的影響，尤其是在《淮南》中更是隨處可見，但陰陽與五行的發展並非一開始就如此緊密結合，以下分別就陰陽、五行及其合流作一整理歸納。

〔註96〕（周）呂不韋等撰、陳奇猷校釋：《呂氏春秋校釋》，上冊，序，頁1。
〔註97〕同註95，卷一百三十〈太史公自序第七十〉，頁1349。又《漢書·藝文志》：「雜家者流，蓋出於議官。兼儒、墨，合名、法，知國體之有此，見王治之無不貫，此其所長也。」（漢）班固撰、（唐）顏師古注、（清）王先謙補注：《漢書補注》，冊二，卷三十，頁897。
〔註98〕（漢）劉安：《淮南子》，卷二十一，頁164。
〔註99〕曾春海云：「至於該書的著作背景，扼要言之，係因應漢代大一統的政治格局而衍生的學術、思想、文化之綜理統合需要。戰國末年，承大鳴大放的百家之學餘緒，趨於在多元並立中，相互綜攝吸納的統合思潮，《淮南子》遠承晚周稷下學風，近襲黃老治術，意在統合百學，以成一家之言，回應大一統的時代需求。」曾春海：《兩漢魏晉哲學史（修訂版）》，頁33。

（一）陰　陽

陰陽最早的含意是由雲遮蔽日與雲開見日而來。《說文・雲部》：「黔，雲覆日也。〔註100〕」《說文・勿部》：「易，開也。〔註101〕」《說文・阜部》：「陰，闇也。水之南、山之北也。……陽，高明也。〔註102〕」因此，陰暗與光明爲陰陽最初的意義。《周易》〔註103〕、《尚書》〔註104〕、《左傳》〔註105〕、《詩經》〔註106〕中都可見有關陰陽的原始意涵的描述，而陰陽二字也已開始連用。

〔註100〕 段注：「今人陰陽字小篆作黔易。黔者，雲覆日，易者，旗開見日。」（漢）許慎撰、（清）段玉裁注：《說文解字注》，頁 580。

〔註101〕 段注：「此陰陽正字也。陰陽行而会易廢矣。」同註 100，頁 458。

〔註102〕 同註 100，頁 738。

〔註103〕 《周易・乾》：「潛龍勿用，陽氣潛藏，見龍在田，天下文明。」（魏）王弼、（晉）韓康伯注、（唐）孔穎達等正義：《周易正義》十卷（臺北：藝文印書館，2001 年 12 月，《十三經注疏》本影嘉慶二十年重刊宋本），頁 16。此處陽代表氣候暖和之義。《周易・坤》：「陰雖有美，含之以從王事，弗敢成也，地道也，妻道也，臣道也。」（魏）王弼、（晉）韓康伯注、（唐）孔穎達等正義：《周易正義》，頁 21。此處陰引申有天地之地、夫妻之妻、君臣之臣等相對之義。《周易・否》：「內陰而外陽，內柔而外剛，內小人而外君子，小人道長，君子道消也。」（魏）王弼、（晉）韓康伯注、（唐）孔穎達等正義：《周易正義》，頁 16。此處陰陽由陰陽爻辭引申有內外、柔剛、小人君子等相對之義。戴君仁云：「用陰陽來代表天地君臣夫妻，及君子小人。天道人道，都可用這兩個相對相反的符號來象徵，它的意義是非常廣泛了。」項維新、劉福增主編：《中國哲學思想論集（總論篇）》（臺北：牧童出版社，1976 年 8 月），頁 237。

〔註104〕 《尚書・夏書・禹貢》：「岷山之陽，至于衡山，……南至于華陰，東至底柱。」（漢）孔安國傳、（唐）孔穎達等正義：《尚書正義》二十卷（臺北：藝文印書館，2001 年 12 月，《十三經注疏》本影嘉慶二十年重刊宋本），頁 88～89。此處陰陽爲背陽陰暗與向陽明亮之義。鄺芷人云：「此處『陽』字引申爲『南方』，而『陰』字則指『北方』。故『華陽』『華陰』乃分別指『華山之南』及『華山之北』而言。」鄺芷人：《陰陽五行及其體系》（臺北：文津出版社，2003 年 7 月），頁 9。

〔註105〕 《左傳・昭公・傳元年》云：「天有六氣，降生五味，發爲五色，徵爲五聲，淫生六疾，六氣曰陰、陽、風、雨、晦、明也。分爲四時，序爲五節，過則爲菑，陰淫寒疾，陽淫熱疾，風淫末疾，雨淫腹疾，晦淫惑疾，明淫心疾。」（周）左丘明傳、（晉）杜預注、（唐）孔穎達正義：《春秋左傳正義》六十卷（臺北：藝文印書館，《十三經注疏》本影嘉慶二十年重刊宋本，2001 年 12 月），卷四十一，頁 708～709。此處陰陽表造成疾病的冷熱之氣。

〔註106〕 《毛詩・國風・邶・谷風》：「習習谷風，以陰以雨。」（漢）毛公傳、鄭玄箋、（唐）孔穎達正義：《毛詩正義》七十卷（臺北：藝文印書館，2001 年 12 月，《十三經注疏》本影嘉慶二十年重刊宋本），頁 89。此處陰表陰暗。《毛詩・大雅・生民之什・公劉》：「既景迺岡，相其陰陽，觀其流泉，其軍三單，度

而且除了日光明亮曰陽、日光遮蔽曰陰外，陰陽也引申有天地、熱冷、北南、剛柔、君臣、夫妻、君子小人等正反、相對的涵義。

梁啓超云：「由此觀之，商周以前所謂陰陽者不過自然界中一種粗淺微末之現象，絕不含有何等深邃之意義。〔註107〕」然而戰國時期，陰陽的涵義開始出現明顯的轉變，《國語・卷一・周語上》云：

> 幽王三年，西周三川皆震。伯陽父曰：周將亡矣！夫天地之氣，不失其序；若過其序，民亂之也。陽伏而不能出，陰迫而不能烝，於是有地震，今三川實震，是陽失其所而鎮陰也，陽失而在陰，川源必塞；源塞，國必亡。夫水土演而民用也，水土無所演，民乏財用，不亡何待？〔註108〕

在此陰陽的意義，已從單純天地中冷熱之氣的描述，轉變為兩種概念，當陰陽交互作用調和，就會產生影響，若陽氣蟄伏在下，陰氣迫之，使其不能升，陰陽不和，天下就會出現異象。〔註109〕方立天云：「伯陽父的陰陽二氣對立觀念具有重要的意義：第一、它反映了人門把現象的多樣性，描象為本質的對立性的辯證認識過程。……第二、伯陽父認為陰陽應當保持並在一定時間內也能夠保持一定的秩序，同時，陰陽的鬥爭又必將失其秩序，這裡包含了對立統一規律的思想萌芽，也是十分珍貴的。第三、是從哲學的角度，闡明世界萬物是陰陽之氣運行而成的思想端倪。〔註110〕」陰陽二氣成為天地間生生

其隰原，徹田為糧，度其夕陽。」（漢）毛公傳、鄭玄箋、（唐）孔穎達正義：《毛詩正義》，頁620。此處陰陽表冷熱、寒暖。夕陽，傳曰：「山西曰夕陽。」

〔註107〕 梁啓超：〈陰陽五行說之來歷〉，收入顧頡剛主編：《古史辨》（第五冊）（臺北：藍燈文化事業股份有限公司，1987年11月），下篇，頁347。

〔註108〕 （魏）韋昭注：《國語》二十一卷（臺北：臺灣商務印書館，1975年6月，《四部叢刊》初編史部據上海商務印書館縮印杭州葉氏藏明金李校刊本），頁8。

〔註109〕 謝松齡云：「這似乎是以陰陽觀念解釋『災異』現象的最早記載。《左傳》載僖公十六年『六鷁退飛過宋都』的異常現象，周內史叔興釋為『是陰陽之事』。」謝松齡：《天人象：陰陽五行學說史導論》（山東：山東文藝出版社，1997年4月），頁19。陳錫勇云：「是將虢公文所述『土氣』轉而為『陰氣』，並以之與『陽氣』對舉，合二者為『天地之氣』，二氣各有特性，陽氣升而陰氣降：二氣各有秩序，失序則民亂，陰氣、陽氣失調而有地震。是為文獻記載上首次提出陰陽二氣為天地之氣的概念。」陳錫勇：《宗法天命與春秋思想初探》（臺北：文津出版社，1992年8月），頁114。

〔註110〕 方立天：《中國古代哲學問題發展史》（上冊）（北京：中華書局，1992年12月），頁193。楊濟襄云：「若根據〈周語〉所載，那麼，把『陰』、『陽』從陰寒與溫暖的氣候推想為天地間的兩種氣，是西周末年就有的事。……

作用的概念產生。「伯陽父最先提出陰陽概念後，老子又作了進一步的哲學概括。〔註111〕」《老子‧四十二章》有云：

> 道生一，一生二，二生三，三生萬物，萬物負陰而抱陽，沖氣以爲
>
> 和。〔註112〕

梁啓超曰：「陰陽二字意義之劇變，蓋自老子始。〔註113〕」《老子》明確指出陰陽爲創生萬物的基礎元素、作用，陰陽二氣相互激盪調和產生萬物。至此，陰陽有了明顯哲學性的意涵。《莊子‧卷七下‧外篇田子方第二十一》云：

> 至陰肅肅，至陽赫赫；肅肅出乎天，赫赫發乎地；兩者交通成和而
>
> 物生焉，或爲之紀，而莫見其形。〔註114〕

以及《管子‧卷二十‧形勢解》：

> 春者，陽氣始上，故萬物生。夏者，陽氣畢上，故萬物長。秋者，
>
> 陰氣始下，故萬物收。冬者，陰氣畢下，故萬物藏；故春夏生長，
>
> 秋冬收藏，四時之節也。〔註115〕

皆把陰陽二氣視爲天地間氣候遞嬗、萬物相生之理〔註116〕。到了《周易‧繫辭上》：

> 一陰一陽之謂道，繼之者善也，成之者性也。仁者見之謂之仁，知

其中有兩點特別值得注意：1、『陰』、『陽』是獨立存在的兩種氣，它們有
一定的性質與作用，二者相合的結果，順遂與否將左右雨水、河川、土地
等自然秩序。2、『陰』、『陽』與人事有密切關係，人事不當，將導致陰陽
二氣失序，並且造成人世的災異。」陽濟襄：〈由《淮南子》看先秦至漢初
『陰陽』觀念之轉化〉，收入輔仁大學中國文學系所編《第二屆先秦兩漢學
術全國研究生論文發表會論文集》（臺北：輔仁大學中國文學系，2000年6
月），頁285。簡松興云：「在此，陰陽被認爲是天地之氣，它是獨立的兩種
氣，有一定的性質與作用，對大自然的現象有所影響。其次就是與災異結
合，伯陽父認爲陰陽與人事關係密切，兩者互爲影響。」簡松興：《西漢天
人思想研究——以《淮南子》、《春秋繁露》、《史記》爲中心》（臺北：輔
仁大學中國文學系博士論文，1998年6月），頁23～24。

〔註111〕同註110，頁193。

〔註112〕（晉）王弼注：《老子道德經》（臺北：藝文印書館，1967年，《百部叢書集
成》本），下篇，頁8。

〔註113〕梁啓超：〈陰陽五行說之來歷〉，收入顧頡剛主編：《古史辨》（第五冊），下篇，
頁347。

〔註114〕王叔岷：《莊子校詮》，中冊，頁779。

〔註115〕黎翔鳳：《管子校注》，下冊，頁1168。

〔註116〕《管子‧卷十四‧四時》：「是故陰陽者，天地之大理也，四時者，陰陽之大
經也。」同註115，中冊，頁838。

者見之謂之知,百姓日用而不知,故君子之道鮮矣。〔註117〕

陰陽二氣已被用來詮釋生生不息的萬物根源「道」,至此,陰陽氣化概念大致底定。

(二)五 行

關於五行的記載最早可見於《尚書》。《尚書・夏書・甘誓》云:

> 大戰于甘,乃召六卿,王曰:嗟六事之人,予誓告汝,有扈氏,威
> 侮五行,怠棄三正。〔註118〕

在此提到的五行,梁啓超認為「此文應解成威侮五種應行之道,怠棄三種正義。其何者為五,何者為三,故無可考,然與後世五行說絕不相蒙蓋無疑。〔註119〕」此外,《尚書・虞書・大禹謨》云:「禹曰:於!帝念哉!德惟善政,政在養民。水、火、金、木、土、穀,惟修;正德、利用、厚生、惟和。〔註120〕」《左傳・文公・傳七年》云:「六府三事,謂之九功。水、火、金、木、土、穀,謂之六府。正德、利用、厚生,謂之三事。〔註121〕」這裡提到的水、火、金、木、土、穀,稱為六府,是用以養民的六種物品,可知此時水、火、金、木、土為五行的觀念並沒有定型。《尚書・周書・洪範》又云:

> 一,五行,一曰水,二曰火,三曰木,四曰金,五曰土,水曰潤下,
> 火曰炎上,木曰曲直,金曰從革,土爰稼穡,潤下作鹹,炎上作苦,
> 曲直作酸,從革作辛,稼穡作甘。〔註122〕

在此雖明確指出五行為水、火、木、金、土,順序也與前者不同,但梁啓超認為「此不過將物質區分為五類,言其功用及性質耳。〔註123〕」可見此時的五行仍為五種具體素質,並無哲學意涵。《墨子・卷十・經下第四十一》云:

> 五行毋常勝,說在宜。〔註124〕

〔註117〕（魏）王弼、（晉）韓康伯注、（唐）孔穎達等正義:《周易正義》,頁148。
〔註118〕（漢）孔安國傳、（唐）孔穎達等正義:《尚書正義》,卷七,頁98。
〔註119〕梁啓超:〈陰陽五行說之來歷〉,收入顧頡剛主編:《古史辨》(第五冊),下篇,頁350。
〔註120〕同註118,卷四,頁53。
〔註121〕（周）左丘明傳、（晉）杜預注、（唐）孔穎達正義:《春秋左傳正義》,卷五十三,頁923。
〔註122〕（漢）孔安國傳、（唐）孔穎達等正義:《尚書正義》,卷十二,頁169。
〔註123〕梁啓超:〈陰陽五行說之來歷〉,收入顧頡剛主編:《古史辨》(第五冊),下篇,頁350。
〔註124〕（清）孫詒讓:《墨子閒詁》(二冊)(臺北:世界書局,1958年),上冊,頁

《墨子・卷十・經説下第四十三》亦云：

> 五合。水土火〔註125〕。火離然。火鑠金，火多也。金靡炭，金多也。
> 合之府水，木離木〔註126〕。〔註127〕

藉由兩段《墨子》的討論可知當時已有五行相勝的觀念，但仍最初始描寫物質性質互相生剋的情況。然而梁啓超認爲「實則勝訓貴；意謂此五種物質無常貴，但適宜應需則爲貴。其説甚平實，不待穿鑿也。〔註128〕」因此不能説五行觀念於當時已產生。但由戰國時期所記載的文獻來看，五行觀念的產生與發展在當時已非常盛行〔註129〕。《左傳・昭公・傳十七年》云：

> 冬，有星孛于大辰，西及漢，申須曰：「彗，所以除舊布新也。天事恆象，今除於火，火出必布焉，諸侯其有火災乎？」梓愼曰：「往年吾見之，是其微也。火出而見，今兹火出而章，必火入而伏，其居火也久矣，其與不然乎？火出，於夏爲三月，於商爲四月，於周爲五月，夏數得天，若火作，其四國當之，在宋、衛、陳、鄭乎？宋，大辰之虛也，陳，大皞之虛也，鄭，祝融之虛也，皆火房也。星孛天漢，漢，水祥也，衛，顓頊之虛也，故爲帝丘。其星爲大水，水，火之牡也。其以丙子，若壬午作乎？水火所以合也，若火入而伏，必以壬午，不過其見之月。」鄭裨灶言於子產曰：「宋、衛、陳、鄭將同日火，若我用瓘斝玉瓚，鄭必不火。」子產弗與。〔註130〕

此段首先可看出它將水火對舉，並云「水，火之牡也。……水火所以合也」，知其將水火相配，可見五行以不單指五種素材，且五行相合的觀念產生。其次，《左傳》記載「宋，大辰之虛也，陳，大皞之虛也，鄭，祝融之虛也，皆火房也。星孛天漢，漢，水祥也，衛，顓頊之虛也，故爲帝丘」，杜預注曰：

195。

〔註125〕 注：「疑當作木生火。張云：五行自相合者，水土火，金待火而合，木待金而合。按：張説未知是否。」（清）孫詒讓：《墨子閒詁》，上冊，頁226。

〔註126〕 注：「疑當作木離土。」同註123，頁226。

〔註127〕 同註124，頁226。

〔註128〕 同註123，頁351。

〔註129〕 謝松齡云：「五行觀念的發生，當早于戰國中、末期以前。因爲產生于戰國中、末期的五德終始説，以及《洪範》、《呂氏春秋・十二紀》中的五行學説，已是相當成熟、相當完整的思想體系了。」謝松齡：《天人象：陰陽五行學説史導論》，頁18。

〔註130〕 （周）左丘明傳、（晉）杜預注、（唐）孔穎達正義：《春秋左傳正義》，卷四十八，頁838～839。

「大辰，房心尾也〔註131〕」、「大辰、大火，宋分野〔註132〕」，由此可看出當時以星辰作為區域分野的觀念產生，同時五行觀也以與災異現象結合，可見五行觀已發展的相當成熟。《管子‧五行第四十一》云：

> 五聲既調，然後作立五行，以正天時。五官以正人位，人與天調，然後天地之美生。日至，睹甲子木行御，天子出令，……七十二日而畢。睹丙子，火行御，天子出令，……七十二日而畢。睹戊子，土行御，天子出令，……七十二日而畢。睹庚子，金行御，天子出令，……七十二日而畢。睹壬子，水行御，天子出令，……七十二日而畢。〔註133〕

《管子》更進一步，將干支與五行觀相結合，並與天子行事相互搭配，形成以五行生剋之理對君王一年行事施政的規範。至此，五行觀已形成一套龐大的思想系統。且對後世造成很大的影響，如《呂氏春秋‧十二紀》、《淮南子‧時則》等都是在此基礎上所完成的。

（三）陰陽五行的合流

陰陽五行的結合，戰國末年的鄒衍是重要的關鍵。《史記‧封禪書》云：

> 自齊威、宣之時，騶子之徒論著終始五德之運，及秦帝而齊人奏之，故始皇采用之。而宋毋忌、正伯僑、充尚、羨門高最后皆燕人，為方僊道，形解銷化，依於鬼神之事。騶衍以陰陽主運顯於諸侯，而燕齊海上之方士傳其術不能通，然則怪迂阿諛苟合之徒自此興，不可勝數也。〔註134〕

根據《史記》記載，鄒衍所創的「終始五德之運」、「陰陽主運」學說，首次將陰陽與五行作出結合〔註135〕，以下就陰陽與五行學說相合的狀況與鄒衍的

〔註131〕同註130，頁834。

〔註132〕同註130，頁838。

〔註133〕黎翔鳳：《管子校注》，中冊，卷十四，頁865～869。

〔註134〕（漢）司馬遷撰（唐）司馬貞索隱、張守節正義（宋）裴駰集解：《史記》，冊一，卷二十八，頁541～542。

〔註135〕王夢鷗云：「我們認為鄒衍之最大的創說：是把古已有之『陰陽』與『五行』兩種觀念合而為一，使它成為宇宙諸現象的原動力。」王夢鷗：《鄒衍遺說考》（臺北：商務印書館，1966年1月），頁56。謝松齡：「即使鄒衍兼言陰陽、五行，亦尚未將二者融合為一。」謝松齡：《天人象：陰陽五行學說史導論》，頁47。鄺芷人：「根據『孟荀列傳』的記述，則鄒（騶）衍是把『陰陽』與『五行』配合而立論，……至於他是否最先以陰陽五行合而論之，這就無法

學說作一整理。

　　陰陽與五行兩家學說的內容,《漢書・藝文志》中皆作了簡單的介紹。

> 陰陽家者流,蓋出於羲和之官,敬順昊天,歷象日月星辰,敬授民時,此其所長也。及拘者爲之,則牽於禁忌,泥於小數,舍人事而任鬼神。〔註136〕

> 五行者,五常之形氣也。書云:「初一曰五行,次二曰羞用五事」,言進用五事以順五行也。貌、言、視、聽、思心失,而五行之序亂,五星之變作,皆出於律曆之數而分爲一者也。其法亦起五德終始,推其極則無不至。而小數家因此以爲吉凶,而行於世,寖以相亂。
> 〔註137〕

據《漢志》所載,陰陽家的由來,源於觀察天象變化的羲和之官,羲和之官藉由觀察日月星辰的變化,訂定曆法,並根據陰陽生剋之理詮釋天文異象的發生,並對人事作出譴告的學說。而五行家所討論的內容,是以木、火、土、金、水五行之氣的變化之理,對人事的順逆、五星的變異,以曆律之數作出吉凶推測判斷的學說。

　　而五行家的起源,班固認爲即源自鄒衍五德終始之說,而陰陽家所討論的內容,藉由觀測天象變異提出判斷譴告,也與鄒衍學說相近,由此可知陰陽五行兩學說之結合,鄒衍扮演相當重要的角色。關於鄒衍的著作,根據《史記》、《漢書・藝文志》所載有「終始太聖之篇十餘萬言〔註138〕」、《鄒子》四十九篇、《鄒子終始》五十六篇〔註139〕等,但今已亡佚。至於鄒衍的學說,《史記》中有一段較爲詳細的記載。《史記・孟子荀卿列傳》云:

> 騶衍睹有國者益淫侈,不能尚德,若大雅整之於身,施及黎庶矣。乃深觀陰陽消息而作怪迂之變,終始太聖之篇十餘萬言。其語閎大不經,必先驗小物,推而大之,至於無垠。先序今以上至黃帝,學者所共術,大并世盛衰,因載其機祥度制,推而遠之,至天地未生,

　　　　稽考了。」鄺芷人:《陰陽五行及其體系》,頁34。

〔註136〕（漢）班固撰、（唐）顏師古注、（清）王先謙補注:《漢書補注》,冊二,卷三十,頁893。

〔註137〕同註136,頁910。

〔註138〕（漢）司馬遷撰（唐）司馬貞索隱、張守節正義（宋）裴駰集解:《史記》,冊二,卷七十四〈孟荀列傳〉,頁939。

〔註139〕（漢）班固撰、（唐）顏師古注、（清）王先謙補注:《漢書補注》,冊二,卷三十,頁893。

窈冥不可考而原也。先列中國名山大川,通谷禽獸,水土所殖,物
類所珍,因而推之,及海外人之所不能睹。稱引天地剖判以來,五
德轉移,治各有宜,而符應若茲。以為儒者所謂中國者,於天下乃
八十一分居其一分耳。中國名曰赤縣神州,赤縣神州內自有九州,
禹之序九州是也,不得為州數。中國外如赤縣神州者九,乃所謂九
州也。於是有裨海環之,人民禽獸莫能相通者,如一區中者,乃為
一州。如此者九,乃有大瀛海環其外,天地之際焉。其術皆此類也。
然要其歸,必止乎仁義節儉,君臣上下六親之施,始也濫耳。王公
大人初見其術,懼然顧化,其後不能行之。〔註140〕

根據司馬遷所載,鄒衍的學說是從觀察細微事物的變化中,推衍至天地萬物
的演化過程,並加入陰陽相生的觀念,形成詮釋天道生成變化的一種學說。
此外,鄒衍還將此說用來推衍「中國名山大川,通谷禽獸,水土所殖,物類
所珍」和古聖先王的盛衰的變化,並以五德終始觀詮釋,形成結合陰陽五行
論述天地宇宙人事變化的陰陽學說。

關於鄒衍學說之內容,經學者的研究分析,大致可歸納出四大部分:

1、五德終始說

根據王夢鷗的研究,鄒衍的「五德終始」說至少包括兩部分:「一是小型
的,五行之一年一周的終始;一是大型的,五行之從天地剖判以來,一朝一
代的終始。前者是王居明堂而行的時令,後者是受命而帝的制度。〔註141〕」

大型的「五德終始是『五德之次從所不勝』的,所以說『虞土夏木殷金
周火』。〔註142〕」此以五行相剋之理說明帝王、朝代的遞嬗。小型的五德終始
言『五行相次轉用事隨方面為服』是東方木,南方火,中央土,西方金,北
方水,春夏秋冬,相次用事的〔註143〕」,此以五行相生之理,言五行更迭君王
服色、施政、居處方位等的改變。

2、大九州說

根據《史記》記載,鄒衍的大九州說,是以儒者所謂中國為中心,名曰
赤縣神州,赤縣神州內又可分為九州,而中國之外又有如赤縣神州般的八州,

〔註140〕同註138,頁 939~940。

〔註141〕王夢鷗:《鄒衍遺說考》,頁 56。

〔註142〕錢穆:〈評顧頡剛五德終使說下的政治和歷史〉,收入顧頡剛主編:《古史辨》
第五冊,下篇,頁 621~622。

〔註143〕同註142,頁 622。

因此他將天下分成八十一分，合為九大州，而大九州之外「乃有大瀛海環其外，天地之際焉〔註144〕」。

鄒衍「透過由小推大，由進推遠的方法，先說中國境內的大小山川、河道、地理出產與人文，然後向外推衍〔註145〕」，形成特殊的地理觀。

3、天道宇宙論

陳麗桂認為「鄒衍既號『談天衍〔註146〕』，其術定然不會只有言『主運』言明堂政令的大小『終始』，與說地理的大小『九州』，而應該有著相當比重推衍天道的學說理論。……顯然鄒衍之說應另有『稱引天地剖判以來』，或『天地未生，窈冥不可考而原』的部分，那樣才更符合其『談天衍』的名號。〔註147〕」

4、律曆、數術

根據司馬遷〔註148〕及班固的說法，陰陽家學說的內容主要是以陰陽之術觀天象、四時、二十四節氣等的變化，對人事吉凶進行譴告。因此同樣被歸為陰陽家的鄒衍應該也有關於這部分的學說內容。陳麗桂云：「《太平御覽》八四二引劉向《別錄》云：『傳言鄒衍在燕，有谷地美而寒，不生五穀。鄒子居之，吹律而溫至，生黍到今，名黍谷焉。』鄒衍應該是深通曆術與『候氣』之法的。……則在鄒衍的學說中，原本或亦有著曆術一類理論記載。〔註149〕」

〔註144〕（漢）司馬遷撰（唐）司馬貞索隱、張守節正義（宋）裴駰集解：《史記》，冊二，卷七十四〈孟荀列傳〉，頁939。

〔註145〕陳麗桂：〈《淮南子》中的陰陽學（一）——天文〉，收入國立政治大學中國文學系編：《第四屆漢代文學與思想學術研討會論文集》（臺北：國立政治大學中國文學系，2003年4月），頁124。

〔註146〕《漢書·藝文志》注：「名衍，齊人，為燕昭王師，居稷下，號談天衍。」（漢）班固撰、（唐）顏師古注、（清）王先謙補注：《漢書補注》，冊二，卷三十，頁892。

〔註147〕詳說見陳麗桂：〈《淮南子》中的陰陽學（一）——天文〉，收入國立政治大學中國文學系編：《第四屆漢代文學與思想學術研討會論文集》，頁125。

〔註148〕《史記·卷一百三十·太史公自序第七十》：「竊觀陰陽之術，大祥而忌諱，使人拘而多所畏；然其序四時之大順，不可失也。……夫陰陽四時、八位、十二度、二十四節各有教令，順之者昌，逆之者不死則亡，未必然也，故曰『使人拘而多畏』。夫春生夏長，秋收冬藏，此天道之大經也，弗順則無以為天下綱紀，故曰『四時之大順，不可失也』。」（漢）司馬遷撰（唐）司馬貞索隱、張守節正義（宋）裴駰集解：《史記》，冊二，頁1349。

〔註149〕同註147，頁125。

　　綜合觀之，鄒衍的學說大致包含以上四類內容，這種以陰陽五行對天文、地理、歷史進行吉凶推衍的方式，對秦漢以降的諸子思想產生很大的影響，從《呂氏春秋》到漢代《淮南》、《春秋繁露》的內容之中，皆可以看到陰陽五行思想的繼承與發展。

二、先秦諸子

　　《淮南》中以道家思想為主，兼融眾家思想特色，自成一家之言，因此其內容幾乎涵蓋先秦諸子百家思想。礙於篇幅，本文專以先秦諸子對《淮南》氣論思想的影響作一整理概述。

（一）道　家

　　道家思想以《老》《莊》為代表，兩書「同推崇『道』，同推崇自然無為。〔註150〕」《老子》云：

　　　　道，可道也，非恒道也；名，可名也，非恒名也。無名，萬物之始
　　　　也；有名，萬物之母也。故恒無欲也，以觀其妙；恒有欲也，以觀
　　　　其所徼。兩者同出，異名同謂，玄之又玄，眾妙之門。〔註151〕

《老子》第一篇就點出道的特性，玄妙不可言說，無形以觀其徼，且為天地之始。而《淮南》第一篇為〈原道〉，其內容言道之原，並詳述道之特色，足可見《淮南》對道之重視。而〈原道〉對道的描述，言道之特色無形無限、能動能靜、可小可大，並且道之作用具體存在與充滿於天地萬物之間。這種對道之特色的說明正是站在《老子》對道的描繪之上加以推衍展開。

　　除了道本體論深受《老子》影響之外，《老》《莊》在宇宙論、及修養論亦對《淮南》產生不小的影響。《老子》云：

　　　　道生一，一生二，二生三，三生萬物，萬物負陰而抱陽，沖氣以為
　　　　和。〔註152〕

《莊子・齊物論》云：

〔註150〕孫紀文：《淮南子研究》，頁 129。

〔註151〕（晉）王弼注：《老子道德經》，上篇，頁 1。王弼本作「道可道，非常道；名可名，非常名。無名，天地之始；有名，萬物之母。故常無欲以觀其妙；常有欲以觀其徼。此兩者同出而異名，同謂之玄，玄之又玄，眾妙之門。」今據陳錫勇校改，詳說參見陳錫勇：《老子校正》（臺北：里仁書局，2003 年 9 月），頁 164～168。

〔註152〕同註151，頁 41。

> 有始也者，有未始有始也者，有未始有夫未始有始也者。有有也者，
> 有无也者，有未始有无也者，有未始有夫未始有无也者。俄而有无
> 矣，而未知有无之果孰有孰无也。〔註153〕

《老子》與《莊子》皆認為道創生萬物的過程是相當複雜的，《老子》以一、二、三說明其過程之奧妙不可明言的特質，《莊子》更以層層推論展現萬物生成過程之繁複，這皆影響《淮南》對宇宙生成論的推論。在修養論的部分，《莊子・內篇・養生主》云：

> 為善無近名，為惡無近刑。緣督以為經，可以保身，可以全生，可
> 以養親，可以盡年。〔註154〕

修養的關鍵在於形體不要被名利、好惡所牽引，順著自然之常道，就能保養心性精神，以養天年。故修養最高境界在於合於天道，而修養功夫首重「壹其性，養其氣，合其德，以通乎物之所造。〔註155〕」要能體道，最重要就是要使心性專一虛靜，保養形氣使其調和通暢，如此便能保全形體生命與天道相合。《莊子》這種著重心性修養必須遵循天道自然的觀點，對《淮南》產生重要的影響，進而提出「保養形氣神」與「反性於初」的心性修養觀。

（二）儒　家

《淮南》高誘敘云：

> 天下方術之士多往歸焉。於是遂與蘇飛、李尚、左吳、田由、雷被、
> 毛披、伍被、晉昌等八人及諸儒大山小山之徒，共講道德，總統仁
> 義，而著此書。〔註156〕

由此可知劉安賓客中亦有不少為儒家學者，因此《淮南》雖以道家思想為主，但也融合不少儒家思想。儒家思想影響《淮南》最深的部分在於心性的詮釋。《論語・陽貨》：

> 子曰：唯上知與下愚不移。〔註157〕

孔子將人之性分作三個層次：第一為上智，此類人天生聰慧，第二為下愚，此類人天生性情乖戾，孔子認為此兩類人之性無法去改變，因上智者本身就能維持本性清明，不須靠外在教導學習，下愚者本性極惡，無法靠學習更改。

〔註153〕王叔岷：《莊子校詮》，上冊，卷一，頁70。
〔註154〕同註153，卷二，頁27。
〔註155〕同註153，中冊，卷七〈外篇・達生第十九〉，頁670～671。
〔註156〕（漢）劉安：《淮南子》，敘，頁2。
〔註157〕（魏）何晏等注、（宋）邢昺疏：《論語注疏》，卷十七，頁154。

唯有上智下愚間的中人，可以靠學習修養使本性向善，但若中人不努力修養，也是會使原本清靜的心性受到遮蔽而爲惡。故「子曰：性相近也，習相遠也。〔註158〕」《淮南》對人本性的看法，承繼孔子「性分三品」的觀點，進一步強調學習對人的重要性。

此外，關於性情的討論，《淮南》明顯受到《荀子》以及秦漢之際《禮記》的影響。《荀子·正名》：

> 生之所以然者謂之性；性之和所生，精合感應，不事而自然謂之性。
>
> 性之好、惡、喜、怒、哀、樂謂之情。〔註159〕

《荀子》認爲天生自然清靜的狀態爲性，而性受到外物的感動產生的好、惡、喜、怒者稱爲情。因此情爲性自然的反應，本無善惡可言，但若內心無法節制，亦或受外界聲色誘惑，使情緒過分表現，以致無法回歸本性清靜，失去天道自然之理序。除了對性的討論，《荀子》亦對心的特色提出獨特的看法。《荀子·解蔽》：

> 心者，形之君也，而神明之主也，出令而無所受令。〔註160〕

心爲形神之主宰，《荀子》強調了心在人生命中的地位，具有主宰的作用。《淮南》也延續了《荀子》說法，言心統形氣神，並爲管理知覺官能的五臟之主，更加強心在掌管人生命的部分。

《禮記》爲漢初完成之著作，此書在對性的詮釋上大致延續《荀子》之說，《禮記·樂記》云：

> 人生而靜，天之性也；感於物而動，性之欲也。物至知知，然後好
>
> 惡形焉。好惡無節於內，知誘於外，不能反躬，天理滅矣。〔註161〕

《禮記》特別強調天賦予人之本性是清靜的，情欲的產生是清淨本性受外物之感動所造成，若是無法控制外界的誘惑，天性就會遭到破壞。《淮南》對本性的看法便是繼承《荀子》、《禮記》之說而來。此外，《禮記·樂紀》有云：

〔註158〕同註157，頁154。

〔註159〕（唐）楊倞注、（清）王先謙集解：《荀子集解·考證》，卷十六，頁379～380。

〔註160〕同註159，卷十五，頁367。

〔註161〕（漢）鄭玄注、（唐）孔穎達正義：《禮記正義》六十三卷（臺北：藝文印書館，《十三經注疏》本影嘉慶二十年重刊宋本，2001年12月），卷三十七，頁666。

夫民有血氣心知之性，而無哀樂喜怒之常，應感起物而動，然後心

術形焉。〔註162〕

〈樂記〉提出了人的本性中有血氣心知的觀念，認爲溝通形體之血氣與主宰
認知判斷之心爲人天生本有的部分，本性與外界感應產生情緒，心知作用即
透過形體向外的呈現。

劉安與其賓客深受孔子以降儒家對心性情闡釋的觀點，故在《淮南》當
中加以繼承，同時融合漢初流行的氣論思想，重新詮釋與發揮，構成以氣論
述的心性觀。

（三）黃 老

陳鼓應云：

「黃老」乃是黃帝與老子的合稱。雖是合稱黃帝與老子，然而就理
論內容來看，黃帝僅爲依託的對象，老子的道論方是黃老之學的理
論主軸。〔註163〕

而〈太史公自序〉云：

道家使人精神專一，動合無形，贍足萬物。其爲術也，因陰陽之大
順，采儒墨之善，撮名法之要，與時遷移，應物變化，立俗施事，
無所不宜，指約而易操，事少而功多。〔註164〕

可見司馬遷對道家思想所作的詮釋，已非《老子》、《莊子》的道家，「他說的
道家乃是黃老道家〔註165〕」。黃老思想在戰國末年經由稷下學官們如鄒衍、淳
于髡、田駢等人的討論與發揚，達到鼎盛〔註166〕，而在戰國末年出現的《管
子》〔註167〕與秦呂不韋的《呂氏春秋》〔註168〕，都被視爲黃老學說之重要著

〔註162〕同註161，卷三十八，頁679。
〔註163〕陳鼓應：《管子四篇詮釋──稷下道家代表作解析》，頁4。
〔註164〕（漢）司馬遷撰、（宋）裴駰集解：《史記》，冊二，卷一百三十，頁1349。
〔註165〕孫紀文：《淮南子研究》，頁149。
〔註166〕《史記·卷四十六·田敬仲完世家第十六》：「宣王喜文學游說之士，自如
騶衍、淳于髡、田駢、接予、慎到、環淵之徒七十六人，皆賜列第，爲上
大夫，不治而議論。是以齊稷下學士復盛，且數百千人。」同註164，頁
754～755。
〔註167〕《管子》中的〈內業〉、〈白心〉、〈心術上〉、〈心術下〉等四篇所呈現的思想
主題與特質，陳麗桂認爲「它們從治心之理上去論治國之道，由自然之道上
去講政道，強調尊君、崇尚刑名與法，主張人君用虛無靜因之術去完成統御，
並且用『精氣』去詮釋形、神修養問題，也兼揉道德、理、法爲一，不但和

作。

　　黃老思想對《淮南》最大的影響，在於精氣說與自然天道宇宙觀。首先
關於精氣說的部分，《管子‧內業》云：

> 精也者，氣之精者也。氣道乃生，生乃思，思乃知，知乃止矣。凡
> 心之形，過知失生。〔註169〕

精氣爲氣中最精妙的部分，「氣者，身之充也〔註170〕」，它可充盈於形體之間，
使形體正常運作，產生認知判斷作用。「凡物之精，此則爲生下生五穀，上爲
列星〔註171〕」，精氣更流動於天地之間，創生萬物。《管子‧內業》又云：

> 精存自生，其外安榮，內藏以爲泉原，浩然和平以爲氣淵。淵之不
> 涸，四體乃固，泉之不竭，九竅遂通，乃能窮天地，被四海。〔註172〕

精氣作用若能保養於形體中，內在五臟以及外在肢體便能因精氣的充滿而「浩
然和平」。而且《管子》更將氣與道等同視之，〈內業〉云：「夫道者，所以充形
也。〔註173〕」陳鼓應云：「『道』在此即是『精氣』之意，精氣是充滿人身的。
〔註174〕」《管子》對精氣的詮釋，以及精氣運用至心性形體修養方面，皆爲《淮
南》氣論思想奠定基礎。其次，在自然天道觀方面，《管子‧形勢解》云：

> 春者，陽氣始上，故萬物生。夏者，陽氣畢上，故萬物長。秋者，
> 陰氣始下，故萬物收。冬者，陰氣畢下，故萬物藏；故春夏生長，
> 秋冬收藏，四時之節也。賞賜刑罰，主之節也。四時未嘗不生殺也，
> 主未嘗不賞罰也；故曰：春秋冬夏，不更其節也。〔註175〕

黃老帛書所呈現的思想主題大致相同，合司馬談〈論六家要旨〉裏所提示的
黃老道家思想特質也相當一致。」說見陳麗桂：《戰國時期的黃老思想》（臺
北：聯經出版社，2005 年 11 月），頁 109。

〔註168〕陳麗桂云：「《呂氏春秋》用『太一』稱代『道』，用『精氣』詳釋『道』，暢
論其充滿唯物色彩、修節適情的養生術，與心物雜揉的感應說；並由天圓地
方的自然之道中，提煉出虛靜因任的無爲術與正名審分的刑名論：又主張文
武並用、刑德相養，且略論兵術，與戰國時期黃老學家，若黃老帛書、《管子‧
內業》等四篇的作者，乃至申不害、慎到、韓非諸人的部分思想，呈現著相
繼相承的現象。」說見陳麗桂：《秦漢時期的黃老思想》，頁 3。

〔註169〕黎翔鳳：《管子校注》，中冊，卷十六，頁 937。

〔註170〕同註 169，卷十三〈心術下〉，頁 778。

〔註171〕同註 169，卷十六，頁 931。

〔註172〕同註 169，頁 938～939。

〔註173〕同註 169，頁 932。

〔註174〕陳鼓應：《管子四篇詮釋──稷下道家代表作解析》，頁 23～24。

〔註175〕同註 169，下冊，卷二十，頁 1168。

《管子》以陰陽二氣的消長，對四季的遞嬗，季節的變化作出詮釋。《呂氏春秋》更將此觀念大大發揮，建立氣化天道觀。《呂氏春秋・圜道》云：

> 天道圜，地道方，聖王法之，所以立上下。何以說天道之圜也？精氣一上一下，圜周復雜，無所稽留，故曰天道圜。何以說地道之方也？萬物殊類殊形，皆有分職，不能相爲，故曰地道方。主執圜，臣處方，方圜不易，其國乃昌。〔註176〕

天道的運行皆是由陰陽二氣交互作用而成，因此天地萬物之間，以及天道宇宙的運行，全都是以氣爲基礎所建構完成，《呂氏春秋》中的十二紀，更直接把十二個月的輪轉過程以氣詮釋，並且配上五行、星象以及君王施政法則，而《淮南・時則》便是依據十二紀的內容，闡示其對氣化天道的觀念。

〔註176〕（周）呂不韋等撰、陳奇猷校釋：《呂氏春秋校釋》，上冊，卷第三，頁 171
～172。

第三章　氣化天道論

第一節　道的內涵

　　自《老子》以降，道家皆主張道是唯一最高主體，《老子》的思想也是由道開始推衍。《淮南》首篇即曰〈原道〉，可知「道」為全書中重要的主旨思想，《淮南》繼承《老》、《莊》以來對道的討論，對道的特性作了許多描繪，歷來學者也對此有詳細的論述，張立文歸納出道的涵義有二：「（1）道生萬物。……（2）道為規律。」與道的特徵有二：「（1）道無形而又實存。……（2）道至大無限而又運動不息。道是無限的存在。」〔註1〕而陳麗桂認為「《淮南子》的『道』性，基本上承繼了《老子》『道』的一切性徵：（1）虛寂無形、含容廣大。（2）先天地生，超越時空。（3）非一般感官知覺對象，卻是絕對真實的存在。（4）虛寂而不僵化，汩汩靈動，生生不已。（5）是超乎一切相對價值之上的絕對標準。（6）它生化萬有，也是使萬有顯性的唯一根源。〔註2〕」

〔註1〕　張立文：《道》（臺北：漢興書局有限公司，1994 年 5 月），頁 97～99。楊有禮歸納出道的含義有二：「第一，道生萬物。……第二，道是規律、準則。」與道的特徵有二：「第一，道無形無象而又實存。……第二，道無所不在，運動不息。」楊有禮：《新道鴻烈：淮南子與中國文化》，頁 49～51。

〔註2〕　陳麗桂：《秦漢時期的黃老思想》，頁 67。于大成：「在《淮南子》的意思，道應該具有三種特性：（1）道是無所往而不在的，（2）道是萬物所以生成之根源，（3）道是柔弱的。」于大成：《中國歷代思想家（四）—— 劉安》，頁 157。金春峰認為「在『道』本的存有論上，有五要點：第一，道是萬有所從出的本根，……第二，道是存有者的本真，萬物若能與道同德，適性適情；反之，則自我異化而受挫折。……第三，道是萬物實現的內在依據，亦即實現原

　　但《淮南》在道體的敘述上，除了繼承道家論道的思想外，更融合了當時流行的陰陽氣化思想。故陳麗桂云：「《淮南子》的「道」論，基本上承自老莊的唯心路線，卻朝著黃老帛書一系轉化，與「氣」結合，開展出我國思想史上，氣化宇宙論的典型，明顯呈現著心物雜揉的型態。〔註3〕」因此，道的內涵特色在《淮南》進一步的發展、描繪下，不再只是停留在虛玄、恍惚、不可形容掌握的形上層次，更進一步的描述落實到人生實際的層面。同時藉由自然界中變幻莫測但又具有循環規律現象的反覆論證，強調道的無限、生生、運轉不息等特質，並且帶出道與氣的密切關係。以下根據眾家討論結果，試以氣論觀點對《淮南》中道的思想特色，作一整理分析。

一、絕對的本體

> 所謂無形者，一之謂也。所謂一者，無匹合於天下者也。卓然獨立，塊然獨處，上通九天，下貫九野，員不中規，方不中矩，大渾而為一，葉累而無根，懷囊天地，為道關門，穆忞隱閔，純德獨存，布施而不既，用之而不勤。〔註4〕

> 一也者，萬物之本也，無敵之道也。〔註5〕

無形就是一，一者道之本，它是獨特不改變、至高無上、唯一、獨立、超越萬物之上的，因此道是最高、形上的絕對本體，道即一。道透過陰陽二氣生生作用具體生化出九天、九野，由此可證明道作為絕對主體的地位，道藉由內在陰陽氣化作用貫通於形上、形下之間，不受具體有限規矩限制，這是因

理，……第四，道是絕對而無所不在的，……第五，道既內在亦超越」。金春峰：《漢代思想史》，頁34～35。牟鍾鑒歸納道的特性有「第一、『道』無所不在。……第二、『道』無所不能。……第三、『道』自然化生萬物。……第四、『道』無形無象而又實有。……第五、『道』又指各種自然與社會事物的具體規律。」牟鍾鑒：《呂氏春秋與淮南子思想研究》，頁173～176。王云度歸納道的特性「首先，『道』是無所不在的。……其次，『道』是萬物運動變化的原因。……第三，『道』既無形又有形，既柔弱又剛強。……這樣的『道』就可以說是無所不有，無所不能。」王云度：《劉安評傳》，頁161。

〔註3〕　陳麗桂：《秦漢時期的黃老思想》，頁62。李增也認為：「因此淮南子在解說道，與道生萬物之過程，以及萬物變化之理論，就不是完全跟隨老莊玄學的路上走，而是混雜了陰陽家的思想。」李增：《淮南子哲學思想研究》，頁42。

〔註4〕　（漢）劉安：《淮南子》，卷一〈原道〉，頁7。

〔註5〕　同註4，卷十四〈詮言〉，頁106。

爲不論是規矩方圓等自然規律都是由唯一至高無上的道體所生〔註6〕。

> 植之而塞于天地，橫之而彌于四海，施之無窮而無所朝夕，舒之幎
> 於六合，卷之不盈於一握。約而能張，幽而能明，弱而能強，柔而
> 能剛。〔註7〕

> 可以弱，可以強；可以柔，可以剛；可以陰，可以陽；可以窈，可
> 以明；可以包裹天地，可以應待無方。〔註8〕

對於道狀態的描繪，《淮南》不像《老》、《莊》使用虛無、恍惚等抽象的詞彙，相反的使用大量具體有限的詞彙，如「天地」、「四海」、「朝夕」、「六合」，以及具有相對概念的辭彙，如「約張」、「幽明」、「弱強」、「柔剛」、「陰陽」、「窈明」。《淮南》藉由眾多具體的概念，由反面的角度說明道是超越在這些詞彙所包含的範圍之上，且是「卓然獨立」的。〔註9〕

> 道者，一立而萬物生矣。是故一之理，施四海；一之解，際天地。
> 其全也，純兮若樸；其散也，混兮若濁。濁而徐清，沖而徐盈，澹
> 兮其若深淵，汎兮其若浮雲，若無而有，若亡而存。萬物之總，皆
> 閱一孔；百事之根，皆出一門。其動無形，變化若神；其行無迹，
> 常後而先。〔註10〕

道是一切事物最初的根本、開端，順著道中蘊含的生生作用具體萬物因此產生，《淮南》認爲道創造的作用是非常快速且玄妙不可知的，故曰「一立而萬

〔註6〕 楊有禮云：「《淮南子》認爲，『道』是萬物發生的總根源，是天地萬物之前的原初狀態。」楊有禮：《新道鴻烈：淮南子與中國文化》，頁49。牟鍾鑒云：「由于萬物皆發源于道，世界便是一個整體，彼此不可分割地聯繫在一起。在這個意義上，『道』是天地萬物之前的宇宙原初狀態。」牟鍾鑒：《呂氏春秋與淮南子思想研究》，頁175～176。陳麗桂：「『道』基本上是虛無、廣漠、高於天地、生受萬有，『享穀食氣者皆受』的，宇宙間一切生類皆由道來，道是一切的根源，超乎萬物之上。」陳麗桂：《秦漢時期的黃老思想》，頁63。

〔註7〕 同註4，頁2～3。

〔註8〕 （漢）劉安：《淮南子》，卷十二〈道應〉，頁83。

〔註9〕 陳麗桂云：「道是超乎一般質性、數量之上的，可大可小，彈性無限，永不增減，也絕不改變。……這裡作者窮盡一切相對的概念，去反襯道體的絕對。」陳麗桂：《秦漢時期的黃老思想》，頁65。洪嘉琳：「『道』在時間空間上都是無窮無盡的；就其本身而言，又是無形無象，並富含各種對立元的。而『道』是萬物生成之根據、本源」。洪嘉琳：〈《淮南子‧原道》之得道論〉，收入輔仁大學中國文學系所編《第二屆先秦兩漢學術全國研究生論文發表會論文集》（臺北：輔仁大學中國文學系，2000年6月），頁264。

〔註10〕 同註8，卷一〈原道〉，頁7。

物生矣」。並且，道創生作用無所不在，沒有任何形兆，但其中蘊藏各種可能性，因此可化生不同形貌的萬物。此外，道的行動是無具體跡象的，沒有形跡可掌握，雖然看似毫無動作，但道生生神化的創造作用卻早已開始動作了。

此段《淮南》在確立道爲本體之後，闡述道與萬物的關係，道爲萬物的根本，萬物皆由道所生，故《淮南》曰：「一生二，二生三，三生萬物〔註 11〕」。這是受《老子》描述道生萬物過程之觀念影響，《老子》認爲道是惚恍、化生萬物的作用，是萬物的主體，故曰：「道生一，一生二，二生三，三生萬物，萬物負陰而抱陽，沖氣以爲和。〔註 12〕」《老子》認爲「道是宇宙之本體，『一』是宇宙之生成。〔註 13〕」而《淮南》兩引此文則直言「一生二」，可知其特別強調道之動的創造義，並已將道視作一。

高誘云：「一謂道也，二月神明也，三曰和氣也。或說一者元氣也，生二者乾坤也，二生三、三生万萬，天地設位，陰陽通流，萬物乃生。〔註 14〕」可知《淮南》認爲一即道，二爲陰陽神妙的作用，順者陰陽相互調和之作用，萬物化育而生。由此《淮南》帶出陰陽氣化作用，並說明陰陽二氣爲道所蘊含之創生作用〔註 15〕，無限超越的本體要能創生萬物，就必須要靠能貫通形上超越與形下具體的氣化作用。

二、無形但實存

> 忽兮怳兮，不可爲象兮；怳兮忽兮，用不屈兮；幽兮冥兮，應無形兮；遂兮洞兮，不虛動兮。與剛柔卷舒兮，與陰陽俛仰兮。〔註 16〕
>
> 古未有天地之時，罔像無形〔註 17〕，幽幽冥冥，茫茫昧昧，幕幕閔

〔註 11〕 〈天文〉：「一生二，二生三，三生萬物」。（漢）劉安：《淮南子》，卷三，頁22；〈精神〉：「一生二，二生三，三生萬物。萬物背陰而抱陽，沖氣以爲和」。同註 8，卷七，頁 45。
〔註 12〕 （晉）王弼注：《老子道德經》，下篇，頁 8。
〔註 13〕 陳錫勇：《老子校正》，頁 39。
〔註 14〕 （漢）劉安：《淮南子》，卷七〈精神〉，頁 45。
〔註 15〕 張立文云：「道包含有陰陽兩個對立的方面。陰陽相摩相蕩而演化出萬物。」張立文：《道》（臺北：漢興書局有限公司，1994 年 5 月），頁 100。楊有禮：「這種與陰陽變化相伴隨的道，就是事物運動發展的規律。因此道又是陰陽之道。由此可見，陰陽變化是道的內容。」楊有禮：《新道鴻烈：淮南子與中國文化》（開封：河南大學出版社，2005 年 4 月），頁 53。
〔註 16〕 同註 14，卷一〈原道〉，頁 3。
〔註 17〕 「罔像無形」本作「惟像無形。」俞樾云：「惟乃惘字之誤。隸書罔字或作罒，

　　　　閔，鴻蒙澒洞〔註18〕，莫知其門。〔註19〕

延續了《老子》以來對道的描述，《淮南》也認爲道具有無形無限的特性，因
此《淮南》用了「恍惚」、「幽冥」、「洞灔」、「窈冥」、「茫茫昧昧」、「鴻蒙澒
洞」等具有虛玄無形特質的詞句，企圖表現道沒有形象，混沌無形狀的特色。
「《淮南子》雖然強調道是無形的，但這種無形的道，絕不是一種虛無飄渺的
絕對精神，人們可以通過各種具體的事物來感知它的存在。〔註20〕」

　　　　天圓地方，道在中央。〔註21〕

　　　　往古來今謂之宙，四方上下謂之宇，道在其間，而莫知其所。故其

　　　　見不遠者，不可與語大；其智不閎者，不可與論至。〔註22〕

道不只是形上虛無、超越絕對的，同時更實存於宇宙之間，並且成爲天地間
萬事萬物中的本質與規律，故道並非沒有，李增云：「雖然道是恍惚無形，或
者如老子稱之爲『無』，然而此『無』並非絕對虛零，不具一物；而實際上仍
是『有物混成』，只是此『有物』爲『視之不足見，聽之不足聞，用之不可既』
而已。然此無形者卻是爲有形之物之根由。〔註23〕」故道雖無形超越萬物之
上，但透過陰陽二氣的作用，具體化生萬物，藉由氣的作用，使道實際存在
並盈滿於宇宙天地萬物之間。可見，《淮南》相當著重在描述道具體落實的部

　　　　　故怳與惟相似而誤。……今作『惟象無形』，義不可通。」參見（清）俞樾：
　　　　　《諸子平議》，收入《春在堂全書》（第二冊）（臺北：中國文獻出版社，1968
　　　　　年9月），頁941。今從校改。

〔註18〕「幽幽冥冥，茫茫昧昧，幕幕閔閔，鴻蒙澒洞」本作「窈窈冥冥，芒芠漠閔，
　　　　　澒濛鴻洞」。于大成：「御覽一、事類賦注一、海錄碎事九下、蔡箋杜詩六引
　　　　　此文，皆作『鴻蒙澒洞』。……御覽一下引明標高誘注，則高本作『鴻蒙澒洞』，
　　　　　上文『窈窈冥冥，芒芠漠閔』，御覽引作『幽幽冥冥，茫茫昧昧，幕幕閔閔』，
　　　　　亦高本如此。其御覽三百六十、楚辭天問補注、蔡箋杜詩二十七、三十七、
　　　　　韓愈南山詩方崧卿注（卷一），柳宗元非國語童宗說音註、群書通要甲集一引
　　　　　與今本同者，反是許本。」于大成：《淮南鴻烈論文集》，上冊，頁543。今本
　　　　　〈精神〉篇爲高誘本，故從于說校改。

〔註19〕同註14，卷七〈精神〉，頁45。

〔註20〕張運華：《先秦兩漢道家思想研究》（吉林：吉林教育出版社，1998年12月），
　　　　　頁201。楊有禮：「這種無形象性有兩重含義：含義之一，是說道作爲世界的
　　　　　原始狀態，它是渾然不分的，所以又稱之爲『一』。含義之二，是說道作爲萬
　　　　　物運動的總規律是內在的。這兩重涵義說明道並不是虛無，而是一種無形的
　　　　　實存。」楊有禮：《新道鴻烈：淮南子與中國文化》，頁51。

〔註21〕（漢）劉安：《淮南子》，卷三〈天文〉，頁22。

〔註22〕同註21，卷十一〈齊俗〉，頁79。

〔註23〕李增：《淮南子哲學思想研究》，頁52。

分。

> 甚淖而滒,甚纖而微,山以之高,淵以之深,獸以之走,鳥以之飛,
> 麟以之游,鳳以之翔,日月以之明,星曆以之行。〔註24〕泰古二皇,
> 得道之柄,立於中央,神與化游,以撫四方。是故能天運地滯,輪
> 轉而無廢,水流而不止,與萬物終始。風興雲蒸,事無不應;雷聲
> 雨降,並應無窮。鬼出神入〔註25〕,龍興鸞集;鈞旋轂轉,周而復
> 帀。已彫已琢,還反於樸。無爲爲之而合于道,無爲言之而通乎德,
> 恬愉無矜而得於和〔註26〕,有萬不同而便於性。神託於秋豪之末,
> 而大與宇宙之總。其德覆天地而和陰陽〔註27〕,節四時而調五行。
> 〔註28〕

天地萬物順著自然之道的準則運轉不息、生化萬物,因此,《淮南》在描繪無形但實存之道時,運用對具體的事物規律的敘述,欲證明道實際存在於宇宙萬物之中。《淮南》舉出日、月、星、曆、風、雲、雷、雨等天文現象,以及山、淵、水等地理現象與獸、鳥、麟、鳳等動物的層面,說明日月星辰之所以會輪轉不息、雷雨之所以會產生,山之所以高、水之所以就下,鳥之所以會飛、獸之所以會跑,這種種事物間的規律變化,皆是道透過氣化作用具體實存的例證。而天地自然之運行、四時輪轉、萬物生長,其中都有道的存在。《淮南》強調虛無的道之所以能落實在宇宙之間,就是因爲氣化相生作用的

〔註24〕「山以之高,淵以之深,獸以之走,鳥以之飛,麟以之游,鳳以之翔,日月以之明,星曆以之行」本作「山以之高,淵以之深,獸以之走,鳥以之飛,日月以之明,星曆以之行,麟以之游,鳳以之翔」。于大成:「『日月』二句,當在『鳳以之翔』之下,山、淵、獸、鳥、麟、鳳、日月、星歷,以類相從也。文子道原篇用此文,麟、鳳二句正在上,當據乙。」于大成:《淮南鴻烈論文集》,上冊,頁100。今從校改。

〔註25〕「鬼出神入」本作「鬼出電入」劉文典云:「文選新刻漏銘注引作『鬼出神入』。」劉文典:《淮南鴻烈集解》,上冊,頁6。今從校改。

〔註26〕「恬愉無矜」本作「恬愉無矜」。于大成:「說文十四上矛部:『矜,矛柄也。從矛,今聲』,段注曰『各本篆作矜,解云:今聲,今依漢石經論語、溧水校官碑、魏受禪表皆作矜。正之毛詩與天、臻、民、旬、填等字韻,讀如鄰,古音也』,則矜字古作矜。……唯景宋本作矜,高注,尚存古書之舊。氾論篇『無矜伐之色』,景宋本亦作矜。」于大成:《淮南鴻烈論文集》,上冊,頁102。今從校改。

〔註27〕「其德覆天地而和陰陽」本作「其德優天地而和陰陽」。劉文典云:「群書治要、御覽七十七引『優』並作『覆』。」同註25,頁8。今從校改。

〔註28〕(漢)劉安:《淮南子》,卷一〈原道〉,頁3。

相互調和激盪，才能使道普遍實存於天地間，無所不在，與萬物終始。

三、無爲無不爲

> 所謂無爲者，不先物爲也；所謂無不爲者，因物之所爲。所謂無治
> 者，不易自然也；所謂無不治者，因物之相然也。〔註29〕

萬物依據道自然的規律孕育化生，因此道並非刻意有心有爲的創造，而是順著道之中陰陽相生作用所產生的不同比例，自然的生化出不同形類的事物，故《淮南》的道是「無爲而無不爲」。所謂的「無爲」是指萬物順著道中中所蘊含的自然之理而無限生生創造，而絕非刻意造作。「無不爲」則是強調道雖無心無爲，故不會改變自然規律，但卻是積極創生萬物。所謂「無治」是指道雖爲最高本體，但不會去改變其自然生生之理，以迎合萬物。因爲道「無不治」，萬物只是順道體道而行，自然就會順利生成。

由此可知，道無爲無不爲，道不會干預萬物生長以及創生萬物之理緒，而是使萬物隨順著自然的生化規律創生，道雖不主動而爲但天地萬殊無所不成。故《淮南》的道絕對不是消極的，而是積極的順道而爲。

> 夫太上之道，生萬物而不有，成化像而弗宰。〔註30〕

道自然化生萬物，萬物間皆有道，並且各自獨立生長，道並不會干涉、主導具體形類產生之後的變化，只要萬物隨順道之自然規律而爲即可〔註31〕，故但若違反道自然規律，就會出現異常的現象。對於道無爲無不爲的創生萬物，《淮南》除了原則性的描述外，更是著重於以具體的世界的描繪，企圖藉道所化生的宇宙間萬物變化之理，證明道自然無爲而無不爲。

> 天致其高，地致其厚，月照其夜，日照其晝，列星朗，陰陽化，非
> 有爲焉，正其道而物自然。〔註32〕故陰陽四時，非生萬物也；雨露

〔註29〕 同註28，卷一〈原道〉，頁6。

〔註30〕 （漢）劉安：《淮南子》，卷一〈原道〉，頁3。

〔註31〕 牟鍾鑒云：「『道』是萬事萬物發生的總根源，但它化生萬物沒有目的和意識，是一種自然而然的過程。」牟鍾鑒：《呂氏春秋與淮南子思想研究》，頁 175～176。

〔註32〕 「列星朗，陰陽化，非有爲焉，正其道而物自然」本作「陰陽化，列星朗，非其道而物自然」。王念孫：「下三句本作『列星朗，陰陽化，非有爲焉，正其道而物自然』。自『天致其高』至『列星朗』，是說天地日月星，而『陰陽化』一句總承上文言之。今本『列星朗』句在後，則失其次矣。」說見（清）王念孫：《讀書雜志》，下冊，頁951。

時降，非養草木也；神明接，陰陽和，而萬物生矣。〔註33〕

道落實到具體世界中所產生的天文、地理、萬物，都不是有心有爲刻意生化，而是在不知不覺中，順著道中所蘊含的「陽施陰化」自然的規律而運行。道透過陰陽二氣相生變化形成萬物，萬物就順氣化陰陽之理蘊育而生，如同天降雨露時並不刻意爲滋養草木而降，只是順其道而爲，自然就會養育滋養而生出草木。〔註34〕

是故天下之事，不可爲也，因其自然而推之。萬物之變，不可究也，秉其要趣而歸之〔註35〕。〔註36〕

道自然無爲的作用落實在草木身上如此，落實到了人世間亦如此。天下之事不可刻意有心有爲，循道之所趨而爲即是，亦不可強求推究道爲何如此，自然就能回到恬靜虛無之道的狀態。故《淮南》云：「萬物固以自然，聖人又何事焉〔註37〕」。說明了聖人只要無爲而治，順天道四時自然的變化，萬物便會依道如理恰當的表現，百姓只需順著「春生夏長秋收冬藏」天道的展現，便能自然順利的生活〔註38〕。

四、循環生生不已

天道曰員，地道曰方。〔註39〕

天地之道，極則反，盈則損。〔註40〕

〔註33〕 同註30，卷二十〈泰族〉，頁152。

〔註34〕 牟鍾鑒云：「『道』是推動事物運動的力量源泉，自然與社會依賴它而正常運行，天地萬物依賴它而發揮自己的功能。『道』的原動力在自己內部，包含着剛柔、陰陽兩種對立的力量，它引起的運動變化是層出不窮的。在這個意義上，『道』是指宇宙間萬物運動的最普遍最根本的規律性。」牟鍾鑒：《呂氏春秋與淮南子思想研究》，頁174～175。

〔註35〕 「秉其要趣而歸之」本作「秉其要歸之趣」。王念孫云：「『秉其要歸之趣』當作『秉其要趣而歸之』。秉，執也。要趣猶要道也。言執其要道而萬變皆歸也。此與『因其自然而推之』相對爲文，且歸與推爲韻，今作『秉其要歸之趣』，則句法參差而又失其韻矣。」說見（清）王念孫：《讀書雜志》，下冊，頁766。

〔註36〕 （漢）劉安：《淮南子》，卷一〈原道〉，頁4。

〔註37〕 同註36，頁5。

〔註38〕 陳廣忠：「淮南王繼承老子的自然天道觀，認爲要實現『無爲而治』的目標，就要因循自然，按照自然規律辦事，而不要違背這個規律。」陳廣忠：《中國道家新論》，頁321。

〔註39〕 同註36，卷三〈天文〉，頁18。

〔註40〕 同註36，卷二十〈泰族〉，頁154。

《說文》云：「道，所行道也。〔註41〕」道本義爲道路，因此引申有規律之義。而《淮南》的道不僅具有規律之義，還特別強調其生生循環的特質，並且以道中陰陽相生之理說明萬物創生是依循環相生不已的規律運行。故楊有禮云：「《淮南子》認爲，道是萬物運動的最普遍的總規律，『道者，物所導也』（繆稱訓）。天地之所以能有次序地運行，萬物之所以能有次序地變化，就是由於受著道規律的支配。〔註42〕」《淮南》在描述道生生不息的特色時，還運用同樣是循環不已的天體觀來描寫，「天圓地方」天地間萬物生長消滅都順此規則運行，運行至極而返，欲滿則開始虧損，無始無終。

> 原流泉淳，沖而徐盈，混混滑滑，濁而徐清。故植之而塞于天地，横之而彌于四海，施之無窮而無所朝夕，舒之幎於六合，卷之不盈於一握。……是故能天運地滯，輪轉而無廢，水流而不止，與萬物終始。風興雲蒸，事無不應；雷聲雨降，並應無窮。鬼出神入〔註43〕，龍興鸞集；鈞旋轂轉，周而復帀。已彫已琢，還反於樸。〔註44〕

道的創造能力是生生不息並且源源不絕的，故《淮南》以泉水有源源流動不絕的特性，形容道如泉水般會源源不斷的流動，永不止息，充盈於天地間。「天運地滯」強調天與地的運行速度是不一樣的，雖然其運行的方向速度皆不同，但皆循著天地之道「輪轉而無廢」，並且如同日月星辰在天體軌道的運行般「周而復帀」。《淮南》又云：

> 淖溺流遁，錯繆相紛而不可靡散，利貫金石，強濟天下，動溶無形之域，而翱翔忽區之上〔註45〕，遭回川谷之間，而滔騰大荒之野，有餘不足，與天地取與，稟授萬物而無所前後〔註46〕，是故無所私

〔註41〕（漢）許慎撰、（清）段玉裁注：《說文解字注》，頁76。

〔註42〕楊有禮：《新道鴻烈：淮南子與中國文化》，頁49～50。張立文：「道作爲萬物運動變化的總規律，可分爲天地之道與人事之道兩類。天地之道就是自然界萬物的產生滅亡、變化發展規律。……天道規律的特點是循環往復、周而復始。地道規律的特點是正直不偏。天道圓和地道方，都是陰陽之道規律的作用。」張立文：《道》，頁98～99。

〔註43〕「鬼出神入」本作「鬼出電入」。劉文典云：「文選新刻漏銘注引作『鬼出神入』。」劉文典：《淮南鴻烈集解》，上冊，頁6。今從校改。

〔註44〕（漢）劉安：《淮南子》，卷一〈原道〉，頁2～3。

〔註45〕「而翱翔忽芒之上」本作「而翱翔忽區之上」。王引之云：「忽區二字，文不成義。區當作芒。隸書芒字作ㄊ，與相似而誤。忽芒即忽荒也。」（清）王念孫：《讀書雜志》，下冊，頁772。今從校改。

〔註46〕「稟授萬物而無所前後」本作「授萬物而無所前後」。俞樾云：「授上當有稟

　　而無所公，靡濫振蕩，與天地鴻洞，無所左而無所右，蟠委錯紾，

　　與萬物始終，是謂至德。〔註47〕

《淮南》如泉水般會到處流行，相互交錯不離雜，這說明了道所創生萬物雖有萬類疏形，且萬物之間都有著「蟠委錯紾」非常複雜的關係，但都能依自然生生中所蘊含之理順暢流行不紛亂。在此《淮南》以「淖溺流遁」、「遭回川谷之間，而滔騰大荒之野」描寫道之流行，具有時間無限流動義，而「靡濫振蕩」、「蟠委錯紾」則表現出道生生作用具有無限包容的能力，並了解到道之流動運行不是直線的而是曲折交錯，但如理流行「與萬物始終」，如圓道般無始無終，永遠運轉不息。因此《淮南》又更具體的以天體輪轉運行不已的特質，描述同樣也是生生運行不息的道。

　　斗杓爲小歲，正月建寅，月從左行十二辰。咸池爲太歲，二月建卯，

　　月從右行四仲，終而復始。……天維建元，常以寅始起，右徙一歲

　　而移，十二歲而周天〔註48〕，終而復始。〔註49〕

　　帝張四維，運之以斗，月徙一辰，復反其所。正月指寅，十一月指

　　子〔註50〕，一歲而匝，終而復始。〔註51〕

　　太陰元始建于甲寅，一終而建甲戌，二終而建甲午，三終而復得甲

　　寅之元。〔註52〕

字。上文曰『稟授無形』，又曰『布施稟授而不益貧』，下文曰『稟授於外而以自飾也』，並以稟授連文，是其證也。」（清）俞樾：《諸子平議》，頁929。今從校改。

〔註47〕 （漢）劉安：《淮南子》，卷一〈原道〉，頁6～7。

〔註48〕 「十二歲而周天」本作「十二歲而大周天」。王引之云：「起字上當有脫文。蓋言甲寅之年，歲星在娵訾之次，（營室、東壁也。詳見下條。）是歲星所起也。起與二始字二子字韻也。（二子字見下文。）必言歲星所起者，太歲與歲星相應而行，故言太歲建元必以歲星也。……然則右旋、周天，皆謂歲星，若建寅之太歲，左行於地，不得爲之右徙、周天矣。起字之上有脫文無疑。周天上本無大字，後人加之也。歲星十二歲而小周天，不得謂之大周。上文曰：『歲星歲行三十六度十六分度之七，（句）十二歲而周。』無大字。」參見（清）王念孫：《讀書雜志》，下冊，頁792～793。今從校改。

〔註49〕 同註47，卷三〈天文〉，頁21。

〔註50〕 「十一月指子」本作「十二月指子」。王引之云：「『十二月指丑』本作『十一月指子』，後人改之也。太平御覽時序部一引此正作『十一月指子』。」同註48，頁795～796。今從校改。

〔註51〕 同註47，頁22。

〔註52〕 同註47，頁23。

天體的運行，不論是天上的星宿，或者是用來記錄年月日和方位的干支，都是「終而復始」的不斷運行。譬如天上的星座「斗杓」正月時指向寅位，經過了一歲它又會在正月的時候回到寅位，又如「太陰」開始紀元始於甲寅年，它也會在經過三終四千五百六十年後重新回到甲寅的位置。由此可知，道輪轉不息的特質不只是形上境界超越的生生不息，落實在形下具體宇宙萬物之中，同樣也是運行不止的，因此《淮南》才會說道是「與萬物始終，是謂至德」。

五、無限不可被限制

> 夫道者，覆天載地，廓四方，柝八極，高不可際，深不可測，包裹天地，稟授無形。原流泉浡，沖而徐盈，混混滑滑，濁而徐清。故植之而塞于天地，橫之而彌于四海，施之無窮而無所朝夕，舒之幎於六合，卷之不盈於一握。約而能張，幽而能明，弱而能強，柔而能剛。〔註53〕

《淮南》的道是無形、虛無、實存且無所不在，萬物間皆有道，由此可知道是不可被限制的，具有無限義，張運華云：「這說明道既具有時間的無限性，又具有空間的無限性……正是由於道的這種無限性，所以它能『包裹天地，而無表裏，洞同覆載，而無所礙』。〔註54〕」正因道是無限的，因此不受限制。《淮南》對於道不被限制的特色上，分為幾個方面論述。

（一）時間無限

《淮南》認為道無限超越在時空之上，不可被有限時間限制，故曰：「施之無窮而無所朝夕」，道的作用無窮，不是時間可計度的。《淮南》又云：「往古來今謂之宙，四方上下謂之宇〔註55〕」，時間貫穿了古今無限延伸，而且天道是「鈞旋轂轉，周而復帀〔註56〕」生生運轉不止的，而道是超越在時間之上的，時間古今流行運轉不息，這都證明了道在時間上的無限性。

（二）空間無限

道在時間上是無限的，空間上也是無限的，以下就《淮南》在空間上的

〔註53〕（漢）劉安：《淮南子》，卷一〈原道〉，頁2～3。
〔註54〕張運華：《先秦兩漢道家思想研究》，頁199。
〔註55〕同註53，卷十一〈齊俗〉，頁79。
〔註56〕同註53，頁2～3。

無限性分點論述之。

其一，《淮南》列舉了許多相對概念，如「舒卷」、「約張」、「幽明」、「弱強」、「柔剛」等，描述道不被相對概念限制。

> 浮縣而不可究〔註57〕，纖微而不可勤。累之而不高，墮之而不下，益之而不眾，損之而不寡，斲之而不薄，殺之而不殘，鑿之而不深，填之而不淺。〔註58〕

其二，《淮南》用有形概念，如「浮縣」、「纖微」、「高」、「下」、「眾」、「寡」、「薄」、「殘」、「深」、「淺」等，描述道不會被有形概念所侷限。

> 道至高無上，至深無下，平乎準，直乎繩，圓乎規，方乎矩，包裹宇宙而無表裏，洞同覆載而無所礙。〔註59〕

> 樸至大者無形狀，道至眇者無度量，故天之圓也不中規，地之方也不中矩。〔註60〕

其三，《淮南》用度量單位，如「準」、「繩」、「規」、「矩」，描述道不是度量單位所能限制的。

周桂鈿云：「《淮南鴻烈》要突出『道』的偉大，就說它比天還要高，覆蓋著天，比地還低，承載着地。所以，道『包裹天地』。天高、地厚，都是可以探測的，而道的高深卻是無法探測的『高不可際，深不可測』。所謂『廓四方，柝八極』，都是指道充滿整個空間。〔註61〕」，因此，《淮南》為了說明此觀念，借用了許多相對觀念、有形概念、度量單位，並反覆論述道在時間空間上的無限性以及道無所不在的特質，同時也說明道是不可被這些有形、有限、相對的概念所限制。表面上看起來《淮南》對道的描述，似乎是被這些具體詞語的論述侷限了無限性，但相反的《淮南》是為了反證道無限不可被任何觀念經驗及有限事物所限制，藉此突顯不管再多相對的、有形的觀念、在多的度量單位都是無法侷限道的無限性〔註62〕。

〔註57〕 「浮縣而不可究」本作「旋縣而不可究」。于大成：「旋疑當為浮，字之誤也。浮誤為游，游壞為斿，遂又誤為旋。……此文之意，蓋謂浮縣無定而不可究極耳。」于大成：《淮南鴻烈論文集》，上冊，頁108。今從校改。

〔註58〕 （漢）劉安：《淮南子》，卷一〈原道〉，頁3。

〔註59〕 同註58，卷十〈繆稱〉，頁68。

〔註60〕 同註58，卷十一〈齊俗〉，頁79。

〔註61〕 周桂鈿：《秦漢哲學》，頁67。

〔註62〕 趙中偉云：「道既是超驗，必然不受經驗有限的限制。」趙中偉：《道者，萬物之宗：兩漢道家形上思維研究》（臺北：紅葉文化事業有限公司，2004年4

六、道與氣

　　藉由上述討論可知道除了是無形、無限、虛無恍惚之外，道還落實在萬物之中，萬物中皆有道，且道有生生創造的能力，萬物順著道之理自然化育而生，可見得道不但具有形上絕對價值義，還有普遍性。《淮南》除了以大量文字描繪道的狀態之外，受到《管子》以降精氣說的影響，《淮南》在解釋道生物的過程之中，加入了氣化作用，形成以氣爲內涵的道體觀〔註63〕。

　　　天地未形〔註64〕，馮馮翼翼，洞洞灟灟，故曰太始〔註65〕。太始生
　　　虛霩〔註66〕，虛霩生宇宙，宇宙生元氣，元氣有涯垠〔註67〕。清陽
　　　者薄靡而爲天，重濁者凝滯而爲地。〔註68〕

道與氣的關係藉由此段引文可看出幾個重點：（一）道在元氣之先：道是形上超越的本體，而在道創生落實在萬物的過程中，產生一種重要的元素「元氣」，透過元氣清濁變化，具體天地產生。故道在氣先，氣爲道由形上貫通形下具體事物的重要媒介〔註69〕。（二）道中已蘊含陰陽氣化作用：道生虛霩生宇宙生元氣，「元氣」當中有陰陽兩種創生作用，在陰陽兩種氣化作用相互調和之下，具體天地萬物孕育而生。由此可之道中就已蘊藏陰陽兩種相生的作用，透過宇宙間自然氣化之理，具體形物才能產生，因爲氣具有既無形又有形的

　　　月），頁12。張立文亦云：「道在空間上可大可小，可伸可縮，可聚可散，可
　　　盈可虛，在時間上無始無終。」張立文：《道》，頁100。

〔註63〕　陳德和：「『道』《淮南子》中又被稱之爲『一』或者是『無』，它常常也和『氣』、
　　　『陰陽』同時出現，這證明了《淮南子》的天道理論乃承襲自稷下道家而帶
　　　有陰陽家論道之痕迹者。」陳德和：《淮南子的哲學》，頁60。

〔註64〕　「地」本作「墬」。錢塘云：「『墬』籀文『地』。」錢塘：《淮南天文訓補注‧
　　　卷上》，頁1。于大成：「說文十三下土部：『墬，籀文地，從阜土，象聲』，段
　　　注曰：『漢人多用墬字者，傳寫皆誤少一畫』。」于大成：《淮南鴻烈論文集》，
　　　上冊，頁243。今從校改。

〔註65〕　「故曰太始」本作「故曰太昭」。王引之：「『太昭』當作『太始』，字之誤也。」
　　　參見（清）王念孫：《讀書雜志》，下冊，頁785。今從校改。

〔註66〕　「太始生虛霩」本作「道始於虛霩」。王引之：「『道始於虛霩』當作『太始生
　　　虛霩』，即承上文『太始』而言。」同註65，頁785。今從校改。

〔註67〕　「宇宙生元氣，元氣有涯垠」本作「宇宙生氣，氣有漢垠」。王念孫云：「此
　　　當爲『宇宙生元氣，元氣有涯垠』。下文清揚爲天，重濁爲地，所謂元氣有
　　　涯垠也。今本脫去兩元字，涯字又誤爲漢。」同註65，頁785。今從校改。

〔註68〕　（漢）劉安：《淮南子》，卷三〈天文〉，頁18。

〔註69〕　張立文云：「道是經由氣這一中間環節而產生宇宙萬物的。可見，道比氣更根
　　　本。道不僅是萬物的本體，也是氣的本體。」張立文：《道》，頁98。

特質，故能順利貫通上下，並流行於具體事物間，成爲道可落實的重要關鍵。

> 故至陰飂飂，至陽赫赫，兩者交接成和，而万物生焉。眾雄而無雌，
> 又何化之所能造乎！所謂不言之辯，不道之道也。〔註70〕

此段《淮南》言不可言說之道，是透過陰陽兩種對立的作用，激盪調和相生萬物，並強調陰陽作用爲一體兩面，同時並存相互作用，才能具體創生。藉此，《淮南》加強說明陰陽兩種創造作用間的關係，並強調道中已蘊含陰陽兩種創造作用的觀點。

藉由以上的討論，可知《淮南》中道的內涵不但繼承道家傳統，將道視爲最高本體、根源，並且對道無限不可被限制、無爲而無不爲等內涵加以保留，除此之外，《淮南》將原本虛玄的推論，以具體又無限的事物來說明，使形上的道除保有超越特質外，加強其落實到形下氣化世界的描述。故李增云：「淮南子提倡氣化宇宙論，以氣爲萬物之本質。道乘氣而落實於萬物。道若沒有氣爲萬物之質而乘之，則老莊之道只能是懸空而不切實際的形而上的抽象觀念。〔註71〕」因此《淮南》在對無限道體的描繪中，加入道生元氣、元氣生萬物過程的描述，試圖將無限道體落實在現實社會中討論，並且建構一個無限但具體眞實的氣化世界。

第二節　道的生化

在確立了道是天地萬物最初的根源之後，《淮南》接著討論道如何下生萬物。有關道生化萬物的過程，先秦以來就有許多討論，如《老子》有云：

> 道生一，一生二，二生三，三生萬物，萬物負陰而抱陽，沖氣以爲
> 和。〔註72〕

〔註70〕（漢）劉安：《淮南子》，卷六〈覽冥〉，頁41。

〔註71〕李增：《淮南子哲學思想研究》（臺北：洪葉文化事業有限公司，1997 年 10 月），頁 76～77。吳志鴻：「從兩漢時期宇宙論的思想主張中，幾乎用『氣』來說明宇宙的變化，無論是『陰陽之氣』、或是『元氣』等。都是以『氣化』的思考模式，解釋整個宇宙萬事萬物間的關聯。這樣的『氣化』的宇宙論觀點，不只成爲漢代宇宙論思想的主流，也成爲中國的思想中，幾千年來解釋事物的思考模式之一，並爲思想上的一大特色。」吳志鴻：〈兩漢的宇宙論思想：宇宙發生論與結構論之探討〉，收入《哲學與文化月刊》第395期（第卅卷第九期）（臺北：哲學與文化月刊雜誌社，2009 年 9 月），頁 124。

〔註72〕（晉）王弼注：《老子道德經》，下篇，頁8。

天下之物生於有，有生於無。〔註73〕

《老子》認爲道是本體，萬物的創生皆由道始，故《老子》言道生萬物之過程爲「無生有」，道爲無，「一二三」形容道生萬物恍惚不可名言之過程〔註74〕，在道創生過程中，陰陽二氣爲蘊含其間重要的創造元素，透過陰陽二氣相互激盪與調和之下，具體萬物應運而生。此爲《老子》對宇宙生成過程的描繪，而這對之後的《淮南》的氣化宇宙生化觀產生了不小的影響。

另外，關於無到有的過程，《莊子·齊物論》中有一段描述。

> 有始也者，有未始有始也者，有未始有夫未始有始也者。有有也者，
> 有无也者，有未始有无也者，有未始有夫未始有无也者。俄而有无
> 矣，而未知有无之果孰有孰无也。〔註75〕

《莊子》了解天地由無到有的過程是玄妙不可知的，爲了試圖說明其過程，《莊子》以「有始」與「有無」兩個層面的論述，推想宇宙生成的過程。故徐復觀云：「在莊子的本意，不過力言時間與空間，無可執著，以見人不僅不應囿于是非之見，即無是無非，亦不應變成一種主張而加以堅持。〔註76〕」由此可知，《莊子》是想藉由層層的論述與推理，表現出宇宙生成由無到有過程之複雜，與其不可被言語掌握的特色。

到了《淮南》更進一步的想要探求與說明宇宙生成變化的玄妙過程，因此，結合氣化生生的觀念，以及《老子》和《莊子·齊物論》的討論成果，提出其對宇宙生成的獨特看法。以下針對《淮南》所提出關於宇宙生化過程，進行整理分析。

一、宇宙生化次序

〈俶眞〉有云：

> 有始者，有未始有有始者，有未始有夫未始有有始者。有有者，有

〔註73〕同註72，四十章，頁6。「天下之物」本作「天下萬物」，陳錫勇云：「王注：『天下之物，皆以有爲生。』可證王本正文原作『天下之物』，與范應元所見王本同。」參見陳錫勇：《老子校正》，頁36。今從校改。

〔註74〕陳錫勇：「老子肯定道生萬物的過程是『有』，是『忽恍』，故以『一二三』符號來代稱，或以『一』來統稱『道之動』，也就是指『自然之變化』，老子所謂『道』，是不可名、言者，是宇宙之本體，是『無』。」參見陳錫勇：《老子校正》，頁24。

〔註75〕王叔岷：《莊子校詮》，上冊，卷一，頁70。

〔註76〕徐復觀：《兩漢思想史》第二卷，頁133。

無者，有未始有有無者，有未始有夫未始有有無者。所謂有始者，繁憤未發，萌兆牙櫱，未有形埒〔註77〕，無無蝢蝢，將欲生興而未成物類。有未始有有始者，天氣始下，地氣始上，陰陽錯合，相與優游競暢于宇宙之間，被德含和，繽紛蘢蓯，欲與物接而未成兆朕。有未始有夫未始有有始者，天含和而未降，地懷氣而未揚，虛無寂寞，蕭條霄霏，無有仿佛，氣遂而大通冥冥者也。有有者，言萬物摻落，根莖枝葉，青蔥苓蘢，萑蔰炫煌，蠉飛蝢動，蚑行噲息，可切循把握而有數量。有無者，視之不見其形，聽之不聞其聲，捫之不可得也，望之不可極也，儲與扈冶〔註78〕，浩浩瀚瀚，不可隱儀揆度而通光耀者。有未始有有無者，包裹天地，陶冶萬物，大通混冥，深閎廣大，不可為外，析豪剖芒，不可為內，無環堵之宇，而生有無之根。有未始有夫未始有有無者，天地未剖，陰陽未判，四時未分，萬物未生，汪然平靜，寂然清澄，莫見其形，若光耀之間於無有〔註79〕，退而自失也。曰：予能有無，而未能無無也。及其為無無，至妙何從及此哉！〔註80〕

（一）眾家說法

前賢對此段論述不少，多數學者〔註81〕將〈俶真〉對宇宙生化過程的描

〔註77〕「未有形埒」本作「未有形呼埒垠堮」。王念孫：「覽冥篇『不見朕垠』，高注：『朕，兆朕也。垠，形狀也。』繆稱篇『道之有篇章形埒者』，高注：『形埒，兆朕也。』是垠堮與形埒同義。既言形埒，無庸更言垠堮，疑垠堮是形埒之注，而今本誤入正文也。」（清）王念孫：《讀書雜志》，下冊，頁776。今從校改。又呼字為衍文，當刪。

〔註78〕「儲與扈冶」本作「儲與扈治」。鄭良樹：「各本『治』作『冶』，是也。北宋本與道藏本並誤。」鄭良樹：《淮南子斠理》（臺北：嘉新水泥公司文化基金會研究論文，1969年），頁22。今從校改。

〔註79〕「若光耀之問於無有」本作「若光耀之間於無有」。陳觀樓：「間當作問，光耀問於無有，事見莊子知北遊篇。」（清）王念孫：《讀書雜志》，下冊，頁777。今從校改。

〔註80〕（漢）劉安：《淮南子》，卷二〈俶真〉，頁11。

〔註81〕主張此說者有羅光：《中國哲學思想史》兩漢、南北朝篇，頁555、徐復觀：《兩漢思想史》第二卷，頁133、陳麗桂：《淮南鴻烈思想研究》（上），頁102～103及、〈漢代的氣化宇宙論及其影響〉，收入陳鼓應主編《道家文化研究》（第八輯），頁250、李增：《淮南子哲學思想研究》，頁65～67、陳德和：《淮南子的哲學》，頁122～123、陳靜：《自由與秩序的困惑──《淮南子》研究》，頁221～222、楊有禮：《新道鴻烈：淮南子與中國文化》，頁58～59、孫紀文：

述分爲：「一組從時間序列分三階段說明萬物生成過程，一組從存在序列說明萬物從無到有的過程〔註82〕」兩個階段討論。「有始者」、「有未始有有始者」、「有未始有夫未始有有始者」是從時間序列上描繪萬物生成順序；「有有者」、「有無者」、「有未始有有無者」、「有未始有夫未始有有無者」是由存在序列上描寫無到有的演化過程。眾家學者雖同樣將此段分做兩個層面討論，但皆各自提出自己的見解，以下就各家所提出的特色作一概要整理。

1、由抽象落入具體，有一些學者主張「淮南賓客中的道家們，不慣于純抽象的思考，必將由老子所建立的形上概念，在具體事物上作想像性的描述，使其成爲非抽象非具體的奇怪狀態；在這種地方，可以看出他們的笨拙。〔註83〕」他們認爲〈俶眞〉是將《莊子》原本形上的思考推理層次落入形下層次描繪，認爲「這是思想上的墮退。〔註84〕」

2、「無無」爲有無層次中最初的階段，李增於「有未始有夫未始有有無者」上加了「無無」階段，「這個『無無』可有兩種解釋，一者是絕對虛無，一無所有，淮南有虛無之說。……另一個解釋，無無，雙重否定變成肯定：故無無即是『有』。從這點看來，道是貫通有有者，無有者，有限者與無限者之永恆『存有』；故道不是絕對之虛無。〔註85〕」

3、從氣化層次討論，陳德和認爲「有始者」、「有未始有有始者」、「有未始有夫未始有有始者」、「有有者」、「有無者」、「有未始有有無者」六階段是氣化層次，而「有未始有夫未始有有無者」指氣化層次之先，「換句話說這一個階段是從氣化之實然的所以然說的，……所以這一個層次是形而上的層次，而和後面六項形而下者不一樣。〔註86〕」

《淮南子研究》，頁 136～137。

〔註82〕陳德和：《淮南子的哲學》（嘉義：南華管理學院，1999 年 2 月），頁 123。王云度云：「作者首先將宇宙演化過程分成三個階段：『有始者』、『有未始有有始者』、『有未始有夫未始有有始者』；其次將現實世界分成兩大部分：『有有者』、『有無者』；最後將現實世界產生前宇宙的演化分成兩個時期：『有未始有有無者』、『有未始有夫未始有有無者』。」王云度：《劉安評傳》，頁 163。

〔註83〕徐復觀：《兩漢思想史》第二卷，頁 133。

〔註84〕同註83，頁 133。孫紀文亦云：「然《俶眞訓》利用有無論爲宇宙設置一個時間上的開端，與『道』的創生性結合，變成對宇宙進化過程的描述，所以《齊物論》七句話的玄想性色彩被他一句一句地解釋爲具象性的動態生成文字而變得質實化，失去了莊子認識論的意義。……也意味着淮南賓客的形上思維較老莊顯得笨拙。」參見孫紀文：《淮南子研究》，頁 136～137。

〔註85〕參見李增：《淮南子哲學思想研究》，頁 66～67。

〔註86〕參見陳德和：《淮南子的哲學》，頁 123。

4、從宇宙生化次序來說，陳麗桂主張「依鴻烈如此解說，則莊子『有無』四大階段，與『有始』三大階段，宜爲並列而非先後〔註87〕」，但「卻不全然對等〔註88〕。」陳麗桂認爲「有始者」則宜稍前於「有有者」，「有無者」又略前於「有始者」，「有未始有有始者」又宜在「有無者」後，「有未始有夫未始有有始者」又界於「有未始有有無者」和「有無者」，而「有未始有夫未始有有無者」則與「有未始有有無者」就狀態說明之無別。〔註89〕

比較不同的是主張天地生成的次第，可分七個階段，「不過這七個次第，卻並不是順排的，而是交錯排列的〔註90〕。」于大成認爲宇宙生化次序第一最古最先爲「有未始有夫未始有有無者」，此時無任何形兆；第二爲「有未始有夫未始有有始者」，天地二氣不相交感，仍爲渾沌之氣；第三爲「有未始有有無者」，此時氣雖看不見但已充滿世界，萬物皆由它而生；第四爲「有無者」，此時爲一望無際的空間；第五爲「有未始有有始者」，陰陽二氣開始交合於宇宙之間，但萬物尚未始生；第六爲「有始者」，氣蘊積鼓盪待時機成熟而生，萬物即將始生；最後爲「有有者」，具體萬物產生。〔註91〕

（二）無形生有形

綜而觀之，各家說法皆有所長，今參考各家說法，並以氣化論爲主要觀點，提出筆者的看法。

1、由氣化層次論之

「有始者」，「也就是萬物即將開始產生的時代〔註92〕」，萬物尚未具體成形，將有而未有，由此可知此時陰陽氣化作用已非常明顯，並且進入氣化凝結階段。陰陽相生作用一旦具體落實，各類形物便應運而生。

「有未始有有始者」，「也就是萬物尚未始生的時代〔註93〕」，此階段氣

〔註87〕 參見陳麗桂：《淮南鴻烈思想研究》（上），頁 102～103。
〔註88〕 說見陳麗桂：〈漢代的氣化宇宙論及其影響〉，收入陳鼓應主編《道家文化研究》（第八輯），頁 250。
〔註89〕 同註87，頁 102～103。
〔註90〕 參見于大成：《中國歷代思想家（四）──劉安》，頁 162。
〔註91〕 于大成：《中國歷代思想家（四）──劉安》，頁 162～163。
〔註92〕 同註91，頁 162。王云度云：「是天地已開闢，萬物正在萌芽尚未成形，將要興起而尚未成物類的階段。」說見王云度：《劉安評傳》，頁 164。張運華云：「這個階段，萬物雖經孕育但還沒有產生，儘管萌兆芽蘗，但還沒有形成物類。」說見張運華：《先秦兩漢道家思想研究》，頁 203。
〔註93〕 同註91，頁 163。

化生生產生作用，人賦予其「天氣降，地氣升」的概念，「是天地正在開闢〔註94〕」的時刻，原本渾沌充塞於天地間之氣開始交錯變化，陽氣下降，陰氣上升，陰陽二氣開始激盪調和，但仍處於無形氣化階段，尚未產生具體形物，處於「正在醞釀萬物萌階段。〔註95〕」

「有未始有夫未始有有始者」，「亦即連『還沒有始』都還無有的時代〔註96〕」，描述最初始「天氣未降，地氣未升」混沌的狀態，此階段天地概念以產生，天地間充滿無形、恍惚混沌之氣，陳鼓應認為「這似乎在寫元氣初成狀態：上天的和氣蘊含著而未下降，大地懷抱著氣還沒有散發，天地間『虛無寂寞』，只有作為萬物原質的氣暢行于冥冥之中〔註97〕」，但陰陽二種氣化素質已存在於天地之間。

以上討論《淮南》皆以氣作為基本元素展開，描繪「天地開闢到萬物孕育的經過〔註98〕」，陳鼓應並指出〈俶眞〉「未涉天地產生之前和萬物生成之後〔註99〕」的狀態。接下來〈俶眞〉從有無的層面對宇宙發生的過程進行描述。

2、由有無層次論之

「有有者」言萬物始有形兆，具體成形的階段〔註100〕，此時陰陽二氣相生作用，已具體發生，化為各種形類之萬物，耳目感官可識，並有可把握之數量，正式進入有形貌的階段。〔註101〕

〔註94〕王云度：《劉安評傳》，頁164。
〔註95〕同註94，頁164。
〔註96〕于大成云：「就是已有萬物的時代了。」同註91，頁162。
〔註97〕陳鼓應：〈從《呂氏春秋》到《淮南子》論道家在秦漢哲學史上的地位〉，收入《國立臺灣大學文史哲學報》第52期，頁77。于大成云：「天氣不下降，地氣不上升，天地二氣不相交感，故一片虛無寂寞，唯大氣已成而已。」于大成：《中國歷代思想家（四）──劉安》，頁162。王云度云：「是天地剛開闢，陰陽之氣尚未交接，一切處於寂寞冥冥之中。」王云度：《劉安評傳》，頁164。
〔註98〕陳鼓應：〈從《呂氏春秋》到《淮南子》論道家在秦漢哲學史上的地位〉，收入《國立臺灣大學文史哲學報》第52期，頁77。
〔註99〕同註98，頁77。張運華云：「《淮南子》用這三個階段，描述了在宇宙形成之後，從天地判剖到萬物孕育的過程。這只是《淮南子》宇宙演化論的一個階段，並不是宇宙演化的全過程，在宇宙產生之前還有演化的過程。」說見張運華：《先秦兩漢道家思想研究》，頁203。
〔註100〕于大成云：「就是已有萬物的時代了。」說見于大成：《中國歷代思想家（四）──劉安》，頁163。
〔註101〕于大成云：「此等萬物，皆有實體，……且皆有數量可數的。」同註100，頁163。王云度云：「指現實存在的萬物，它們有茂盛的植物和活躍的動物，都

　　「有無者」言相對於有之無的狀態〔註102〕，雖開始有創生作用，但作用尚未落實凝結爲具體形物，因此無法被感官經驗所感受〔註103〕，「易言之，也就是宇宙之間，只有一望無際的空間而已。〔註104〕」此時氣化作用強烈，正在醞釀發生。

　　「有未始有有無者」，言非觀念所及之無，超越在相對觀念之上，「就是連『無』都還沒有的時代，這時代是：大氣包裹天地，陶冶萬物而萬物未生〔註105〕」，此時陰陽氣化作用已充滿於天地間，孕育萬物但尚未成形。

　　「有未始有夫未始有有無者」，言非概念所能掌握之無〔註106〕，「這是天地還沒有分開，具體的宇宙萬物還沒有產生的混沌一體的無形狀態〔註107〕」此時爲一切創生之始，時間、空間都尚未形成，就連創造作用的基本素質陰陽二氣都未出現，仍爲一渾沌虛無的階段。〔註108〕

　　以上《淮南》從兩個方面推論宇宙發生的過程，承繼《老》、《莊》〔註109〕思想加以開展，做了更詳細的描述，但此過程只是視爲觀念上的推衍其

是可以被具體把握而有數量可計。」說見王云度：《劉安評傳》，頁 165。張運華云：「『有』是指現實存在著的萬事萬物，在這個狀態中，人們可以感知到生機盎然的大自然，也可以對其中的任何一種事物進行度量、測定。」說見張運華：《先秦兩漢道家思想研究》，頁 204。

〔註102〕于大成云：「謂天地之間已經有了『無』了。」同註 100，頁 162。

〔註103〕楊有禮云：「『有無者』是廣大宇宙空間寂寥自運、無從感知的景象。」說見楊有禮：《新道鴻烈：淮南子與中國文化》，頁 58。張運華云：「『無』是指現實存在背後的無形世界，不可直接感知，它廣闊無邊，不可度量。」說見張運華：《先秦兩漢道家思想研究》，頁 204。

〔註104〕同註 100，頁 162。

〔註105〕同註 100，頁 162。陳鼓應云：「謂宇宙廣大深遠而無限，其大無外，其小無內，孕含著天地，化育著萬物，而爲產生有形之物和無邊宇宙的根源。」說見陳鼓應：〈從《呂氏春秋》到《淮南子》論道家在秦漢哲學史上的地位〉，《國立臺灣大學文史哲學報》第 52 期（2000 年 6 月），頁 78。

〔註106〕于大成云：「也就是連『還沒有無』都還沒有的時代。」于大成：《中國歷代思想家（四）——劉安》，頁 162。

〔註107〕參見楊有禮：《新道鴻烈：淮南子與中國文化》，頁 59。

〔註108〕張運華云：「這種狀態中，天地未分，宇宙萬物都是混沌一團，陰陽、四時還沒有產生，但作爲萬物根本的道仍然存在。」說見張運華：《先秦兩漢道家思想研究》，頁 205。

〔註109〕王云度云：「《淮南子》就是這樣多方位地、細緻地描述了宇宙演化和萬物生長的過程，它不僅比《莊子·齊物論》具體，而且明確地將現實世界分爲『有』、『無』兩大部分，并進一步追溯了現實世界形成之前『有』、『無』之源，這無疑是對《齊物論》的重大突破和發展。」說見王云度：《劉安評傳》，頁 166。

次序上之先後，並非時間上之先後。因為「道者，一立而萬物生矣。……其動無形，變化若神；其行無跡，常後而先〔註110〕」，由無到有的過程及道創生萬物的過程，是非常快速且神秘不可言的，由此可知，《淮南》雖試圖掌握氣化生生之理，但仍非常清楚氣化創生之理玄妙無形跡可循的特色。

二、宇宙氣化觀

關於宇宙生化過程的推衍，〈天文〉篇中也有一段描繪。牟鍾鑒認為〈俶真〉篇「與《天文訓》的不同處只在於它著重從有形與無形的角度作描繪，而《天文訓》則著重發揮元氣論。〔註111〕」〈天文〉云：

> 天地未形，馮馮翼翼，洞洞灟灟，故曰太始〔註112〕。太始生虛霩〔註113〕，虛霩生宇宙，宇宙生元氣，元氣有涯垠〔註114〕。清陽者薄靡而為天，重濁者凝滯而為地。清妙之合專易，重濁之凝竭難，故天先成而地後定。天地之襲精為陰陽，陰陽之專精為四時，四時之散精為萬物。〔註115〕

針對此段的看法，眾家學者提出許多討論，以下就各家的特點作一整理。

（一）眾家說法

1、關於「天地未形」混沌的狀態，李增認為「淮南子認為在天地未形成前是個虛霩狀態。這個狀態稱之為大昭。……所以虛霩，即是虛無。〔註116〕」徐復觀認為淮南「把道安放在虛霩、太昭的位置，而說『道始於虛霩』，即是

〔註110〕 （漢）劉安：《淮南子》，卷一〈原道〉，頁7。

〔註111〕 牟鍾鑒：《呂氏春秋與淮南子思想研究》，頁 184。陳鼓應云：「〈天文〉也討論宇宙的生成和演化，並將元氣概念引入宇宙論。」說見陳鼓應：〈從《呂氏春秋》到《淮南子》論道家在秦漢哲學史上的地位〉，收入《國立臺灣大學文史哲學報》第 52 期，頁 78。

〔註112〕 「故曰太始」本作「故曰太昭」。王引之曰：「『太昭』當作『太始』，字之誤也。」參見（清）王念孫：《讀書雜志》，下冊，頁 785。今從校改。

〔註113〕 「太始生虛霩」本作「道始於虛霩」。王引之云：「『道始於虛霩』當作『太始生虛霩』，即承上文『太始』而言。」同註 112，頁 785。今從校改。

〔註114〕 「宇宙生元氣，元氣有涯垠」本作「宇宙生氣，氣有漢垠」。王念孫云：「此當為『宇宙生元氣，元氣有涯垠。』下文清揚為天，重濁為地，所謂元氣有涯垠也。今本脫去兩元字，涯字又誤為漢。」（清）王念孫：《讀書雜志》，下冊，頁 785。今從校改。

〔註115〕 （漢）劉安：《淮南子》，卷三〈天文〉，頁 18。

〔註116〕 參見李增：《淮南子哲學思想研究》，頁 70。

把道與虛霩等同了起來。〔註 117〕」陳麗桂則是認爲太始在虛霩之前，但太始與虛霩在狀態上無別。〔註 118〕

2、關於「元氣」的討論，陳麗桂認爲「從『虛霩』至『宇宙』，逐漸由無而有，至『元氣』產生後，是明確地『有』了，天地萬物的肇生，就從這個『元氣』開始〔註 119〕」，強調元氣爲有形萬物之始的重要性。陳德和主張元氣是有限的，因「宇宙指的是最大的時間和空間，元氣是形而下的，凡形而下的東西必有時空相，所以它在宇宙之後出現，且凡形而下的東西也必定是有限的，是之謂『有涯垠』〔註 120〕」而楊有禮同樣認爲「元氣具有邊際〔註 121〕」，但是「『無形』，沒有具象〔註 122〕」的。

3、總觀〈天文〉氣化宇宙論來看，陳靜主張「這一想像明顯來自老子的『道生一，一生二，二生三，三生萬物』的模式，但是《淮南子》對此又有所變形，主要的改變就是從老子的一、二、三／萬物的模式，改變成爲一、二、四／萬物的模式〔註 123〕。」楊有禮則將此段分三環節討論，「第一環節指天地未分前的混沌一體的狀態，這種狀態稱爲『太昭』。……在這個環節中，道、虛霩、宇宙、元氣都是『無形』，沒有具象。第二環節指產生天地、陰陽的階段，……第三個環節指產生萬物的階段。萬物皆由陰陽變化而成。〔註 124〕」

（二）氣化之生成

今綜合參考各家說法，以氣化觀提出筆者的看法。〈天文〉中描繪宇宙由

〔註 117〕 參見徐復觀：《兩漢思想史》第二卷，頁 134。

〔註 118〕 陳麗桂認爲「『太始』之『馮馮翼翼，洞洞灟灟』與『虛霩』同其虛無，而『太始』在前，『虛霩』在後，此恰如『未始有夫爲始有有無』之與『未始有有無』同爲『無無』，而一先一後，勉以『生有無之根』已否爲分耳，不過強調天地宇宙形成之緩漸與遠古，故不惜層層擬設。」說詳見陳麗桂：《淮南鴻烈思想研究》（上），頁 103～104。

〔註 119〕 參見陳麗桂：《秦漢時期的黃老思想》，頁 70。王云度認爲「《淮南子》將『元氣』爲世界從無形向有形的重要過渡階段，將『合和』作爲『陰陽』產生萬物的關鍵，這就豐富了『道』產生萬物的內涵。」詳說見王云度：《劉安評傳》，頁 167。陳德和云：「天地萬物莫不都從元氣的變化而來，這正是氣化宇宙論的典型表述。」說見陳德和：《淮南子的哲學》，頁 124～125。

〔註 120〕 參見陳德和：《淮南子的哲學》，頁 124。

〔註 121〕 參見楊有禮：《新道鴻烈：淮南子與中國文化》，頁 57。

〔註 122〕 參見楊有禮：《新道鴻烈：淮南子與中國文化》，頁 55。

〔註 123〕 參見陳靜：《自由與秩序的困惑——《淮南子》研究》，頁 197。

〔註 124〕 同註 122，頁 55。

無到有的過程，可分作幾個階段：

　　1、最開始是不可名言、無形無限的「太始」階段，〈天文〉形容此階段是天地尚未成形，並充滿恍忽流動之氣的狀態，金春峰云：「它的特點是：天地未形，但形所需的質料即氣已經具備了。……『馮馮』、『翼翼』形容氣的飛飄不定。『洞洞』形容氣的虛霩，『灟灟』指氣的粘稠狀態。〔註125〕」

　　2、接下來爲虛無恍惚、非觀念所及「虛霩」的階段，《淮南》特別強調「虛霩」狀態〔註126〕，經過「虛霩」階段的醞釀，具體時間、空間的觀念「宇宙」正式產生。曾春海云：「『道』對天地萬物享有先在性，萬物的生成由『道』啓始，『道』幾經化生的過程，產生無形而能構作萬物的原質──『氣』。換言之，有形的存在物生於無形的氣，氣是實在的，由虛而不實的虛霩所派生，氣出現後，在由氣化生天地陰陽四時萬物。〔註127〕」以上爲無形的階段，以下由無形進入有形。

　　3、無形兆但有具體的時間、空間觀念「宇宙」產生之後，「元氣」應運而生，陳鼓應云：「道的最初狀態是虛無空曠，道在虛廓中演化出宇宙，宇宙產生元氣。〔註128〕」

〔註125〕金春峰：《漢代思想史》，頁 218～219。李增云：「淮南子認爲在天地未形成前是個虛霩狀態。這個狀態稱之爲大昭。精神訓上說這大昭即是：『古未有天地之時，惟像無形，窈窈冥冥，芒芠漠閔，澒濛鴻洞，莫知其門』。」李增：《淮南子哲學思想研究》，頁 70。

〔註126〕陳鼓應云：「提出虛空與氣的理論，認爲『虛霩』是先於氣的世界本源，這觀念或可溯源於稷下黃老（如〈心術上〉謂：『虛者萬物之始者也』）。當然最早老子曾說過道體是虛狀的，（如《老子》4 章：『道沖……』，『沖』訓虛）。而虛在氣之先，且爲氣之本，這說法則由《淮南子》首先提出。這論題一直延伸到宋代，張載把虛和氣結合起來，提出『太虛即氣』、『虛空即氣』的命題。」陳鼓應：〈從《呂氏春秋》到《淮南子》論道家在秦漢哲學史上的地位〉，收入《國立臺灣大學文史哲學報》第 52 期，頁 80。楊有禮：「『一』不直接生物，所以分出陰陽二氣，陰陽二氣的和諧統一，便產生出萬物。這說明『虛霩』、『一』和『道』都是一種物質的『氣』。」楊有禮：《新道鴻烈：淮南子與中國文化》，頁 57。

〔註127〕曾春海：《兩漢魏晉哲學史（修訂版）》，頁 36～37。周桂鈿云：「萬物是有形的，有形生於無形的氣。氣是實的，它由虛無的『虛霩』所派生。這叫『有生於無，實出於虛』（《原道篇》）。」周桂鈿：《秦漢哲學》，頁 69。

〔註128〕陳鼓應：〈從《呂氏春秋》到《淮南子》論道家在秦漢哲學史上的地位〉，《國立臺灣大學文史哲學報》第 52 期，頁 79。陳廣忠：「淮南王這裡所描繪的，乃是客觀世界的自然演化過程，雖然其中具有不科學的成份，但是他把宇宙的演化看成是『氣』的發生發展的變化過程，……成了人類認識史上的一次

4、「元氣」爲無形但具有眞實作用的基本元素,「元氣」清陽部分上升爲天,重濁部分下沉爲地,由於「元氣」有範圍的限制,故所生成的天地也是具體有範圍的,《淮南》認爲清陽的部分形成易,重濁部分形成較難,故曰「天先成而地後定」。

藉由〈天文〉提出由無形發展至有形的過程中可發現幾個重點:首先,《淮南》在「太始」生成「宇宙」間加入「虛霩」的觀念,張立文認爲:「道一開始便存在於空虛遼闊的『虛霩』之中。由於道的運動,虛霩發展爲宇宙,從宇宙中產生氣〔註 129〕」,「宇宙」的產生必須在充滿氣的「虛霩」醞釀才會形成。其次,《淮南》點出了氣的重要性,「元氣」是「宇宙」之中重要且關鍵的元素,「氣與道不同,道是無形無象、無限廣大的,而氣是有限的、有邊際的〔註 130〕」,「元氣」當中有陰陽、冷熱兩種基本創造作用,有了這關鍵的創造作用,才能讓無形的宇宙進入有形具體的階段,同時《淮南》也強調氣是無形和有形的狀態間共同存在的重要元素,更是貫通有無層次的重要媒介。〔註 131〕「天地萬物莫不都從元氣的變化而來,這正是氣化宇宙論的典型表述。〔註 132〕」

三、由人論宇宙氣化生成

此外,〈精神〉篇中還有一段對宇宙生成過程的描述。

重要變革。」說見陳廣忠:《中國道家新論》(合肥:黃山書社,2001 年 11月),頁 322。

〔註 129〕張立文:《氣》,頁 57。謝承仁:「據本篇及《精神訓》篇所言,知『虛霩』是指一種『古未有天地之時惟像無形』之混沌狀態階段,此階段可稱之曰『太始』。」說見謝承仁:《中華傳統思想文化淵源》(北京:人民出版社,2004年 10月),頁 409。

〔註 130〕同註 129,頁 57。牟鍾鑒:「『元氣』是一個重要的過度階段,自『元氣』起,情況有了根本性的變化。『元氣』具有邊際,開始向輕清和重濁兩個方向分化,最後形成天地,可知天地生於氣。」說見牟鍾鑒:《呂氏春秋與淮南子思想研究》,頁 180。

〔註 131〕黃玉麟:「『元氣』的提出也同時填補了『道』與『萬物』之間的斷裂;『虛霩』在『氣』之先,『有』從『無』中生的本體義在此得到了更進一步的發揮。」黃玉麟:〈道器之間:《淮南子・天文訓》以氣爲樞的道物歷程〉,收入哲學與文化月刊雜誌社編《哲學與文化月刊》第 399 期(第卅四卷第八期)(臺北:哲學與文化月刊雜誌社,2007 年 8月),頁 95。

〔註 132〕參見陳德和:《淮南子的哲學》(嘉義:南華管理學院,1999 年 2月),頁 124~125。

　　古未有天地之時，罔像無形〔註133〕，幽幽冥冥，茫茫昧昧，幕幕
閔閔，鴻蒙澒洞〔註134〕，莫知其門。有二神混生，經天營地，孔
乎莫知其所終極，滔乎莫知其所止息，於是乃別爲陰陽，離爲八
極，剛柔相成，萬物乃形，煩氣爲蟲，精氣爲人。是故精神，天
之有也；而骨骸者，地之有也。精神入其門，而骨骸反其根，我
尚何存？〔註135〕

（一）眾家說法

　　今整理眾家對此篇的看法，綜合觀之，牟鍾鑒認爲「作者將宇宙演化分
成五個階段：1、『罔象無形』的混一階段；2、『有二神混生』的含氣階段；3、
『別爲陰陽，離爲八極』的天地生成階段；4、『剛柔相成，萬物乃形』的自
然世界階段；5、『煩氣爲蟲，精氣爲人』的動物與人的出現階段。這種宇宙
論同《管子・內業》的精氣說和莊周的氣化說相比，有三點創新：1、在古今
的比較上，強調分化與進化；2、在人與動物的比較上，指出有精粗的差別，
氣之粗者爲蟲，氣之精華爲人；3、在形體與精神的比較上，提出有重濁與清
陽的不同，把『天出其精，地出其形』的理論更具體化了〔註136〕」對〈精神〉
作一完整的討論。陳麗桂則將此段分爲兩個階段：「從『罔像無形』到陰陽二
氣的孕育，至於生天地是一階段。在這個階段裏，宇宙由無而有。此下由天

〔註133〕「罔像無形」本作「惟像無形」。俞樾云：惟乃罔字之誤。隸書罔字或作罓，
故罓與惟相似而誤。……今作「惟象無形」，義不可通。參見（清）俞樾：《諸
子平議》，頁941。今從校改。

〔註134〕「幽幽冥冥，茫茫昧昧，幕幕閔閔，鴻蒙澒洞」本作「窈窈冥冥，芒芠漠
閔，澒濛鴻洞」。于大成：「御覽一、事類賦注一、海錄碎事九下、蔡箋杜
詩六引此文，皆作『鴻蒙澒洞』。……御覽一下引明標高誘注，則高本作『鴻
蒙澒洞』，上文『窈窈冥冥，芒芠漠閔』，御覽引作『幽幽冥冥，茫茫昧昧，
幕幕閔閔』，亦高本如此。其御覽三百六十、楚辭天問補注、蔡箋杜詩二十
七、三十七、韓愈南山詩方崧卿注（卷一），柳宗元非國語童宗說音註、群
書通要甲集一引與今本同者，反是許本。」于大成：《淮南鴻烈論文集》，
上冊，頁543。今本〈精神〉篇爲高誘本，故從于說校改。

〔註135〕（漢）劉安：《淮南子》，卷七〈精神〉，頁45。

〔註136〕牟鍾鑒：《呂氏春秋與淮南子思想研究》，頁 182。孫紀文：「《精神訓》將宇
宙演化過程分爲五個階段：一是『罔象無形』的混一階段；二是『二神混生』
的含氣階段；三是『別爲陰陽，離爲八極』的天地生階段；四是『剛柔相成，
萬物乃形』的自然世界階段；五是『煩氣爲蟲，精氣爲人』的動物與人出現
階段。」說見孫紀文：《淮南子研究》，頁70。

地之開而剖判陰陽，繼而陰陽和合，孳生萬物，又是另一階段。〔註137〕」

（二）精氣為人

筆者今以氣化觀探討，〈精神〉對宇宙生化過程的描繪可分幾個階段：

1、未有天地時，是如虛霩般幽冥恍惚無形的狀態，高誘云：「皆未成形之氣也〔註138〕」，此時只有混沌一片的元氣存在。

2、「二神」是指陰陽二氣產生，並開始相生作用，徐復觀認為「『有二神混生』，高注以『陰陽之神』釋之；在此處的分位，應當指的是道；道是無對之一，『有二神混生』的意思，是已有陰陽二氣，但尚未剖判，或者可稱為元氣。〔註139〕」陰陽為一體的兩面，當陰氣極盛時陽氣潛藏在後，當陰陽二氣交互作用後，天地概念產生。

3、天地形成之後，因陰陽二氣激盪交錯分化，具體時間空間概念完成，同時也創生萬物〔註140〕。在此《淮南》強調陰陽二氣生生作用的重要性，曾春海云：「氣具有能鼓動萬物以成變的動態勢能，氣的變化歷程是由一氣先分化為陰陽，陰陽是一體之氣的兩側面，陰陽相對偶，互動互補，和合以生成變化庶物。〔註141〕」此外，由於陰陽作用可伸展至八方之極，是蘊含空間上的無限義，因此陰陽生化過程中產生的各類形物是具有具體但又無限的特色的。

4、接下來《淮南》討論氣化生人的生化過程。人類的產生，《淮南》認為同樣是陰陽二氣交互作用產生，而人類與萬物同位陰陽二氣所生，兩者的差別在「煩氣為蟲，精氣為人」，萬物之靈的人類是由陰陽二氣最精華的部分組成，而各式動物則是陰陽二氣中雜亂的部分組成。〔註142〕陳鼓應認為

〔註137〕參見陳麗桂：《秦漢時期的黃老思想》，頁 71。

〔註138〕（漢）劉安：《淮南子》，卷七〈精神〉，頁 45。

〔註139〕參見徐復觀：《兩漢思想史》第二卷，頁 134。

〔註140〕陳鼓應云：「在這宇宙萬物生成的過程中，氣化論起著關鍵的作用。天地是由元氣形成的。」說見陳鼓應：〈從《呂氏春秋》到《淮南子》論道家在秦漢哲學史上的地位〉，收入《國立臺灣大學文史哲學報》第 52 期，頁 80。

〔註141〕曾春海：《兩漢魏晉哲學史（修訂版）》，頁 35～36。

〔註142〕謝承仁：「人與萬物所稟受之氣雖有『精』、『煩』之不同，然皆陰、陽二氣所構成，物、我之間實無絕對界限，『萬物玄同也』。」說見謝承仁：《中華傳統思想文化淵源》，頁 411。陶建國云：「人由天地之精氣而生，此乃由莊子思想而來。《莊子·知北遊》曰：『昭昭生於冥冥，有倫生於無形，精神生於道，形本生於精，而萬物以形相生』。」說見陶建國：《兩漢魏晉之道家思想》，頁

「《淮南子》還吸收了稷下道家的精氣說，認爲生物由氣產生，氣又有精粗之分。……這顯然是脫胎自《管子‧內業》『天出其精，地出其形』的說法；至於『精神入其門，而骨骸反其根』則是對人死亡後歸返天地的說明，實質上與莊子以死生爲一氣之聚散的理論相同。〔註143〕」同時，《淮南》藉此獨尊人在天地萬物間的地位〔註144〕。

綜合以上對氣化宇宙生化過程的討論，可歸納幾個重點：

（一）《淮南》對宇宙生化過程的詮釋，是在《老》、《莊》對道詮釋的基礎上加以擴充發展，創造出獨有的氣化宇宙論。《淮南》以道爲超越在一切觀念之上的最高主體，並以氣爲內涵及作用，因此在描述萬物生化過程時，以陰陽二氣作爲萬物創生基本素質，對無到有的過程進行詮釋，「關於宇宙演化的過程，……說法各不相同，但它們所揭示的宇宙演化的基本過程則是相同的，都包括了從渾沌未分的道，分化出天地陰陽，而後產生萬物這三個最主要的發展環節。〔註145〕」

（二）確立「元氣」的存在，張立文云：「《淮南子》認爲，氣是構成世界萬物的精微原始物質，氣由本體道產生〔註146〕」，可知氣的重要性。「元氣」是溝通形上、形下重要的關鍵，但若是一個與形上、形下層性質不同的物質，要溝通兩個不同層次可能會相當困難，因此在戰國末期稷下黃老道家產生了精氣說〔註147〕的基礎上，強調氣這種特殊的物質，同時可是虛無飄渺，同時

250。

〔註143〕陳鼓應：〈從《呂氏春秋》到《淮南子》論道家在秦漢哲學史上的地位〉，收入《國立臺灣大學文史哲學報》第52期，頁81。

〔註144〕王云度：「這是從人類形成的角度談宇宙演化，著重指出人和萬物一樣都是在天地生後，陰陽二氣相合而成的，所不同的是精氣爲人，煩氣爲蟲。」參見王云度：《劉安評傳》，頁168。陶建國：「而在〈精神訓〉中，《淮南子》更加上人之產生，使人在天地萬物之中，顯出獨特之地位。」陶建國：《兩漢魏晉之道家思想》，頁250。

〔註145〕牟鍾鑒：《呂氏春秋與淮南子思想研究》，頁184～185。

〔註146〕張立文：《氣》，頁57。曾春海：「『氣』是萬物的原質，構成了《淮南子》氣化的宇宙論。」說見曾春海：《兩漢魏晉哲學史（修訂版）》，頁35。

〔註147〕陳鼓應：「稷下道家繼承了老子道論中的形而上之道，并將之轉化，以『心』、『氣』爲主要論述之範疇，泛見於〈內業〉與〈心術下〉，從而成就了中國哲學史上極爲著名的『精氣說』。稷下道家之於老子形而上之道的繼承，可稱之爲『創造性的繼承』，將原本抽象渺遠之道具象化爲精氣。」說見陳鼓應：《管子四篇詮釋——稷下道家代表作解析》，頁51。

也可凝結存在於具體世界如雲霧的特性，非常適合用來描繪以及溝通形上、形下層。因此，《淮南》繼承了這種說法，透過「元氣」生生的作用，對無到有及宇宙生成進行推衍。

（三）氣化宇宙論的產生對後世造成不小的影響。牟鍾鑒云：「《淮南子》明確將元氣說引入宇宙論，成爲王充元氣自然論的先驅。〔註148〕」陳鼓應云：「將元氣概念引入宇宙論中，指出從元氣中產生的陰陽是萬物形成的兩種基本材料，透過董仲舒《春秋繁露》與王充《論衡》等的發揚，在漢代哲學史造成極大影響。〔註149〕」張運華：「由《淮南子》比較完整地闡述的關於天地演化過程的概說，對漢代天文學渾天說有一定的影響。〔註150〕」雖然這種氣化式的推想不符合現今的自然科學，但這卻是先民試圖爲掌握未知的自然界規律與變化所作的重要貢獻。張立文亦云：「《淮南子》這種道生氣、氣生天地萬物的思想，綜合了先秦儒道的天地生成論，而在天地生成的過程方面有獨到的揭示，這是對中國哲學天地生成思想的重要發展。〔註151〕」

第三節　道的展現

道的落實，下生宇宙天地萬物，萬物間皆有道，且順道之理自然無爲輪轉不息，《淮南》建構了一個無限又具體的世界，除了是希望藉著記載天文、地理、時空中無窮的變化，展現出道的無限，更是希望藉著對這世界全面的了解，掌握天地間變化的規律，進一步應用於人世間，故〈要略〉云：「故著書二十篇，則天地之理究矣，人間之事接矣，帝王之道備矣。〔註152〕」明白點出在能觀天地之變後，更要能統天下、理萬物，而這也是《淮南》的重點。

〔註148〕牟鍾鑒：《呂氏春秋與淮南子思想研究》，頁 180。楊有禮：「《淮南子》明確將元氣說引入宇宙論，成爲後來王充元氣論的先驅。」楊有禮：《新道鴻烈：淮南子與中國文化》，頁 57。

〔註149〕陳鼓應：〈從《呂氏春秋》到《淮南子》論道家在秦漢哲學史上的地位〉，收入《國立臺灣大學文史哲學報》第 52 期，頁 80。

〔註150〕張運華：《先秦兩漢道家思想研究》，頁 206。

〔註151〕張立文：《天》（臺北：七略出版社，1996 年 11 月），頁 107。又云：「《淮南子》試圖描繪氣產生萬物的具體過程，由於科學認識水平的侷限，它不可能真正揭示這個過程的每個環節，而仍然是粗疏的、不完全正確的。然而，這種描繪卻標誌著它對氣的認識的深化。」說見張立文：《氣》，頁 58～59。

〔註152〕（漢）劉安：《淮南子》，卷二十一〈要略〉，頁 163。

　　道在現實社會的展現上，主要是放在政治、軍事以及人身〔註153〕上討論，
以下就政治與軍事進行分析。

一、政　治

（一）君道無為

> 清靜無爲，則天與之時；廉儉守節，則地生之財；處愚稱德，則聖
> 人爲之謀。是故下者萬物歸之，虛者天下遺之。〔註154〕

> 人主之術，處無爲之事，而行不言之教，清靜而不動，一度而不搖，
> 因循而任下，責成而不勞。〔註155〕

「《淮南子》首先肯定治國爲政必須用『道。』……在充分肯定了治國爲政
必以『道』，《淮南子》進一步說明，道治的實質是『無爲而治』，這同老子
是一脈相承的。〔註156〕」道自然無爲，萬物皆順著道中「陽施陰化」的作
用自然且規律的運行，落實到政治上亦是如此。天地的運行自然蘊含陰陽相
生之理，透過陽施陰化，陰陽二氣調和化生產生四時、二十四節氣的變化，
因此只要順著陰陽相生之理適時行事，天地萬物以及人事便能如理流行，生
生不息。李增云：「淮南子在政治思想上，就承繼老莊的思想，法道法天，
而主張無爲而治。〔註157〕」因此反應在人君施政，只要因循〔註158〕自然的
時節輔助百姓，而百姓也只需要順者天時的運行，在適當的時間耕種、播種、
施肥、收割，大地就會自然呈現出五穀豐收的景象，不需刻意、過度而爲自
然就能順利完成。

> 無爲者，道之宗。故得道之宗，應物無窮；任人之才，難以至治。

〔註153〕 有關道在人身上的展現與運用，參見本文第六章〈氣化心性修養論〉，頁191
　　　　 ～215。

〔註154〕 同註152，卷九〈主術〉，頁59。

〔註155〕 同註152，頁57。

〔註156〕 雷建坤：《綜合與重構——《淮南子》與中國傳統文化》，頁 95～96。陳麗
　　　　 桂云：「《鴻烈》以君爲施政之主體，而人君理政之最高原則則在釋智、去己，
　　　　 任公而無私，以靜持動，操約制廣，換言之，亦即無爲。」陳麗桂：《淮南鴻
　　　　 烈思想研究》（下），頁249。

〔註157〕 李增：《淮南子哲學思想研究》，頁308。

〔註158〕 羅光認爲：「因循的意義，在於按照人物的情理去管理，人本來要這樣做，就
　　　　 提倡這樣做，便可以無爲而有爲。」參見羅光：《中國哲學思想史（兩漢、南
　　　　 北朝篇）》，頁589。

湯、武，聖主也，而不能與越人乘舫舟而浮於江湖〔註159〕；伊尹，
賢相也，而不能與胡人騎騵馬而服駒騄；孔、墨博通，而不能與山
居者入榛薄出險阻也〔註160〕。由此觀之，則人知之於物也，淺矣。
而欲以偏照海內，存萬方，不因道理之數，而專己之能，則其窮不
遠矣〔註161〕。〔註162〕

道最重要的表現就是無為，萬物自然就能對應無窮的變化，反映在人君運用
人才上，只要能表現清靜無為、虛懷若谷的精神，將人才運用安排在最適合
的位置上，不需刻意執著就是最好的安排。「要實現『無為而治』，淮南王特
別強調要『人盡其材，物盡其用』〔註163〕」，因此《淮南》舉出聖賢的例子，
指出越人善乘幹舟、胡人善於騎馬、山居者善於披荊斬棘在山中生活，這些
事聖賢名相不一定都能勝任，但只要將他們安排到最適合的位置便能有很好
的發揮。這說明古聖先賢之所以能有所作為，並不是因為其本身擁有許多不
同的才能，而在於他們能夠將適合的人才運用到最合適的位置上，如此便能
順道最自然的安排對應外界任何不同的需求而通達無礙，這就是君王用人之
道。

（二）循天施政

則聖人之憂勞百姓亦甚矣〔註164〕！故自天子以下，至於庶人，四肢

〔註159〕「而不能與越人乘舫舟而浮於江湖」本作「而不能與越人乘幹舟而浮於江
湖」。王念孫：「古無謂小船為幹者，幹當為舫，字之誤也。舫與舫同字，……
俶真篇：『越舫蜀艇，不能無水而浮。』高注曰：『舫，小船也，越人所便
習。』正與此注相同。」參見（清）王念孫：《讀書雜志》，下冊，頁838。
今從校改。

〔註160〕「而不能與山居者入榛薄出險阻也」本作「而不能與山居者入榛薄險阻也」。
王念孫：「險阻上脫出字。『入榛薄，出險阻』與『騎騵馬，服駒騄』相對為
文。」同註159，頁838。今從校改。

〔註161〕「不因道理之數，而專己之能，則其窮不遠矣」本作「不因道之數，而專己
之能，則其窮不達矣」。王念孫：「道之數本作道理之數，此後人以意刪之
也。……達當為遠，字之誤也。謂其窮可立而待也。文子下德篇正作遠。」
同註159，頁838。今從校改。

〔註162〕（漢）劉安：《淮南子》，卷九〈主術〉，頁59。

〔註163〕陳廣忠、梁宗華著：《道家與中國哲學（漢代卷）》（北京：人民出版社，2005
年5月），頁102。

〔註164〕「則聖人之憂勞百姓亦甚矣」本作「則聖人之憂勞百姓甚矣」。劉文典云：
「藝文類聚二十、御覽四百一引，甚上並有亦字。」劉文典：《淮南鴻烈集

不勤〔註165〕，思慮不用，事治求贍者，未之聞也。夫地勢，水東流，
人必事焉，然後水潦得谷行。禾稼春生，人必加功焉，故五穀得遂
長。聽其自流，待其自生，則大禹之功不立〔註166〕，而后稷之智不
用。若吾所謂無爲者，私志不得入公道，嗜欲不得枉正術，循理而
舉事，因資而立功，推自然之勢〔註167〕，而曲故不得容者，故事成
而身弗伐，功立而名弗有〔註168〕，非謂其感而不應，迫而不動者〔註
169〕。〔註170〕

《淮南》強調治國的清靜無爲，並非完全不做事，而是應天道之自然而爲。
因此《淮南》同樣以古聖先賢爲例，說明聖王之所以能創造盛世，絕對不是
不做事，相反的聖王必須爲百姓生活安定而憂勞，但不須刻意的特別爲百姓
生活而造作，只要順天之四時運行指引百姓播種施肥，順地勢高低引導水流
幫助百姓灌溉，使百姓能循此自然之道順利耕種，五穀自然就能生長豐盛，
百姓也就自然會有安定的生活，社會也就會和諧發展。

　　天道玄默，無容無則，大不可極，深不可測，尚與人化，知不能得。
　　昔者神農之治天下也，神不馳於胸中，智不出於四域，懷其仁誠之
心，甘雨以時〔註171〕，五穀蕃植，春生夏長，秋收冬藏。月省時考，

解》，下冊，頁634。今從校改。
〔註165〕「四肢不勤」本作「四肢不動」。顧廣圻：「『不動』當作『不勤』。」何寧：《淮
　　　　南子集釋》，下冊，頁1321。
〔註166〕「大禹之功不立」本作「鯀、禹之功不立」。向宗魯云：「鯀治水無功，不當
　　　　與禹竝論；禹、稷對言，亦不當以鯀側之也。要述一引作大禹，疑是。」同
　　　　註165，頁1322。今從校改。
〔註167〕「因資而立功，推自然之勢」本作「因資而立，權自然之勢」。王念孫：「『因
　　　　資而立』下脫一字，當依文子自然篇作『因資而立功』。立功與舉事相對爲
　　　　文。……『權自然之勢』，當依文子作『推自然之勢』，字之誤也。」（清）
　　　　王念孫：《讀書雜志》，下冊，頁940～941。今從校改。
〔註168〕「故事成而身弗伐，功立而名弗有」本作「政事而身弗伐，功立而名弗有」。
　　　　王念孫：「事下脫成字，劉依文子補入，是也。政當爲故，字之誤也。故
　　　　事成而身弗伐，功立而名弗有，乃結上之詞。」同註167，頁941。今從
　　　　校改。
〔註169〕「迫而不動者」本作「攻而不動者」。王引之云：「功當爲故。故今迫字也。」
　　　　同註167，頁941。今從校改。
〔註170〕（漢）劉安：《淮南子》，卷十九〈脩務〉，頁145。
〔註171〕「甘雨以時」本作「甘雨時降」。劉文典：「御覽七十八引，『甘雨時降』作
　　　　『甘雨以時』。」王叔岷：「文子精誠篇亦作『甘雨以時』。」于大成：「隋

歲終獻功，以時嘗穀，祀于明堂。明堂之制，有蓋而無四方，風雨
不能襲，燥濕不能傷〔註172〕。遷延而入之，養民以公。其民樸重端
慤，不忿爭而財足，不勞形而成功〔註173〕。因天地之資，而與之和
同，是故威厲而不試〔註174〕，刑錯而不用，法省而不煩，故其化如
神。〔註175〕

天道的變化莫測，但其中蘊含有陰陽氣化相生之理緒，「芒芒昧昧，從天之
道，與元同氣〔註176〕」，在上清揚之天氣與在下重濁之地氣相互交融創生日
月星辰、四時萬物，由於萬物由道所生，故萬物會因循天道運行自然之理不
停變化輪轉。因此君王施政必須循天之理，楊有禮云：「在《淮南子》無為
論中，突出地強調了『因』的思想。所謂『因』或『因循』，有依據、遵循、
繼承之意，要求為政行事隨物、順勢、依時而動，即要遵循自然規律和社會
發展客觀實際去辦事。〔註177〕」《淮南》更舉神農之例，說明只要將其精神
守於胸中，在四域之內用其智慧，並抱著仁愛誠懇之心，天自然就會降下甘
霖，使得四時順利運行，五穀得以豐收，百姓自然就能自給自足。百姓生活
無虞，自然就不會出現爭鬥，也不需過度勞動，事功自然就會形成，這就是
法天無為，循天施政。

帝者體太一，王者法陰陽，霸者則四時，君者用六律。〔註178〕

此外，《淮南》針對為政之人所應遵循的自然規律，又做了詳細的說明。《淮
南》將為政者分成四個層次，其所應依循的法則亦分四個層次：執政最上位

書、北史宇文愷傳、御覽八百七十二引亦作『甘雨以時』。」劉文典：《淮
南鴻烈集解》，上冊，頁271；于大成：《淮南鴻烈論文集》，上冊，頁632。
今從校改。

〔註172〕「燥濕不能傷」本作「寒暑不能傷」。劉文典：「御覽七十八引『寒暑』作『燥
濕』。」于大成：「隋書、北史宇文愷傳、路史後紀三注引此文亦並作『燥濕』。」
劉文典：《淮南鴻烈集解》，上冊，頁271；于大成：《淮南鴻烈論文集》，上
冊，頁633。今從校改。

〔註173〕「不勞形而成功」本作「不勞形而功成」。楊樹達：「功成當作成功，此後人
疑成功與財足不對，故妄乙之耳。」楊樹達：《淮南子證聞‧鹽鐵論要釋》（上
海：上海古籍出版社，2006年12月），頁76。今從校改。

〔註174〕「是故威厲而不試」本作「是故威厲而不殺」。王念孫：「殺本作試，此後人
以意改之也。」（清）王念孫：《讀書雜志》，下冊，頁837。今從校改。

〔註175〕（漢）劉安：《淮南子》，卷九〈主術〉，頁57。

〔註176〕同註175，卷十〈繆稱〉，頁68。

〔註177〕楊有禮：《新道鴻烈：淮南子與中國文化》，頁71。

〔註178〕同註175，卷八〈本經〉，頁54。

者爲帝，因此帝者不須在意事物的法規制度，只須遵循太一之理，體道之變化，「明於天地之情，通於道德之倫，聰明燿於日月，精神通於萬物，動靜調於陰陽，喜怒和於四時。〔註179〕」就能作出正確的判斷，使德政遍佈並得以施行，嘉惠百姓。帝者之下爲王者，王者不須掌握天地宇宙間的變化，而只須了解萬物相生的陰陽之理，就能治理好自己的諸侯國，並使「德與天地參，明與日月並，精與鬼神總，戴圓履方，抱表懷繩，內能治身，外能得人，發號施令，天下莫不從風。〔註180〕」王者之下爲霸者，霸者管理範圍更小，因此只須明四時變化規律，輔佐人民，人民自能循四時之序春耕冬藏。最下位爲君者，君者須明生殺禮法規律，「伐亂禁暴，進賢而退不肖，扶撥以爲正，壞險以爲平，矯枉以爲直。〔註181〕」順著禮法規範，自能管理好人民使其安定。《淮南》層層分述爲政之理，說明爲政者必須依照各自的職位施政，不可越其職守，同時帶出不論是帝、王、霸、君皆應遵循自然天道運行的規律，體道施政，才能使天下治。

《淮南》除了舉出正面事例，也從反面說明若有心有爲就會產生問題。

> 是以上多故則下多詐，上多事則下多態〔註182〕，上煩擾則下不定，上多求則下交爭。不直之於本，而事之於末，譬猶揚堁而弭塵，抱薪以救火也。故聖人事省而易治，求寡而易澹，不施而仁，不言而信，不求而得，不爲而成，塊然保眞，抱德推誠，天下從之，如響之應聲，景之像形，其所修者本也。〔註183〕

《淮南》由反面論證，說明若在位者不斷急欲強求事功，爲了達到好的功效而以政令擾民，在下位的臣子也就會爲了配合君主而欲積極表現而產生爭執，最後導致百姓無所依從，這反而本末倒置，產生「上求材，臣殘木；上求魚，臣乾谷〔註184〕」的狀況。藉此強調遵循天道陰陽相生之理的重要，故「『無爲而治』提倡順應自然而理民，治民應順應民情。而統治者的過分

〔註179〕 （漢）劉安：《淮南子》，卷八〈本經〉，頁54。

〔註180〕 同註179，頁54。

〔註181〕 同註179，頁54。

〔註182〕 「上多事則下多態」本作「上多事則下多能」。何寧：「文選西京賦『盡變態乎其中』，注：『態，巧也。』……『態』或從人作『儠』。景宋本誤作『能』。」何寧：《淮南子集釋》，中冊，頁614。

〔註183〕 同註179，卷九〈主術〉，頁57。

〔註184〕 （漢）劉安：《淮南子》，卷十六〈說山〉，頁120～121。

『有爲』，即掠奪、盤剝、奴役人民，只能導致矛盾加深，促使走向滅亡。〔註 185〕」

二、軍　事

（一）兵之由來

> 古之用兵者，非利壤土之廣而貪金玉之賂也〔註 186〕，將以存亡繼
> 絕，平天下之亂，而除万民之害也。凡有血氣之蟲，含牙戴角〔註
> 187〕，前爪後距，有角者觸，有齒者噬，有毒者螫，有蹄者趹，喜
> 而相戲，怒而相害，天之性也。〔註 188〕

鬥爭的產生是來自動物天生自然的本性，當其心中感到憤怒時，形體中的血
氣便會充盈並且感到激動，失去原本和順清靜的狀態，最後發怒進而相互殘
害對方，人也是一樣，由於憤怒導致相怨因而產生爭執，最後引發戰爭。

戰爭會產生社會紛亂，百姓流離失所，國家滅亡，但《淮南》認爲若君
王爲了安定社會就有用兵的需要。「《淮南子》主張用兵的原則，一是以民爲
主，二是根據道德，而反對爲君主、爲富國強兵打侵略戰做爲用兵的目的。〔註
189〕」因此《淮南》並不反對戰爭，但也強調用兵不是爲了爭奪土地、財產，
而是爲了要保衛國家存亡，安定社稷，爲民除害的義戰，且須依循道之規範
作戰。

（二）循道用兵

> 兵之來也，以廢不義而授有德也〔註 190〕。有逆天之道，帥民之賊者，

〔註 185〕陳廣忠、梁宗華著：《道家與中國哲學（漢代卷）》，頁 102。
〔註 186〕「非利壤土之廣而貪金玉之賂也」本作「非利土壤之廣而貪金玉之略」。劉
　　　　文典：「御覽二百七十一引略作賂。」王叔岷：「日本古鈔卷子本『土壤』
　　　　作『壤土』，略下有也字。御覽二七一引『土壤』亦作『壤土』。文子上義
　　　　篇略亦作賂，略下有也字。」劉文典：《淮南鴻烈集解》，下冊，頁 489；王
　　　　叔岷：《諸子斠證》（北京：中華書局，2007 年 10 月），頁 415。今從校改。
〔註 187〕「含牙戴角」本作「含牙帶角」。王叔岷：「古鈔卷子本『帶角』作『戴角』
　　　　御覽二七一、九四四引此並同，是也。」王叔岷：《諸子斠證》，頁 415。今
　　　　從校改。
〔註 188〕同註 184，卷十五〈兵略〉，頁 110。
〔註 189〕李增：《淮南子》，頁 311。
〔註 190〕「以廢不義而授有德也」本作「以廢不義而復有德也」。王叔岷：「鈔古卷子
　　　　本復作授，文子同。長短經兵權篇引作：『而授有德者也。』御覽二七一引杜

　　身死族滅！〔註191〕

　　故君爲無道，民之思兵也，若旱而望雨，渴而求飮，夫有誰與交兵

　　接刃乎！故義兵之至也，至於境不戰而心服〔註192〕。〔註193〕

《淮南》認爲若是君王依道而施政，百姓循道而爲，應天四時天下就能安定。但是若君王違逆天道，而危害了百姓，這個時候就必須要用兵，推翻無道之君，禁止暴虐，剷除禍亂，使百姓回到原本和順安定的生活。因此《淮南》贊成用兵，贊成義戰，「義者，循理而行宜也〔註194〕」，只要依循道之理而用兵，百姓自然就不會反對，反而希望有義之兵的到來，如此一來甚至不用作戰就能得到勝利。故戴黍云：「戰爭勝負主要不在於國之大小、兵力強弱、城池高低，而在于用兵是否合于仁義。不義之兵必敗，舉義兵者必勝。〔註195〕」因此《淮南》強調爲政者體道行道的重要性，「這裡的『道』指軍事活動的規律，它無常態無定勢。戰爭指揮者要洞察潛在的變化趨勢，『因形而與之化，隨時而與之移』，機動靈活地進行作戰。這是發揮其他取勝因素的前提。〔註196〕」因此只要依循天道運行規律，而不違逆天道，百姓自然就能有穩定的生活，社會國家就能強盛。反之爲政者逆道而爲，不行仁義之政，濫殺無辜，使百姓生活受到災禍，勢必會造成義兵四起，推翻不義之君，《淮南》藉此告誡人君行道的重要。

　　兵失道而弱，得道而強；將失道而拙，得道而工；國得道而存，失

　　道而亡。所謂道者，體負而法方，背陰而抱陽，左柔而右剛，履幽

　　而戴明，變化无常，得一之原，以應無方，是謂神明。〔註197〕

不論是用兵、治國都要掌握道之規律，依道而行軍隊就會強盛，國家就會久

　　恕〔篤〕論：『兵之來也，以除不義，而授德。』即本此文，亦作授。」王叔岷：《諸子斠證》，頁418。今從校改。

〔註191〕（漢）劉安：《淮南子》，頁110。

〔註192〕「至於境不戰而心服」本作「至於不戰而止」。莊逵吉：「太平御覽作『至於不戰而心服』。」何寧：「『至於不戰而止』，義不可通，於下當有境字。……文子上義篇有境字。又止字乃心字形近而譌。……心下有服字，因心字之誤爲後人所刪。」何寧：《淮南子集釋》，下冊，頁1048。今從校改。

〔註193〕同註191，卷十五〈兵略〉，頁110。

〔註194〕同註191，卷十一〈齊俗〉，頁77。

〔註195〕戴黍：《淮南子治道思想研究》，頁198。

〔註196〕任繼愈主編：《中國哲學發展史（秦漢）》，頁287。

〔註197〕（漢）劉安：《淮南子》，卷十五〈兵略〉，頁110～111。

存，失道則軍弱且國家會走向滅亡，因此了解道是很重要的。《淮南》認為用兵治國之道，基本上必須根據天道而來，所謂的道為所有規律的準則，故道在方圓之中，且陰陽、剛柔、幽明所有相對觀念皆為道之內涵，道透過「陽施陰化」的作用便能變化無窮，而這種生生神化的創生作用，能夠掌握事物的本源，並與萬物對應，《淮南》稱之為「神明」。《淮南》藉由此段說明用兵時需體道而為的重要，並且表現出道以應無方，可與萬物對應的特性，在兵法的運用上也有巧妙的對應，藉此展現道的無限性。

> 心不專一，則體不節動；將不誠心，則卒不勇敢。〔註198〕

> 物未有不以動而制者也。是故聖人貴靜。靜則能應躁，後則能應先，
> 數則能勝疏，摶則能禽缺〔註199〕。〔註200〕

　　道是寂寞虛無的，在兵法的運用上也是，《淮南》認為用兵若能守靜專一，軍隊就能穩固且有威嚴，軍隊中的職分若能確定，士兵因為心無旁騖就會更加勇敢。因此將領帶兵要能使心虛靜專一，果敢堅定，假使將領自己的心中就疑惑不定，在下位的士兵、百姓便無所適從，如此力量就會分散最後導致失敗。陳麗桂認為：「依道家觀點，虛靜為道之本狀，一切道體活動，皆由『靜』中生，『靜』為『動』之母。人事之行為誠能恆保其『靜』，則能潛藏無限生機，孕含無限可能。兵場之上，誠能持『靜』，則能不露形迹，沉著應變，真正達到隱形之目的。〔註201〕」

　　因此《淮南》舉出聖人為例，說明聖人之所以善於用兵能使社會安定，就是因為聖人重視守靜的重要，萬物沒有不是因為動而被限制的，若能使心專一虛靜，就能對付外在煩躁的情況，不莽撞搶先者就能更謹慎，能謹慎思考者帶兵就會更容易勝利，這都是因為能廣博的觀察思考就能減少缺失。

（三）陰陽兵法

> 所謂天數者，左青龍，右白虎，前朱鳥，後玄武。所謂地利者，後
> 生而前死，左牡而右牝。所謂人事者，慶賞信而刑罰必，動靜時，

〔註198〕同註197，頁113。

〔註199〕「摶則能禽缺」本作「博則能禽缺」。俞樾：「博與缺義不相應，與上文『靜則能應躁，後則能應先，數則能勝疏』不一律矣。博當作摶，字之誤也。」（清）俞樾：《諸子平議》，頁958。今從校改。

〔註200〕同註197，頁114。

〔註201〕陳麗桂：《淮南鴻烈思想研究》（下），頁327。

舉錯疾。〔註202〕

　　道無形、無限是具有形上意義，並且無所不在實存於天地間，故萬物間皆有道。《淮南》不但將此規律用在政治之上，更將道之特色運用在兵法上，故《淮南》認爲用兵佈陣時也應順天上星象的方位安排，而在地面作戰時，也應順應地勢的高低佈陣，採取後面及左方有較高地勢可倚靠的地形，而將領帶兵更應賞罰分明，動靜時機皆能準確迅速掌握，如此一來，只要循天道自然的安排，用兵便能更加無往不利。孫紀文認爲這是所謂的「軍事占星術」。

　　　軍事占星是借助天象的吉祥凶險以克敵制勝的一種數術。《兵略訓》
　　　寫到：「所謂天數者，左青龍，右白虎，前朱雀，後玄武。」即借靠
　　　二十八宿的天象來確定三軍的進止。這種軍事數術或許帶有明顯的
　　　神秘色彩，但卻是漢人軍事心理的一種寫照。〔註203〕

由此可知《淮南》中所載用兵佈陣之術，是順應天道自然規律所做的安排，而這也是《淮南》認爲最佳的用兵法則。故〈兵略〉云：

　　　善用兵者，持五殺以應，故能全其勝。拙者處五死以貪，故動而爲
　　　人擒。〔註204〕

　　　明於奇賚〔註205〕、陰陽、刑德、五行、望氣、候星、龜策、磯祥，
　　　此善爲天道者也。〔註206〕

高誘注云：「五殺，五行。〔註207〕」《淮南》認爲善於用兵者，必能明瞭自然界中五行相生相剋之理，運用木火土金水的變化，體察週遭環境的改變，施展兵術佈陣作戰，便能戰勝。反之若忽略五行變化在環境所造成的影響，違反自然天理，那麼一定每戰必敗。

　　接著《淮南》進一步說明用兵時所應運用的八種方式，「奇賚」高誘云：「奇賚，陰陽奇祕之要」，「陰陽、刑德、五行」指陰陽五行相生相剋之術，

〔註202〕（漢）劉安：《淮南子》，卷十五〈兵略〉，頁115。
〔註203〕孫紀文：《淮南子研究》，頁220～221。
〔註204〕同註202，頁116。
〔註205〕「明於奇賚」本作「明於奇正賚」。陳觀樓：「正字後人所加。奇賚以下皆二字連讀。上文云：『明於刑德奇賚之數』，高注：『奇賚，陰陽奇祕之要。』是其證。」劉文典：《淮南鴻烈集解》，下冊，頁516。今從校改。
〔註206〕（漢）劉安：《淮南子》，卷十五〈兵略〉，頁116。
〔註207〕同註206，頁116。

「望氣、候星」指觀察天上雲氣星宿變化以斷吉凶之術,「龜策、機祥」指
透過占卜判斷吉凶之法。《淮南》認爲能夠善用這些方式來用兵就是擅用天
道自然運行之理,因此特別強調其重要性。由此更可看出道落實到萬物之
間,其無限性除了展現在天地間不同物類的產生、天上星象輪轉不息之外,
道在兵法的運用上更是能表現出各種不同的戰術,同時在一次強調法天應天
的重要性。

　　《淮南》不論在政治方面、軍事方面,再再強調因循天道所蘊含陰陽之
理緒的重要,順道爲之則勝,逆道爲之則亡。而清靜無爲是道重要內涵,《淮
南》認爲人君施政正應遵循此理行事,並依照天道運行施政與工作,社會自
然就能和順安定。若遇君王無道,導致社會動盪時,就有戰爭用兵的需要,
《淮南》認爲用兵的原則便在於是否合於道,合道爲義戰,不合道者人人得
以誅之,用兵之法更須依道而行,道虛靜專一、道自然無爲、道法自然、道
應無窮,因此用兵必須從道之理中體會,配合陰陽氣化之天道運行,自然就
能得到最後勝利,回到原本清靜無爲的社會。

第四章　氣化之天文地理觀

　　明末顧炎武《日知錄・天文》有云:「三代以上,人人皆知天文。〔註1〕」,可知天文常識在漢代以前是相當普遍的,只是一直都沒有有系統的記載保存下來。而《淮南》可以說是最早有系統且大量保留當時天文知識的著作,其中又以〈天文〉篇中記載最爲重要,〈天文〉當中不但保留了漢朝以前相當豐富的天文觀測紀錄,並對《史記》的〈天官書〉、〈曆書〉及《漢書》的〈五行志〉等造成很大的影響外,〈天文〉當中由氣化所建構的宇宙天文觀,更在《淮南》全篇當中扮演相當重要的角色。以下試就〈天文〉、〈地形〉、〈時則〉中的內容爲主,討論《淮南》以陰陽五行建構的氣化宇宙觀。

第一節　氣化天文觀

一、氣化天文觀

　　《淮南》認爲到由無形虛廓生化至有形萬物,氣是當中非常重要的關鍵,「宇宙生元氣」,宇宙中在產生了元氣之後,元氣中蘊含的陰陽兩種作用交互激盪,具體世界應運而生,而陰陽二氣作用一具體化最初所產生的就是日月星辰以及天體間氣候的變化。

　　　　積陽之熱氣久者生火,火氣之精者爲日;積陰之寒氣久者爲水,水

─────────────

〔註1〕　(明)顧炎武撰、黃侃、張繼校勘:《日知錄》(臺北:明倫出版社,1970年10月),卷三十,頁855。

氣之精者為月〔註2〕。日月之淫氣精者為星辰〔註3〕。天受日月星辰，地受水潦塵埃。昔者共工與顓頊爭為帝〔註4〕，怒而觸不周之山，天維絕，地柱折〔註5〕。天傾西北，故日月星辰移焉；地不滿東南，故水潦塵埃歸焉。天道曰圓，地道曰方。方者主幽，圓者主明。明者，吐氣者也，是故火日外景；幽者，含氣者也，是故水月內景〔註6〕。吐氣者施，含氣者化，是故陽施陰化。天地之偏氣，怒者為風，天地之合氣〔註7〕，和者為雨，陰陽相薄，感而為雷，激而為霆，亂而為霧，陽氣勝則散而為雨露，陰氣勝則凝而為霜雪。毛羽者，飛行之類也，故屬於陽；介鱗者，蟄伏之類也，故屬於陰。日者，陽之主也，是故春夏則群獸除，日至而麋鹿解，月者，陰之宗也，是以月虛而魚腦減，月死而蠃蛖膲。〔註8〕

此段描述陰陽、水火、月日、星辰，皆以精、氣為媒介，精為氣中最精華的

〔註2〕 「積陽之熱氣久者生火」、「積陰之寒氣久者為水」本作「積陽之熱氣生火」、「積陰之寒氣者為水」。王引之云：「今本無『久者』二字，後人刪之也。」說見（清）王念孫：《讀書雜志》，下冊，頁785。今從校改。

〔註3〕 「日月之淫氣精者為星辰」本作「日月之淫為精者為星辰」。王引之云：「『日月之淫為』本作『日月之淫氣』，此因上下文『為』字而誤。廣韻星字注引此云：『日月之淫氣精命為星辰』。」同註2，頁785。今從校改。

〔註4〕 「昔者共工與顓頊爭為帝不得」本作「昔者共工與顓頊爭為帝」。王叔岷云：「楚辭天問注引帝下有『不得』二字。論衡談天篇有『不勝』二字。」說見王叔岷：《諸子斠證》，頁339。

〔註5〕 「天維絕，地柱折」本作「天柱折，地維絕」。向宗魯云：「柱折維絕，疑後人依列子互易。楚辭天問：『康回憑怒，墜何故以東南傾。』王注云：『淮南子言共工與顓頊爭為帝，不得，怒而觸不周之山，天維絕，地柱折』。」說見何寧：《淮南子集釋》，上冊，頁167。今從校改。

〔註6〕 「火日外景」、「水月內景」本作「火日外景」、「水日內景」。《周髀算經》趙注：「日者，陽之精，譬猶火光，月者，陰之精，譬猶水光。月含影，故月光生於日之所照，魄生於日之所蔽，當日即光盈，就日即明盡，月稟日光而成形兆，故云日兆月也」。（漢）趙君卿注：《周髀算經》二卷（臺北：臺灣商務印書館，1975年6月，《四部叢刊》初編子部據上海商務印書館縮印南陵徐氏積學齋明刊本），頁40。又前文日月與火水相對為文，故此處疑作「火日外影；水月內影」。

〔註7〕 「天地之偏氣」、「天地之合氣」本作「天之偏氣」、「天地之含氣」。王念孫云：「劉本刪去下句天字，而莊本從之。是風雨皆天地之氣，豈得以風屬之天，雨屬之地乎？下句當依道藏本作『天地』，上句當補『地』字。又案『含氣』當為『合氣』。『合』『含』字相似，又涉上文『含氣』而誤也。」說見（清）王念孫：《讀書雜志》，下冊，頁785～786。今從校改。

〔註8〕 （漢）劉安：《淮南子》，卷三〈天文〉，頁18。

部分，氣爲萬物變化中重要的元素，陰、陽則爲氣中最主要的變化作用，陽氣累積久了就會變成火；陰氣累積久了就會變成水，因此水火便成爲宇宙間最基本的兩種作用，而火氣中最精華的作用會變成日；水氣中最精華的作用會變成月，日月產生後，兩者中過多的精氣則會產生天體間無數的星辰，由此可知日月爲天體中最主要且最初產生的星體，日月產生後，天體間其他星辰才應運而生。又因「天先成而地後定」，天屬清陽者形成較容易，故在天上的日月星辰較早形成；地屬重濁者凝結較難，故地面上的「水潦塵埃」後定。

在描述完日月星辰的產生過程之後，《淮南》以古時候共工怒觸不周山的神話，帶出天文循環不已的觀念。《淮南》認爲中國的地形西北高東南低，天西北低東南高，是因共工將支撐天在西北方的地柱撞斷，造成天上的日月星辰因天體傾斜開始移動運行，而地上的水潦塵埃也因此開始往地勢較低的東南流動，形成天上和地面都是流動運行不已的狀態，這呼應了道是運轉不息的觀念。

接著《淮南》討論天地間的基本創造作用陰陽的關係。

陰——方——主幽——含氣（化）——水月內景
陽——圓——主明——吐氣（施）——火日外景

《淮南》認爲「天圓地方」，天是圓，又屬陽，因此陽氣多故主明，陽是不斷把氣表現出來的作用，如火日的光芒較爲外放，故曰吐氣；地是方，又屬陰，因此陰氣多故主幽，陰是一種收攝作用，如金水的光芒較爲收斂，故曰含氣。陰陽二氣一含一吐，一冷一熱，一化一施，交互作用之後產生不同的氣候變化。

$$
\begin{array}{l}
\qquad\qquad 陽氣勝而散 \rightarrow 雨露 \\
\qquad\qquad\quad 偏氣怒者 \rightarrow 風 \\
清\ 天 \rightarrow 陽 \qquad\qquad\quad 激 \rightarrow 霆 \\
\qquad\qquad 陰陽相薄 \quad 感 \rightarrow 雷 \\
濁\ 地 \rightarrow 陰 \qquad\qquad\quad 亂 \rightarrow 霧 \\
\qquad\qquad\quad 合氣和者 \rightarrow 雨 \\
\qquad\qquad 陰氣勝而凝 \rightarrow 霜雪
\end{array}
$$

陰陽二氣「陽施陰化」的作用除了造成不同氣候的變遷外，動物的品類也受到陰陽二氣的影響。《淮南》認爲動物中毛羽類者，是在地上爬行和空中

飛行之類者，故屬於陽；介鱗類者，是生活蟄伏在地面下和水中之類者，故屬於陰。屬陽的動物，會受到日的影響，故春夏時群獸毛除，日夏至麋鹿脫角；屬陰的動物，會受月的影響，故月缺時魚腦減少，月消失時蚌蛤肉會減少。

　　由以上討論可知從天上的日、月、星辰、風、雨、雷、霆、霧、雨露、霜雪，到地上的水、火、毛、羽、介、鱗，皆透過精、氣、陰、陽的變化而產生〔註9〕。而且陰陽交互陽施陰化創生的作用大致可分為幾種，一是陽氣與陽氣作用，如「積陽之熱氣久者生火，火氣之精者為日」、「天地之偏氣，怒者為風」、「陽氣勝則散而為雨露」、「春夏則群獸除，日至而麋鹿解」；一是陰氣與陰氣作用，如「積陰之寒氣久者為水，水氣之精者為月」、「天地之合氣，和者為雨」、「陰氣勝則凝而為霜雪」、「月虛而魚腦減，月死而羸蛖膲」；一是陰氣與陽氣作用，如「日月之淫氣精者為星辰」、「陰陽相薄，感而為雷，激而為霆，亂而為霧」。藉由陰氣陽氣這三種交互作用，建構出《淮南》式的氣化宇宙觀〔註10〕。

二、《淮南》的天體觀

（一）秦漢天體觀概述

　　由於中國古代對天文宇宙的認知有限，因此對天象的描述往往與現代科學不同，但仍可看出古人欲了解天體變化所做的研究詮釋與流變。漢代所流行的天體觀大致上可分為三種：

　　　蔡邕曰：言天體者有三家，一曰周髀；二曰宣夜；三曰渾天。〔註11〕

《晉書斠注・卷十一・天文志》云：「古言天者有三家，一曰蓋天，二曰宣夜，三曰渾天。……蔡邕所謂周髀者，即蓋天之說也。〔註12〕」而《周髀算經》

〔註9〕　金春峰云：「在《淮南子》中，陰陽是物類區分和構成的物質基礎。」金春峰：《漢代思想史》，頁220。

〔註10〕周桂鈿云：「《淮南鴻烈》以道為宇宙演化的本原，而對萬物的多樣性以及變化生滅的解釋，更多地借助於陰陽二氣。這就為以後的氣一元論的產生創造了有利的條件。」周桂鈿：《秦漢哲學》，頁70。

〔註11〕（南朝宋）范曄撰、（唐）李賢注、（清）王先謙集解：《後漢書集解》，卷五十九，頁667。

〔註12〕（唐）房玄齡撰、（清）吳士鑑、劉承幹同注《晉書斠注》百三十卷（全二冊）：（臺北：藝文印書館，1996年8月，據清乾隆武英殿刊本景印），卷十一〈天

的內容記錄許多漢代當時關於蓋天說的說法〔註13〕。陳遵嬀認爲此法「是說明眾星的運行的〔註14〕」，而這種天文觀也是三說當中起源最早的〔註15〕，根據（清）錢塘《淮南天文訓補注》中所載蓋天說又有三體，錢塘曰：

> 祖暅《天文祿》云：「古人言天地之形者有三，一曰渾天，二曰蓋
> 天，三曰宣夜。蓋天之說又有三體：一云天如車蓋，遊乎八極之中；
> 一云天形如笠，中央高而四邊下；一云天如敧車蓋，南高北下」。
>
> 〔註16〕

根據《天文祿》所載可知蓋天說可分三種說法，一曰天象車蓋，並運行於八方之中，一曰天象斗笠中高四邊低，一曰天似車蓋，但爲南高北低。三者略有異同但皆只強調天體的形狀與運行，並不強調地的形狀與變化。由此可看出蓋天說法較爲簡略且並不統一，故爲較早期的說法。由於說法過於簡單，因此到了後期蓋天說出現了不同的說法。

> 天象蓋笠，地法覆槃。〔註17〕

陳遵嬀認爲「《周髀算經》下卷所載的蓋天說，對於天地形狀的解說和天圓地方說略有不同〔註18〕」，因此推測此時蓋天說受到渾天說的影響〔註19〕，已不說「天圓地方」，而認爲天象斗笠覆蓋，地與天似如盤覆蓋狀，天地皆爲圓弧狀。

文志〉，頁190。

〔註13〕薄樹人：「《周髀》即《周髀算經》，一向被人們視爲蓋天說的經典，大約成書於西元一世紀前後。」說見薄樹人編：《中國天文學史》（臺北：文津出版社1996年5月），頁112。

〔註14〕陳遵嬀：《中國古代天文學簡史》（臺北：木鐸出版社，1982年4月），頁160。

〔註15〕陳遵嬀：「這三家裡面，以蓋天說起源最早。蔡邕說《周髀》就是古代的蓋天說，實際蓋天說的由來，遠在《周髀》成書以前。天圓地方說可以說是蓋天說的起源，所以有人把它叫做第一次蓋天說。《大戴禮》和《呂氏春秋》都有記載。」同註14，頁160。

〔註16〕（清）錢塘撰：《淮南天文訓補注》二卷（臺北：藝文印書館，1968年，《百部叢書集成》據清道光錢熙祚校刊指海叢書影印），卷上，頁3。

〔註17〕（漢）趙君卿注：《周髀算經》，卷下，頁39。

〔註18〕陳遵嬀：《中國古代天文學簡史》，頁165。

〔註19〕陳遵嬀：「我們知道《周髀算經》不是同一時代同一人所作；所以它的論天的觀點，前後有些改變；但後說是由前說誘導而來，則是毫無容疑的。至於誘導而得後說的原因，則是由於西漢末的周髀家受了當時逐漸得勢的渾天說的影響的緣故。」同註18，頁166。

（二）《淮南》中的蓋天說

《淮南‧天文》以氣化宇宙觀描繪它所認識的天文現象，而關於《淮南》對天體觀看法，它也作了簡單的介紹。

> 是故大丈夫恬然無思，澹然無慮〔註20〕；以天為蓋，以地為輿：……
> 故以天為蓋，則無不覆也；以地為輿，則無不載也。〔註21〕
> 天道曰負，地道曰方。〔註22〕

根據《淮南》引文描述可看出其天文觀受蓋天說影響，認為天體構造的特色為「天圓地方」、「以天為蓋，以地為輿」，由此可知其與《天文祿》中「天如敧車蓋，南高北下」的說法較為相近。同時《淮南》以古代神話說明天傾西北的原因，可知其天文觀是屬於較早期的說法，因此對天體運行觀念仍停留在早期的蓋天說。

三、神話式天文觀

《淮南》天體觀屬於比較早期的蓋天說，而針對季節的遞嬗、天象的變化，《淮南》也保留早期神話式的描述，以下作一整理。

> 季春三月，豐隆乃出，以將其雨〔註23〕。至秋三月，地氣不藏，乃收其殺，百蟲蟄伏，靜居閉戶，青女乃出，以降霜雪〔註24〕，行十二時之氣，以至于仲春二月之夕，乃收其藏而閉其寒，女夷鼓歌，以司天和，以長百穀禽鳥草木〔註25〕。孟夏之月，以熟穀禾，雄鳩長鳴，為帝候歲。〔註26〕

《淮南》認為季節的轉換，是受掌管四季的神明影響，例如：主降霜雪女神降臨，天始降霜雪，並準備施行十二節令之氣，直到仲春下旬，才結束收斂閉藏之寒氣。主長養的女神擊鼓歌唱，開始調節溫暖和煦的天氣，以長養萬物。季春雷神來臨，天始降雨以利耕作，孟夏布穀鳥鳴叫，使稻穀成熟，為

〔註20〕 《呂氏春秋‧卷五‧適音》：「不充則不詹。」高誘注：「詹，足也。詹讀如『澹然無為』之澹。」（周）呂不韋編撰、陳奇猷校釋：《呂氏春秋校釋》，冊一，頁276。又〈原道〉為高注本，故此處疑作「澹然無為」。
〔註21〕 （漢）劉安：《淮南子》，卷一〈原道〉，頁3。
〔註22〕 同註21，卷三〈天文〉，頁18。
〔註23〕 高誘注：「豐隆，雷也」。（漢）劉安：《淮南子》，卷三〈天文〉，頁22。
〔註24〕 高誘注：「青女，天神青婭玉女，主霜雪也」。同註23，頁22。
〔註25〕 高誘注：「女夷，主春夏長養之神也」。同註23，頁22。
〔註26〕 同註23，頁22。

天帝看守一年歲收。此外，就連風向的改變，《淮南》也認爲是受掌管八風之神祇影響〔註 27〕。這種種描述都顯示《淮南》覺得大自然的現象雖然遵循一定的規律運行，但因仍有許多神秘且當時人類所無法掌握的力量，因此將這些現象各自賦予了掌管的神明，解釋各種天候的變化。

> 日出于暘谷，浴于咸池，拂于扶桑，是謂晨明。登于扶桑，爰始將行，是謂朏明。至于曲阿，是謂旦明。臨于曾泉〔註 28〕，是謂蚤食。次于桑野〔註 29〕，是謂晏食。臻于衡陽〔註 30〕，是謂禺中〔註 31〕。對于昆吾，是謂正中。靡于鳥次，是謂小遷。至于悲谷，是謂晡時〔註 32〕。迴于女紀〔註 33〕，是謂大遷〔註 34〕。經于淵隅

〔註 27〕〈地形〉：「諸稽、攝提，條風之所生也；通視，明庶風之所生也；赤奮若，清明風之所生也；共工，景風之所生也；諸比，涼風之所生也；皋稽，閶闔風之所生也；隅強，不周風之所生也；窮奇，廣莫風之所生也。」高誘注云諸稽、攝提、通視、赤奮若、共工、諸比、皋稽、隅強、窮奇皆天神也。同註 23，頁 31。

〔註 28〕「臨于曾泉」本作「至于曾泉」。于大成：「事類賦注、羣書通要、稗史彙編至亦作臨，臨是高本。事類賦注亦有此注，是高注也。書鈔、楚辭天問補注、韻府羣玉七陽桑字注、廣博物志、天中記引仍作至，至是許本。」說見于大成：《淮南鴻烈論文集》，上冊，頁 293。今從校改。

〔註 29〕「次于桑野」本作「至于桑野」。于大成：「事類賦注、羣書通要、稗史彙編引亦作『次于桑野』，是高本。書鈔、楚辭天問補注、廣博物志、天中記引仍作至，是許本也。」同註 28，頁 294。今從校改。

〔註 30〕「臻于衡陽」本作「至于衡陽」。于大成：「事類賦注、羣書通要、吳越春秋勾踐歸國外傳徐天祜注、稗史彙編引並作『臻于衡陽』，是高本。後漢書馮翼傳注、楚辭天問補注、韻府羣玉一東中字注、又七陽陽字注、廣博物志、天中記引仍作至，是許本也。」同註 28，頁 294。今從校改。

〔註 31〕「是謂禺中」本作「是謂隅中」。于大成：「事類賦注、羣書通要、吳越春秋注、稗史彙編引亦作禺。是高本。後漢書注、楚辭補注、廣博物志、天中記引仍作隅，則許本也。」同註 28，頁 295。今從校改

〔註 32〕「是謂晡時」本作「是謂鋪時」。于大成：「事類賦注、杜甫徐步詩黃鶴注、羣書通要、廣博物志、稗史彙編引鋪亦作晡。作晡者是高本。楚辭補注、天中記引仍作鋪，與今本合，作鋪者乃許本也。」同註 28，頁 296～297。今從校改。

〔註 33〕「迴于女紀」本作「至于女紀」。于大成：「事類賦注、海錄碎事一、羣書通要、稗史彙編引亦竝作「迴于女紀」，是高本。其楚辭補注、廣博物志、天中記引仍作至，與今本同，乃許本也。又初學記、御覽、事類賦注、稗史彙編引此注，北竝作方。」同註 28，頁 297。今從校改。

〔註 34〕「是謂小遷」本作「是謂小還」。王念孫：「此與上『至于鳥次，是謂小還』，當爲『小遷』、『大遷』，字之誤也。遷之爲言西也。若作『小還』、『大還』，則義不可通矣。舊本北堂書鈔天部一及藝文類聚、初學記天部上、太平御覽

〔註35〕，是謂高舂。頓于連石〔註36〕，是謂下舂。至于悲泉，爰止羲和，爰息六螭〔註37〕，是謂縣車。薄于虞淵〔註38〕，是謂黃昏。淪于蒙谷〔註39〕，是謂定昏。日入崦嵫，經於細柳，入虞泉之池，曙於蒙谷之浦。日西垂，景在樹端，謂之桑榆〔註40〕，行九州七舍，有五億万七千三百九里，離以爲朝、晝、昏、夜〔註41〕。

天部三引此並作『小遷』、『大遷』。」說見（清）王念孫：《讀書雜志》，下冊，頁795。今從校改。

〔註35〕「經于淵隅」本作「至于淵虞」。王念孫：「『淵虞』當作『淵隅』。桓公五年公羊傳疏、舊本北堂書鈔及藝文類聚、初學記、太平御覽引此並作『淵隅』，楚辭天問補注引此亦作『淵隅』，則南宋本尚不誤。又于大成案：事類賦注、能改齋漫錄、羣書通要、稗史彙編引亦作經，是高本也。其書鈔、公羊疏、楚辭補注、西溪叢語下、韻府羣玉、廣博物志、天中寄引仍作至，則許本也。」說同註34，頁795、于大成：《淮南鴻烈論文集》，上冊，頁298～299。今從校改。

〔註36〕「頓于連石」本作「至于連石」。于大成：「事類賦注、能改齋漫錄、羣書通要、稗史彙編引亦作『頓于連石』，高本也。書鈔、公羊疏、楚辭補注、廣博物志、天中記引仍作至，同今本，迺許本也。」同註28，頁299。今從校改。

〔註37〕「爰止羲和，爰息六螭」本作「爰止其女，爰息其馬」。于大成：「事類賦注、離騷集傳、海錄碎事、羣書通要、稗史彙編引與初學記、御覽同，乃是高本。其文選繆熙伯挽歌詩注、藝文類聚、楚辭九歌東君補注、又天問補注、廣博物志、天中記引如今本者，乃許本也。」同註28，頁300～301。今從校改。

〔註38〕「薄于虞淵」本作「至于虞淵」。于大成：「事類賦注、杜甫相從行贈嚴二別駕時方經崔旰之亂詩黃鶴注、蘇軾雨中看牡丹詩施元之注、周邦彥荔枝香詞陳元龍注、羣書通要、稗史彙編引至亦竝作薄，高本也。文選揚子雲羽獵賦注、書鈔、杜甫哀江頭詩、又返照詩蔡夢弼箋、廣博物志引仍作至，與今本同，乃許本也。」同註28，頁302。今從校改。

〔註39〕「淪于蒙谷」本作「至于蒙谷」。王念孫云：「至本作淪。舊本北堂書鈔及藝文類聚、初學記、太平御覽引此竝作淪，楚辭補注同。」（清）王念孫：《讀書雜志》，下冊，頁795。今從校改。

〔註40〕「日入崦嵫，經於細柳，入虞泉之池，曙於蒙谷之浦。日西垂，景在樹端，謂之桑榆」本作「日入于虞淵之氾，曙于蒙谷之浦」。劉文典云：「初學記引作『日入崦嵫，經於細柳，入虞泉之池，曙於蒙谷之浦。日西垂，景在樹端，謂之桑榆』。」于大成：「事類賦注、羣書通要亦引作『日入崦嵫，經細柳，入虞泉之池，曙於蒙谷之浦。日西垂，景在樹端，謂之桑榆』，事類賦注亦有注同御覽。初學記諸書所引，連上文引之，自是高注，高本氾作池。其今本作氾者，豈許本乎。文選潘安仁西征賦注、又向子期思舊賦注、又嵇叔夜琴賦注、爾雅釋地疏、楚辭離騷補注、又天問補注、柳宗元天對音義、廣博物志引竝與之同。」說見劉文典：《淮南鴻烈集解》，上冊，頁109～110、于大成：《淮南鴻烈論文集》，上冊，頁304～305。今從校改。

〔註41〕「離以爲朝、晝、昏、夜」本作「禹以爲朝、晝、昏、夜」。王念孫云：「禹

夏日至則陰乘陽，是以万物就而死；冬日至則陽乘陰，是以万物仰而生。晝者陽之分，夜者陰之分，是以陽氣勝則日脩而夜短，陰氣勝則日短而夜脩。其加卯酉，則陰陽分，日夜平矣〔註42〕。

〔註43〕

「日五日不見，失其位也，聖人不與也〔註44〕」，月有圓缺，星辰也是或隱或現，只有日東升西落，周行不殆，因此《淮南》認爲日月星辰中最重要的就是太陽，太陽若五日不出現，聖人就會失去依據。針對太陽整日的運行軌道，〈天文〉中有詳細的描述，以下列表觀之：

圖表一〔註45〕

古時分	今時分	日　行　舍　之　處
晨明	清晨天將明	日出于暘谷，浴于咸池，拂于扶桑
朏明	黎明	登于扶桑，爰始將行
旦明	天亮時分	至于曲阿
蚤食	早餐時分	臨于曾泉
晏食	早餐之後	次于桑野
禺中	接近中午	臻于衡陽
正中	中午時分	對于昆吾
小遷	日小偏西	靡于鳥次
晡時	晚飯時分	至于悲谷
大遷	日大偏西	迴于女紀
高舂	傍晚	經于淵隅
下舂	天將暗	頓于連石
縣車	日欲止息	至于悲泉，爰止羲和，爰息六螭
黃昏	天始昏暗	薄于虞淵

字義不可通，禺當爲離。離者分也，言分爲朝晝昏夜也。」說同註39，頁795。今從校改。

〔註42〕根據王引之所校於「陰氣勝則日短而夜脩」後補「其加卯酉，則陰陽分，日夜平矣」，說見註130。

〔註43〕（漢）劉安：《淮南子》，卷三〈天文〉，頁22。

〔註44〕同註43，頁22。

〔註45〕此表根據（漢）劉安：《淮南子》，卷三〈天文〉，頁22。原文整理。

定昏	天色已暗	淪于蒙谷
日入	日落	日入崦嵫，經於細柳，入虞泉之池，曙於蒙谷之浦。日西垂，景在樹端，謂之桑榆

《淮南》認為日從早晨於暘谷出發至西棲於桑榆休息，共行「九州七舍」十六個地方，五億萬七千三百九里，並將一日分作早晨、白晝、黃昏、夜晚四個時段。太陽是陽氣最精華的部分，因此《淮南》特別描述其一日運行過程，但由於當時對自然科學沒有很深的了解，故在描繪運行的過程中用了神話想像的方式呈現。其次，太陽的運行是日復一日的，《淮南》也藉此帶出氣化生生周行不息的觀念。

陰陽二氣對太陽運行及萬物的影響，《淮南》也作了描述，當太陽運行至夏至日時陽氣極盛，陰氣萌芽，此後陰氣開始增強故萬物接近而死，反之，冬至日時陰氣極盛，陽氣萌芽，此後陽氣興盛故萬物接近而生。且陽氣為白晝的主宰，陰氣為夜晚的主宰，故一日中陽氣盛白晝長，陰氣盛夜晚長，由此推知夏至白晝最長，冬至白晝最短。

《淮南》在此以一種神話式的敘述，對季節的遞嬗與太陽一日的運行作出說明，這可看出早期先民對天文現象變化無法以科學角度詮釋，因此認為是有神明主宰天候、星相的運行。

四、天體劃分

漢代天文學相當發達，因此為了紀錄天體星象的變化，設計了一套天體劃分的方式，以下作一介紹。

> 子午、卯酉為二繩，丑寅、辰巳、未申、戌亥為四鉤。東北為報德之維〔註46〕，西南為背陽之維，東南為常羊之維，西北為蹏通之維。〔註47〕

「天圓地方」，《淮南》將視天體為一個輪轉不息的大圓蓋，為了分辨方位以及記載星象的變化，其運用可代表方位的地支，將天體作一區分。

〔註46〕「東北為報德之維」本作「東北為報德之維也」。鄭良樹云：「也字不當有，乃與下文『西南為背陽之維』，『東南為常羊之維』，『西北為蹏通之維』句法一律。」說見鄭良樹：《淮南子斠理》（臺北：嘉新水泥公司文化基金會研究論文，1969年），頁44。今從校改。

〔註47〕（漢）劉安：《淮南子》，卷三〈天文〉，頁20。

圖表二〔註48〕

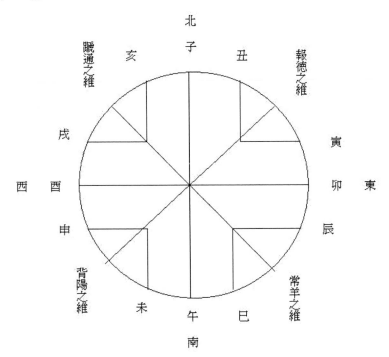

　　所謂「二繩」，是指子午線與卯酉線，兩線代表東南西北四正位。此外，〈天文〉又將子午卯酉四正爲稱作「四仲」〔註49〕，象徵其爲天體方位之準繩。所謂「四鉤」，分別指丑寅、辰巳、未申、戌亥四個方位，象徵其如四個鉤子鉤住天體的四個角落。此外，〈天文〉還介紹「四維」，所謂「四維」指報德之維、背陽之維、常羊之維、蹠通之維，此四維分別表示東北、西南、東南、西北四個方位，其象徵拉住天體間四個角落的綱紀。「兩維之閒，九十一度十六分度之五〔註50〕」，如東北至東南稱爲兩維，其在天體所占的角度爲九十一度十六分度之五，因此四維環繞便是三百六十五度，正好呼應「天圓」

〔註48〕 本圖根據（漢）劉安：《淮南子》，卷三〈天文〉，頁20。原文繪製。

〔註49〕 〈天文〉：「太陰在四仲，則歲星行三宿。」高注：「仲，中也。四中，謂太陰在卯酉子午四面之中。」（漢）劉安：《淮南子》，卷三〈天文〉，頁19。

〔註50〕 「九十一度十六分度之五」本作「九十一度也，十六分度之五」。王念孫云：「『九十一度十六分度之五』作一句讀。其高注自『東北至東南』云云，本在十六分度之五下，道藏本誤入九十一度下，度下又衍也字，遂致隔斷上下文義。劉績本刪去也字，是也。」說見（清）王念孫：《讀書雜志》，下冊，頁790。今從校改。

的概念。綜合二繩、四鉤、四維等方式，天體被更細部的劃分，更方便於當時紀錄星體的運轉變化。

至於四維的名稱，由高誘注中看出其與陰陽二氣的消長有密切關係。

圖表三〔註51〕

方位	四　維	高　　　　　注
東北	報德之維	報，復也。陰氣極於北方，陽氣發於東方，自陰復陽，故曰報德之維。
西南	背陽之維	西南已過，陽將復陽，故曰背陽之維。
東南	常羊之維	常羊，不進不退之貌也。東南純陽用事，不盛不衰常如此，故曰常羊之維。
西北	蹏通之維	西北純陰，陽氣閉結，陽氣將萌，蹏始通之，故曰蹏通之維。

以東北報德之維觀之：北方陰氣極盛，陽氣潛藏於後，到了東北陰氣仍然強盛，但陽氣已開始萌發，因此東北被視爲是陽氣復返之處，故稱爲報德之維。另外，〈天文〉藉由陰陽二氣的變化，與地支結合，將天體作了清楚的劃分，方便觀測日月星辰的變化，並成爲紀錄天道變化之規律的基礎。

五、天體測量

〈天文〉當中保留有當時實際測量天地的數據以及測量方法，雖然因爲當時天體觀仍停留在蓋天說導致測量數據不大正確，但可看出當時企圖以科學方式了解天體的用心，以下針對〈天文〉中所載關於測量地東西南北之方位、距離與天之高度的敘述，作一整理。

（一）確定正東西方之法

正朝夕，先樹一表東方，操一表卻去前表十步，以參望日始出北廉。日直入〔註52〕，又樹一表於東方，因西方之表以參望日，方入北廉則定東方。兩表之中，與西方之表，則東西之正也。〔註53〕

1、首先要於日出東方立一表（甲），然後向（甲）表西方退後十步立一表（乙），配合前表觀測。2、在太陽剛升起時，調整（乙）表使（甲）（乙）

〔註51〕本表根據（漢）劉安：《淮南子》，卷三〈天文〉，頁20。原文繪製。
〔註52〕陳昌齊云：「直疑作且。」參見何寧：《淮南子集釋》，上冊，頁177～178。
〔註53〕（漢）劉安：《淮南子》，卷三〈天文〉，頁26。

兩表與太陽成一直線，此時太陽必須是最北方的日出點。（三）再立一表（丙）於（乙）東方，使其在日落時與（乙）連成一直線，此時太陽必須是最北方的日入點。（四）取表（甲）（丙）的中點（☆），使其與表（乙）連線，向左右方向延伸，即爲正東西方位。〔註54〕參見下圖。

圖表四〔註55〕

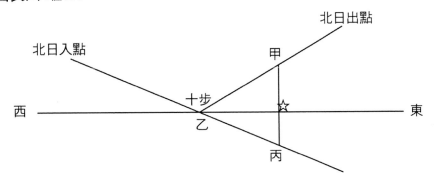

（二）判斷正南北方之法

　　日冬至，日出東南維，入西南維。至春、秋分，日出東中，入西中。

　　夏至，出東北維，入西北維，至則正南北〔註56〕。〔註57〕

冬至時，太陽從東南角升起，由西南角沒入；春秋分時，則從正東方升起，正西方沒入。夏至時從東北角升起，從西北角沒入。因此藉由冬、夏至太陽偏向正南、正北方，即可判斷正南北之方位。

（三）欲知東西距離之法

　　欲知東西、南北廣袤之數者，立四表以爲方一里岠，先春分若秋分

〔註54〕　本段撰寫參考許匡一譯注：《淮南子》（全二冊）（臺北：台灣古籍出版有限公司，2005 年 12 月），上冊，頁 226～227；陳廣忠：《淮南子譯注》（吉林：吉林文史出版社，1996 年 11 月），頁 170～171；劉康德：《淮南子直解》（上海：復旦大學出版社，2001 年 9 月），頁 160～162；陳麗桂：《新編淮南子》（全二冊）（臺北：國立編譯館，2002 年 4 月），上冊，頁 269。

〔註55〕　本圖參考陳麗桂：《新編淮南子》，上冊，頁 269；鄭慧生：《古代天文曆法研究》（河南：河南大學出版社，1995 年 7 月），頁 272。附圖繪製。

〔註56〕　「至則正南北」本作「至則正南」。許匡一云：「至則正南（應補『北』）：據《周髀》，這句是講冬至時，日行雖是由東南向西南，但『東西相當正南方』，夏至時則『東西相當正北方』，根據『至』日能定南北。」許匡一譯注：《淮南子》，上冊，頁 226。今從校改。

〔註57〕　（漢）劉安：《淮南子》，卷三〈天文〉，頁 26。

十餘日，從岠北表參望日始出及旦，以候相應，相應則此與日直也。輒以南表參望之，以入前表數爲法，除舉廣，除立表袤，以知從此東西之數也。假使視日出，入前表中一寸，是寸得一里也。一里積萬八千寸，得從此東萬八千里。視日方入，入前表半寸，則半寸得一里。半寸而除一里積寸，得三萬六千里，除則從此西里數也。并之東西里數也，則極徑也。〔註58〕

1、先立四表（ABCD），形成一個每邊長一里的正方形。2、在春、秋分前十多天，觀測靠北方的兩表（AB），待其與太陽連成一直線（ABE）。3、此時由南方之表（C）觀測太陽，並參考太陽射入表（D）的數據（F），以（DF）除舉長（CD）再除表長（GE），即可知大地由東極至西極的距離。

假若日出時射入前表的數據（DF）是一寸，兩表間的距離爲一里（一萬八千寸），根據前法（DF／CD＝GE／CG），表（C）至東極距離（CG）爲一萬八千里（一寸／一萬八千寸＝一里／CG→CG＝一萬八千里）。再觀測日落時，射入表（D´）的距離（D´F´）是半寸，根據前法表（C）至西極距離（CG´）爲三萬六千里（0.5寸／一萬八千寸＝一里／CG´→CG´＝三萬六千里）。將兩數相加，故五萬四千里即大地東西極之距離。〔註59〕參見下圖。

圖表五〔註60〕

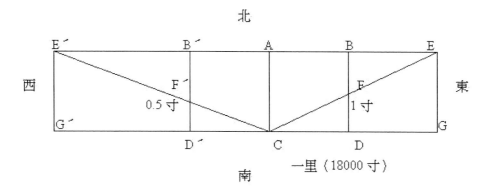

〔註58〕同註57，頁26。

〔註59〕本段撰寫參考許匡一譯注：《淮南子》，上冊，頁228～230；陳廣忠：《淮南子譯注》，頁172～173；劉康德：《淮南子直解》，頁163～167；陳麗桂：《新編淮南子》，上冊，頁272。

〔註60〕本圖參考陳麗桂：《新編淮南子》，上冊，頁272。附圖繪製。

（四）判斷觀測點爲南北中點之法

> 未春分而直，已秋分而不直，此處南也。未秋分而直，已春分而不
> 直，此處北也。分、至而直，此處南北中也。從中處欲知中南也，
> 未秋分而不直，此處南北中也。從中處欲知南北極遠近，從西南表
> 參望日，日夏至始出與北表參，則是東與東北表等也，正東萬八千
> 里，則從中北亦萬八千里也。倍之，南北之里數也。其不從中之數
> 也，以出入前表之數益損之，表入一寸，寸減日近一里，表出一寸，
> 寸益遠一里。〔註61〕

若春分前表與日成直線，但過秋分後，表卻不與日成一直線，這表示觀測地
位在南北中點北方。若春秋分時，表與日成一直線，此表觀測地正處於南北
的中央點。就表示若要從南北的中央點知道中央點以南的方位，則要在秋分
以前望日，與圭表不能成一直線，就表示觀測點在南北中點南方，這是因爲
觀測點位於南北正中點之故。

　　由南北中點欲知南北距離之法：1、夏至當天，由西南表（C）向東北表
（B）觀測太陽。2、當表（C）與表（B）與太陽連成一直線時，因東與東北
表距離相等皆爲一里，觀測點與東極之距離爲一萬八千里，故根據上述之法
（BD／EG＝CD／CG），知由觀測點（C）至極北之地亦當等於一萬八千里（一
里／EG＝一里／一萬八千里→EG＝一萬八千里）；又因觀測點爲南北中點，
故加一倍，得三萬六千里，即大地由南至北的里數。

　　假使觀測點不在南北中點，可依太陽出入前表之數據增減推算而得，若
觀測站在北，日照射處偏南，則離北極之距離將比東極減少一里，若觀測處
在南，日照處偏北，則離北極之距離將比東極增加一里。此爲測量大地南北
距離之法。〔註62〕參見下圖。

〔註61〕　（漢）劉安：《淮南子》，卷三〈天文〉，頁26。
〔註62〕　本段撰寫參考許匡一譯注：《淮南子》，上冊，頁231～233；陳廣忠：《淮南子
　　　　　譯注》，頁174～175；劉康德：《淮南子直解》，頁163～167；陳麗桂：《新編
　　　　　淮南子》，上冊，頁272～274。

圖表六〔註63〕

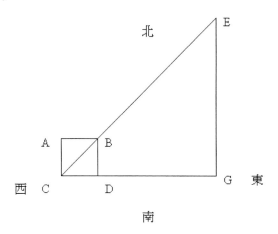

（五）欲知天高度之法

> 欲知天之高，樹表高一丈，正南北相去千里，同日度其陰，北表一尺，
> 南表尺九寸，是南千里陰短寸，南二萬里則無景，是直日下也。陰二
> 尺而得高一丈者，南一而高五也，則置從此南至日下里數，因而五之，
> 為十萬里，則天高也。若使景與表等，則高與遠等也。〔註64〕

1、先立一高一丈之表，正南正北各一，相距一千里。2、於同一日測量兩表的影子，得到正北之表影高兩尺，正南之表高一尺九寸，如此便知向南移一千里，日影會縮短一寸；向南兩萬里，則不會有日影，因其正位於太陽正下方。3、當表高一丈，日影二尺時，影與表的比例為一比五。由此可知若距離向南增加一倍，日之高度會增加五倍。4、故當觀測點（B3）往南至日正下方（B）的距離為兩萬里，乘以五倍，則可知天之高度為十萬里（A_3B_3／B_3C_3 ＝一丈（10 尺）／2 尺＝5／1＝DB／C_3B→故天高 DB＝5×（2 萬里＋2 尺）＝10 萬里零一丈≒10 萬里）。若影長（B_4C_4）與表高（A_4B_4）相等，則代表天高（DB）與北表（A_4B_4）至南方日下處距離相等。〔註65〕參見下圖。

〔註63〕 本圖參考陳廣忠：《淮南子譯注》，頁 174。附圖繪製。

〔註64〕 （漢）劉安：《淮南子》，卷三〈天文〉，頁 26。

〔註65〕 本段撰寫參考許匡一譯注：《淮南子》，上冊，頁 233～235；陳廣忠：《淮南子譯注》，頁 175～176；劉康德：《淮南子直解》，頁 168～169；陳麗桂：《新編淮南子》，上冊，頁 275～276。

圖表七〔註 66〕

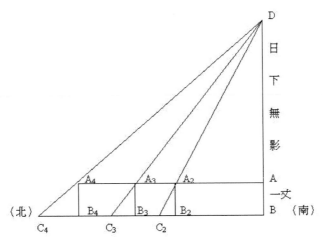

　　根據以上《淮南》所描述的天體測量內容可看出幾個重點：1、針對未知的天體狀態，當時的人已試圖以實際測量與數字演算等科學方式探索，雖因當時對天體狀態的觀念是錯誤的，導致所得的結果並不正確，但可知當時基本數學運算已發展的相當成熟，也可知天文學爲當時相當興盛的一門學問。2、《淮南》主張「天圓地方」式的蓋天說，正是受這種測量結果的影響〔註 67〕。

　　藉由《淮南》的蓋天說、神話式的天文觀以及天體測量的討論，可知《淮南》的天文觀仍是屬於比較早期的說法，但爲更進一步對天體變化作出了解，因此《淮南》也以當時流行的陰陽五行觀對天文種種現象作一全面的討論，以下就天的部分進行整理分析。

六、天的組成

　　〈天文〉篇中對天的組成內容與構造作了一段詳細的描述。

　　　天有九野，九千九百九十九隅，去地億五萬里〔註 68〕，五星，八

〔註 66〕本圖參考（清）錢塘：《淮南天文訓補注》，卷下，頁 102。附圖繪製。（A4B4）爲十萬里之表；（A3B3）爲二萬里之表；（A2B2）爲萬里之表；（B4C4）爲十萬里之景；（B3C3）爲二萬里之景；（B2C2）爲萬里之景。

〔註 67〕陶磊云：「《天文》有關於這種蓋天說的圖化敘述，是通過對天地的測量表述的。」陶磊：《《淮南子·天文》研究：從數術史的角度》（濟南：齊魯書社，2003 年 7 月），頁 6。

〔註 68〕「去地億五萬里」本作「去地五億萬里」。王念孫云：「開元占經天占篇引此

風，二十八宿，五官，六府，紫宮，太微，軒轅，咸池，四守，天

河〔註69〕。〔註70〕

《淮南》認為天體主要組成構造為九野、五星、八風、二十八宿、五官、六府、紫宮、太微、軒轅、咸池、四守、天阿，以下針對其主要構造九野、五星、八風三部分進行討論。

（一）九　野

何謂九野？中央曰鈞天，其星角、亢、氐。東方曰蒼天，其星房、心、尾。東北方曰變天〔註71〕，其星箕、斗、牽牛。北方曰玄天，其星須女、虛、危、營室。西北方曰幽天，其星東壁、奎、婁。西方曰顥天，其星胃、昴、畢。西南方曰朱天，其星觜巂、參、東井。南方曰炎天，其星輿鬼、柳、七星。東南方曰陽天，其星張、翼、軫。〔註72〕

《淮南》以中央、東方、東北、北方、西北方、西方、西南方、南方、東南方等九個方位將天體及二十八宿分成九個區域，稱作九野。其目的主要是為了在廣大的天體之中，方便認識記載星體在天上的運行變化，並作為方位以及季節的分別〔註73〕。

作『億五萬里』。太平御覽地部一引詩含神霧亦云：『天地相去億五萬里』。然則『億五』二字，今本倒誤也。」說見（清）王念孫：《讀書雜志》，下冊，頁786。今從校改。

〔註69〕「天河」本作「天阿」。王引之云：「『天阿』本作『天河』，後人以天河非星名，故改為天阿也。」同註68，頁787。今從校改。

〔註70〕（漢）劉安：《淮南子》，卷三〈天文〉，頁18。

〔註71〕「東北方為變天」本作「東北為變天」。王叔岷云：「『東北』下當有方字，與下文『西北方曰幽天』，『西南方曰朱天』，『東南方曰陽天』句法一律。」說見王叔岷：《諸子斠證》，頁340。今從校補。

〔註72〕同註70，頁18。

〔註73〕鄺芷人云：「二十八宿是沿天體赤道而對天體所作之劃分，古人從太陽處於二十八宿之方位，以辨別一年季節的時分。」鄺芷人：《陰陽五行及其體系》，頁348。

圖表八〔註 74〕

北方日玄天
其星須女、虛、危、
營室

西北方日幽天
其星東壁、奎、婁

東北日變天
其星箕、斗、牽牛

西方日顥天
其星胃、昴、畢

中央日鈞天
其星角、亢、氐

東方日蒼天
其星房、心、尾

西南方日朱天
其星觜嶲、參、東井

東南方日陽天
其星張、翼、軫

南方日炎天
其星輿鬼、柳、
七星

　　以西北方爲例：「西北方日幽天」，高誘注：「幽，陰也，酉方，季秋，將
即於陰，故日幽天也〔註 75〕」。高誘認爲西北方之所以命名爲幽天，是因爲幽
即陰暗，有陰氣將要到達極盛之意，故代表了西北方、季秋等涵義。又如〈天
文〉：「北方日玄天，其星須女、虛、危、營室」，此處高誘無注，然高誘於《呂
氏春秋・卷十三・有始》中有注云：「北方，十一月，建子，水之中也。水色
黑，故日玄天也。〔註 76〕」當天空出現須女、虛、危、營室時可知此時爲十
一月，冬，五行屬水、北方、色黑，因此命名爲玄天。

　　由以上討論可知，九野名稱的由來，透過高誘注文詮釋可發現當中蘊含
有陰陽二氣消長變化的觀念，此外高誘更加入五行的觀念在註解過程中，還
結合了季節與五行，試圖以陰陽的消長與五行相生循環觀念，強調九野不只
是天體方位的劃分，而是如同二十八宿、陰陽五行、季節等具有生生循環流
行義，透過陰陽五行的連結，天體便形成一個龐大的氣化整體。

〔註 74〕　本圖根據（漢）劉安：《淮南子》，卷三〈天文〉，頁 18。原文繪製。
〔註 75〕　（漢）劉安：《淮南子》，卷三〈天文〉，頁 18。
〔註 76〕　（周）呂不韋編撰、陳奇猷校釋：《呂氏春秋校釋》，冊一，頁 663。

（二）五　星

星象觀測起源很早，「我國古代很早就注意星象了；不過究竟什麼時候開始，已無法稽考，但越到後世，星象的知識自然越爲豐富。〔註77〕」因此藉由觀星判斷季節、氣候、方位，提供耕種、播種時的參考很有幫助，對於以農立國的古代社會非常重要。

> 何謂五星？東方木也，其帝太昊〔註78〕。執規而治春。其佐勾芒，
> 其神爲歲星，其獸蒼龍，其音角，其日甲乙。南方火也，其帝炎帝，
> 其佐朱明，執衡而治夏。其神爲熒惑，其獸朱鳥，其音徵，其日丙
> 丁。中央土也，其帝黃帝，其佐后土，執繩而制四方〔註79〕，其神
> 爲鎮星，其獸黃龍，其音宮，其日戊己。西方金也，其帝少昊，其
> 佐蓐收，執矩而治秋，其神爲太白，其獸白虎，其音商，其日庚辛。
> 北方水也，其帝顓頊，其佐玄冥，執權而治冬，其神爲辰星，其獸
> 玄武，其音羽，其日壬癸。〔註80〕

五星觀測爲觀測星象中重要的內容之一，在《淮南》中則有詳細的紀錄，《淮南》中對五星的記載，除了實際觀測五星的運行之外，還依木、火、土、金、水五行相生次序，分別搭配方位、帝、佐、器、季節、神、獸、音、十干等事物，形成特殊的五星結構。

〔註77〕陳遵嬀：《中國天文學史》第二冊（臺北：明文書局股份有限公司，1985年5月），頁1。

〔註78〕「其帝太昊」本作「其帝太皞」。于大成云：「觀御覽所引注文，即是高注，而昊字不見說文，知作昊者是高本。知許本必作太皞。」說見于大成：《淮南鴻烈論文集》，上冊，頁266～267。今從校改。

〔註79〕何寧云：「上云治春治夏，下云治秋治冬，此制亦當爲治，聲近而誤。」說見何寧：《淮南子集釋》，上冊，頁187。何說疑是。

〔註80〕（漢）劉安：《淮南子》，卷三〈天文〉，頁18～19。

圖表九〔註81〕

以五行中的木爲例：《淮南》認爲五行當中的木代表了草木生生，與一年當中萬物開始生長的春季，以及日月星辰開始運行的東方，與五星當中的歲星〔註82〕，神話傳說中治理東方的神明、神獸，以及五音中的角音與十天干日的甲乙，皆因其五行屬木而可相互搭配。透過五行的連結，天上的五星與神明便得以和地上五音、五行干支相互連結，形成以五行組成的五星系統。

五行是以木火土金水五種元素作爲分類的原則與系統，利用此原則〈天文〉以五行特性將天上星辰與地上相同屬性的事物相互連結，並以五星作爲代表，這是受當時人們認爲觀天象變化可以判斷人事吉凶的影響，故將天上星象運行規律視爲天道變化的準則。這種觀念在漢代相當流行，《史記・天官書》中星官的概念，就是源自於此〔註83〕。

〔註81〕　本圖根據（漢）劉安：《淮南子》，卷三〈天文〉，頁18～19。原文繪製。

〔註82〕　《說文解字注・步部》：「歲，木星也。」段注：「五星：水曰辰星、金曰太白、火曰熒惑、木曰歲星、土曰塡星。」（漢）許慎撰、（清）段玉裁注：《說文解字注》，頁69。

〔註83〕　陳遵嬀云：「《天官書》在古代可稱爲經典之作，它把星官分爲五官，顯然可和五行說聯繫起來，所以後世的陰陽家，都常聯繫使用，它所命名的星官名字，大部分也沿用了下來。」又云：「這些星座樹立了一切星座組織的基礎，

太陰在四仲，則歲星行三宿；太陰在四鉤，則歲星行二宿。二八十六，三四十二，故十二歲而行二十八宿。日行十二分度之一〔註84〕，歲行三十度十六分度之七，十二歲而周。熒惑常以十月入太微，受制而出行列宿，……鎮星以甲寅元始建斗，歲鎮行一宿，……日行二十八分度之一，歲行十三度百一十二分度之五，二十八歲而周。太白元始以甲寅正月與營室晨出東方〔註85〕，二百四十日而入，入百二十日而夕出西方，二百四十日而入，入三十五日而復出東方。……辰星正四時，常以二月春分効奎、婁，以五月夏至効東井、輿鬼，以八月秋分効角、亢，以十一月冬至効斗、牽牛。出以辰戌，入以丑未，出二旬而入。晨候之東方，夕候之西方。〔註86〕

此段爲〈天文〉記載古代觀測五星實際運行的紀錄：歲星一個月行十二分度之一，一年行三十度十六分度之七，十二年正好繞行二十八宿一周，因一歲行經一宿，便於記歲，故曰歲星。此外，歲星與太陰的關係，當太陰位於四仲時，歲星正好行經三宿；當太陰位於四鉤〔註87〕時，歲星正好行經二宿。

熒惑常於十月時進入太微垣，然後進入二十八星宿開始運行。

鎮星從甲寅元年開始運行，一日行二十八分度之一，一年行十三度百一十二分度之五，一年鎮行一宿，故二十八歲鎮行一周。

太白從甲寅元年正月與營室同出現於東方開始運行，二百四十日後隱沒，消失百二十日後於傍晚出現在西方，經過二百四十日後再度隱沒，消失三十五日後重新出現於東方天空。太白出現時大致位於天空辰（東南東）或戌（西北西）方，消失在丑（東北北）或未（西南南）方。

其名稱都是按陰陽五行的理論來定的。使天上世界的名稱，都反映了地下人間社會的事物，這樣看了屬於某星座中的變化現象，就可以占和它相應的人間社會事物的吉凶禍福。」說見陳遵嬀：《中國天文學史》第二冊，頁5、23。

〔註84〕「日行十二分度之一」本作「日月行十二分度之一」。于大成云：「開元占經二十三引日下無月字，各本俱無，是也。惟此與本誤衍，當刪。」說見于大成：《淮南鴻烈論文集》，上冊，頁270。今從校改。

〔註85〕「太白元始以甲寅正月與營室晨出東方」本作「太白元始以正月建寅，與熒惑晨出東方」。王引之云：「此本作『太白元始以甲寅正月與營室晨出東方』。甲寅正月者，甲寅年之正月也。後人不審其義，遂改『甲寅正月』爲『正月甲寅』，又改營室爲熒惑，不知甲寅者，甲寅年也。若云正月甲寅，則是甲寅日矣。」說見（清）王念孫：《讀書雜志》，下冊，頁788。今從校改。

〔註86〕（漢）劉安：《淮南子》，卷三〈天文〉，頁19。

〔註87〕四仲與四鉤之說，參見本章第一節〈氣化天文觀〉，頁91～93。

辰星常於春分時出現在奎、婁，夏至出現於東井、輿鬼，秋分出現於角、
亢，冬至出現於斗、牽牛。辰星出現時大致位於天空辰（東南東）或戌（西
北西）方，消失在丑（東北北）或未（西南南）方，出現二十日後消失，辰
星早晨出現在東方，傍晚出現在西方。

除了描述五星運行的軌道，〈天文〉更將其與災異觀念作結合，並賦予其
不同涵義，例如：歲星代表歲時豐歉、熒惑代表各種災難、鎮星代表土地、
太白代表兵災、辰星代表氣候是否調和，只要五星不在應當出現時出現，就
代表國君施政不合於自然之道，故天降災異。由此可知，五星雖有各自的軌
道，但同為天道中陰陽二氣所生，因此五星運行皆以天道運行規律作為準則，
循環不息。

（三）八　風

何謂八風？距日冬至四十五日條風至，條風至四十五日明庶風至，
明庶風至四十五日清明風至，清明風至四十五日景風至，景風至四
十五日涼風至，涼風至四十五日閶闔風至，閶闔風至四十五日不周
風至，不周風至四十五日廣莫風至。條風至則出輕繫，去稽留。明
庶風至則正封疆，修田疇。清明風至則出幣帛，使諸侯。景風至則
爵有位，賞有功。涼風至則報地德，祀四鄉〔註88〕。閶闔風至則收
縣垂，琴瑟不張。不周風至則修宮室，繕邊城。廣莫風至則閉關梁，
決罰刑〔註89〕。〔註90〕

何謂八風？東北曰炎風，東方曰條風〔註91〕，東南曰景風，南方曰
巨風，西南曰涼風，西方曰颶風，西北曰麗風，北方曰寒風。〔註92〕

〔註88〕「祀四鄉」本作「祀四郊」。王念孫云：「祀四郊本作祀四鄉。四鄉，四方
也。越語：『皇天后土四鄉地主正之。』韋注曰：『鄉，方也。』故高注云：
『祀四方神』，即月令所謂『命主祀祭于四方也』。通卦驗曰：『涼風至，
報土功，祀四鄉。』白虎通曰：『涼風至，報地德，祀四鄉。』皆其明證也……
若作郊則失其韻矣。」說見（清）王念孫：《讀書雜志》，下冊，頁789。
今從校改。

〔註89〕「決罰刑」本作「決刑罰」。王念孫云：「『決刑罰』本作『決罰刑』，故高注：
『罰刑疑者，於是慎時而決之』；下文曰：『斷罰刑』，皆其證也。」同註88，
頁789。今從校改。

〔註90〕（漢）劉安：《淮南子》，卷三〈天文〉，頁19。

〔註91〕「東方」本作「東玄」，形近而誤，今校改。

〔註92〕同註90，卷四〈地形〉，頁26～27。

八風爲八方之風，〈天文〉所記載的內容爲季節與八風間的關係，〈地形〉所載爲八風和方位間的關係〔註93〕。關於八風的內容特色，以下列表觀之。

圖表十〔註93〕

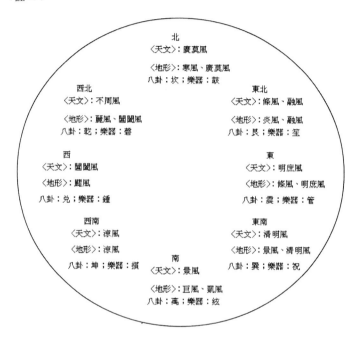

北
〈天文〉：廣莫風
〈地形〉：寒風、廣莫風
八卦：坎；樂器：鼓

西北
〈天文〉：不周風
〈地形〉：麗風、閶闔風
八卦：乾；樂器：磬

東北
〈天文〉：條風、融風
〈地形〉：炎風、融風
八卦：艮；樂器：笙

西
〈天文〉：閶闔風
〈地形〉：麗風
八卦：兌；樂器：鍾

東
〈天文〉：明庶風
〈地形〉：條風、明庶風
八卦：震；樂器：管

西南
〈天文〉：涼風
〈地形〉：涼風
八卦：坤；樂器：損

南
〈天文〉：景風
〈地形〉：巨風、凱風
八卦：离；樂器：絃

東南
〈天文〉：清明風
〈地形〉：景風、清明風
八卦：巽；樂器：祝

藉由此表可看出幾個特點：1、〈天文〉〈地理〉中對八風的名稱雖有些差異，但所指同爲八方之風。且在註解當中，皆帶入易卦的觀念，這可能是受《周易・說卦》〔註95〕的影響，因此把八卦與八方之風作連結，詮釋八風

〔註93〕陳麗桂云：「《呂氏春秋・有始覽》與《淮南子・地形》皆有「八風」之說，然呂覽與〈地形〉所言主方位，故以方向爲各風來自之關鍵，屬空間問題。〈天文〉所言主時節，故以日數爲各風來自之關鍵，屬時間問題，兩者所著重並不相同。」陳麗桂：〈《淮南子》中的陰陽學（一）—— 天文〉，收入國立政治大學中國文學系編《第四屆漢代文學與思想學術研討會論文集》，頁132。

〔註93〕本圖根據（漢）劉安：《淮南子》，卷三〈天文〉，頁19；卷四〈地形〉，頁26～27。原文及高注整理。

〔註95〕《周易・說卦》：「萬物出乎震，震，東方也，齊乎巽，巽，東南也，齊也者，言萬物之絜齊也，離也者，明也，萬物皆相見南方之卦也，聖人南面而聽天下，嚮明而治，蓋取諸此也，坤也者，地也，萬物皆致養焉，故曰致役乎坤，兌，正秋也，萬物之所說也，故曰說言乎兌，戰乎乾，乾，西北之卦也，言陰陽相薄也，坎者，水也，正北方之卦也，勞卦也，萬物之所歸也，故曰勞乎坎，艮，東北之卦也，萬物之所成終而所成始也，故曰成言乎艮。」（魏）

的成因。2、除了《易》的觀念外，〈天文〉的注文中還配上八種樂器，與八方、八風、八卦相對應，這兩者間的關係看似有些牽強附會，但可看出漢代社會除了陰陽五行之外，也習慣以易卦思想將天地事物作分析與歸納。3、八風代表八個節氣的變化，因此八風觀念的產生，很可能是先民為了農作實際觀測的結果，企圖藉由風向的改變來判斷季節，作為農事的參考。此外，節氣的改變也替為政者提供施政的依據，因為節氣的變更是依循天道的運轉，因此在上位者施政時必須配合天地間自然的季節變化，例如：當立春，條風至時應放罪輕之囚及因小罪而拘留者，而春分，明庶風至時則應正田界、修田畝，準備耕種。只要不違背自然之道的規律，一切便能順利運行。

　　八風的系統，將方位、節氣、季節、八卦和樂器相配，可知古人將此視為據普遍意義的系統，因此將相關事物作一連結，另一方面，藉由這些不同的類別與方位、季節的相配，說明萬物都如同四時一般是輪轉生生不息，只要時空不斷運轉，萬物生生便永不停止。

第二節　陰陽五行與時令

一、陰陽刑德觀

　　陰陽刑德為《淮南》中重要的觀念，陰陽刑德的內容主要是描述陰陽二氣的消長，對季節的變化、物候的改變、日影的長短所造成的影響〔註96〕。以下對陰陽刑德之現象作一分析。

> 日冬至則斗北中繩，陰氣極，陽氣萌，故曰冬至為德。日夏至則斗南中繩，陽氣極，陰氣萌，故曰夏至為刑。陰氣極則北至北極，下至黃泉〔註97〕，故不可以鑿池穿井〔註98〕。万物閉藏，蟄虫首穴，

王弼、（晉）韓康伯注、（唐）孔穎達等正義：《周易正義》卷九，頁184。

〔註96〕金春峰云：「《淮南子》有陰陽刑德之說，其觀念可能是戰國時期天文學的遺留，……德和刑指陽氣、陰氣分別具有的促進萬物生長或消藏的力量與性質。」金春峰：《漢代思想史》，頁220。

〔註97〕「陰氣極則北至北極，下至黃泉」本作「陰氣極則下至黃泉，北至北極」。于大成云：「開元占經五、廣博物志四引此，並作『北至北極，下至黃泉』，豈劉績所得而移之者乎？『北極』句在上，是也。」說見于大成：《淮南鴻烈論文集》，上冊，頁278。今從校改。

〔註98〕「鑿池穿井」本作「鑿地穿井」。王念孫云：「太平御覽地部三十二池下引此

故曰德在室。陽氣極,則南至南極,上至朱天,故不可以夷丘上屋。
万物蕃息,五穀兆長,故曰德在野。日冬至則火從之,日夏至則水
從之,故五月火正而水漏,十一月水正而火勝〔註99〕。陽氣爲火,
陰氣爲水。水勝故夏至溼,火勝故冬至燥。燥故炭輕,溼故炭重〔註
100〕。日冬至而井水盛〔註101〕,盆水溢,羊脫毛〔註102〕,麋角解,
鵲始巢;八尺之表,日中而景脩丈三尺〔註103〕。日夏至而流黃澤,
石精出,蟬始鳴,半夏生,蚤蝱不食駒犢,鷙鳥不搏黃口;八尺之表,
景脩尺五寸〔註104〕。景脩則陰氣勝,景短則陽氣勝〔註105〕。陰氣

作『鑿池穿井』,於義爲長。」說見(清)王念孫:《讀書雜志》,下冊,頁
790。今從校改。

〔註99〕 「日冬至則火從之,日夏至則水從之,故五月火正而水漏,十一月水正而火
勝」本作「日冬至則水從之,日夏至則火從之,故五月火正而水漏,十一月
水正而陰勝」。俞樾云:「今按『日冬至則火從之,日夏至則火從之』,水火二
字當互易。……十一月水正而陰勝,陰乃火字之誤,勝字當讀爲升,勝升古
通用。如此則與下文一貫矣。」說見(清)俞樾:《諸子平議》,頁935。今從
校改。

〔註100〕 劉文典云:「白帖十六引作『水勝故夏至溼,火勝故冬至燥;燥則輕,溼則重。
故先冬至、夏至,懸土炭於衡,各一端,令適停。冬至陽氣至,則炭仰而鐵
低,夏至則炭低而鐵仰也』。『故先冬至夏至』以下,疑是注語,而今本脫之
也。」說見劉文典:《淮南鴻烈集解》,頁97~98。

〔註101〕 「日冬至而井水盛」本作「日冬至井水盛」。于大成云:「御覽七百五十八引
亦有則字。下文『日夏至而流黃澤』有而字,而猶則也。」說見于大成:《淮
南鴻烈論文集》,上冊,頁279。此爲對句,故當從校補。

〔註102〕 陶方琦云:「今本『羊脫毛』,玉燭寶典引作『羊乳』。又引許注曰:『羊脫毛
也。』疑即許注誤入正文。」何寧云:「『羊乳』,乳疑乨之誤。『鵲始巢』,
玉燭寶典十一引作『鵲始架巢』,疑此『巢』上脫『加』字。加架通。下文『鵲
始加巢』可證。文選子虛賦引淮南注『加,制也』,當即此處注文。『羊脫毛』
『鵲始巢』,皆後人拘泥於句法一律所改。」說見(清)陶方琦:《淮南許注
異同詁》(上海:上海古籍出版社,1995年,《續修四庫全書》據北京圖書館
藏據北京圖書館藏清光緒刻本影印),頁494;何寧:《淮南子集釋》,上冊,
頁210。

〔註103〕 「八尺之表,日中而景脩丈三尺」本作「八尺之脩,日中而景丈三尺」。何寧
云:「疑當作『八尺之表,日中而景脩丈三尺』。下文『八尺之景脩徑尺五寸』,
藝文類聚三引作『八尺之表,景脩尺五寸』,太平御覽二十三引作『八尺之表,
景脩尺有五寸』,知此『八尺之』下亦脫『表』字。脩字當在景字下。」說見
何寧:《淮南子集釋》,上冊,頁210。今從校改。

〔註104〕 「八尺之表,景脩尺五寸」本作「八尺之景脩徑尺五寸」。同註100,頁98。
今從校改。

〔註105〕 何寧云:「玉燭寶典五、太平御覽二十三引作『景脩則陰氣勝,短則陽氣勝』,

勝則爲水，陽氣勝則爲旱。〔註106〕

《淮南》根據陰陽二氣的特質，認爲陰氣重濁而滯凝，故主水、主月、主殺，因此爲刑；陽氣清揚且薄靡，故主火，主日、主生，因此爲德〔註107〕。接著，《淮南》言冬夏至的轉變，冬至時陰氣極盛，陽氣發萌，故曰德；夏至時陽氣極盛，陰氣發萌，故曰刑。《淮南》強調陰陽如冬夏至一樣，是不斷輪轉不息的，陰陽二氣是並存不離，且互爲消長，故曰：「是故天不發其陰，則万物不生；地不發其陽，則万物不成〔註108〕」，兩者缺一不可〔註109〕。

刑德的判斷，是以萌發者爲準，正要萌發者爲德。例如：五月雖爲夏，但「陽生於子，陰生於午。陽生於子，故十一月日冬至，鵲始加巢，人氣鍾首。陰生於午，故五月爲小刑，薺麥亭歷枯，冬生草木必死〔註110〕」，故五月時陽氣雖盛，但陰氣以開始萌發，因此雖以火氣的作用最大，但水氣也已經開始作用而滲透，夏雖主生，但陰氣萌發，故薺麥及亭歷等冬生植物卻會開始枯萎。

陰陽刑德除了影響冬夏至的遞嬗，更對事物的變化造成不小的影響，冬至時陰氣極盛，因此向下深至地底泉水深處，向北至最北極，皆因陰氣過盛故不可挖地掘井。且此時萬物皆潛藏於地底，泉水因陰氣盛而滿盈，《淮南》稱此爲「德在室」，指陽氣仍潛藏於萬物之中，尚未萌發。夏至時陽氣極盛，故南至最南端的地方，上至最高的朱天，皆因陽氣過盛而不可剷平突起的山丘以及位於高處的屋頂。此時萬物蓬勃生長，《淮南》稱爲「德在野」，指陽氣大盛發散於天地萬物之間。

在動植礦物方面，冬至時陰氣盛，昆蟲仍蟄伏於洞穴中，羊開始脫毛，麋鹿開始脫角，但陽氣發萌，故鵲鳥開始築巢。此外，由於冬至陽氣萌，火氣始出，故炭較乾燥所以較輕。夏至時陽氣盛，故蟬開始叫，草藥生，但陰

無下景字。今本疑涉上而衍。漢書天文志云：『暑長爲潦，短爲旱。』句法同，是其比。」說見何寧：《淮南子集釋》，上冊，頁212。何說疑是。
〔註106〕（漢）劉安：《淮南子》，卷三〈天文〉，頁20。
〔註107〕〈天文〉：「日爲德，月爲刑。月歸而万物死，日至而万物生。遠山則山氣藏，遠水則水蟲蟄，遠木則木葉槁」同註106，頁22。
〔註108〕（漢）劉安：《淮南子》，卷三〈天文〉，頁22。
〔註109〕金春峰云：「冬天，陽氣并未盡亡；夏天，陰氣也仍然存在。晝夜的變化就是陰陽的交替；季節的變化也是由於陰陽的勝負，陽或陰起了主導作用。」金春峰：《漢代思想史》，頁221。
〔註110〕同註108，頁21。

氣始萌，故地底的硫磺、石精等礦物則會露出，而幼馬與牛尚未長大，故蚊蟲不叮咬，幼鳥尚未長成，故猛禽不搏食，這都是因爲動物初生時屬陰氣初萌階段，正與夏至陽氣盛、陰氣萌相應所致〔註111〕。此外，夏至陰氣萌，水氣始出，故炭較潮濕所以較重。

最後，《淮南》提到陰陽二氣對日影的影響，《淮南》認爲影長表陰氣盛，影短表陽氣盛，因此冬至陰氣強故影長，夏至陽氣強故影較短。以上《淮南》將實際觀察所得的萬物生長變化，與陰陽二氣的消長相互對應，以陰陽刑德觀念作出詮釋。

> 陰陽刑德有七舍。何謂七舍？室、堂、庭、門、巷、術、野。十一
> 月德居室三十日〔註112〕，先日至十五日，後日至十五日，而徙所居
> 各三十日。德在室則刑在野，德在堂則刑在術，德在庭則刑在巷，
> 陰陽相德則刑德合門。八月、二月，陰陽氣均，日夜分平，故日刑
> 德合門〔註113〕。〔註114〕

刑德七舍內容描述陰陽二氣的消長變化與月份的搭配，而七舍表示每月陰陽刑德所居的位置〔註115〕。從十一月開始，十一月陰氣盛陽氣萌，因此德在室刑在野，室表示處在屋室中如陽氣潛藏於內，野表示充滿在廣闊郊外如陰氣發散於外。十二月陽氣漸發陰氣仍然強盛，故日德在堂則刑在術，堂表示廳堂形容陽氣較爲發散，術表示街道形容陰氣由郊外回到街上，作用仍然強大。一月陰氣漸弱陽氣轉強，故日德在庭則刑在巷，庭指中庭形容陽氣已由屋室出至中庭，巷表示巷道形容陰氣見由大街進入小巷中。二月陰陽二氣強弱相當，故日刑德合門，陰陽二氣共同會合抵達於門，兩氣作用相近。自此陰陽

〔註111〕 高誘注：「五月，微陰在下，未成駒犢，黃口，肌血脆弱，未成，故蟁虻鷙鳥，應陰不食不搏也」。同註108，頁20。

〔註112〕 「十一月德居室三十日」本作「十二月德居室三十日」。王念孫云：「『十二月』當爲『十一月』，上文云『冬至德在室』是。」說見（清）王念孫：《讀書雜志》，下冊，頁790。今從校改。

〔註113〕 劉家立云：「按此『八月二月』十八字，莊本作正文，道藏本無之。按此乃『刑德合門』之注文也。今改正。」劉家立：《淮南集證》（全三冊）（臺北：廣文書局，1978年7月），卷三，頁16。

〔註114〕 （漢）劉安：《淮南子》，卷三〈天文〉，頁20。

〔註115〕 陶磊云：「根據所述內容，按歲月日時劃分法，可將上述文字內容分爲三類：歲刑德、月刑德、日刑德。所謂歲刑德即刑德一歲一徙，月刑德指刑德一月一徙，日刑德指刑德一日或數日一徙」。說見陶磊：《《淮南子·天文》研究：從數術史的角度》（濟南：齊魯書社，2003年7月），頁120。

二氣消長改變，陰氣衰弱陽氣強，至五月陽氣極盛陰氣萌，六月起，陽氣轉弱陰氣發萌，至十一月再度回到德在室刑在野，週而復始，不停運轉。

《淮南》透過陰陽刑德變化，認為二月、八月陰陽二氣作用相近，因此畫夜的長短相當，而在刑德作用方面，「德南則生，刑南則殺〔註116〕」，因此刑德會於二月時雖陰陽二氣作用相當，但陽氣漸強，故萬物蓬勃生長。八月時陰氣漸強，故草木轉為凋零。《淮南》藉由陰陽二氣消長，以及刑德七舍觀念，將每月陰陽二氣變化與萬物生殺的關係作出詮釋，並且傳達出生生不息的觀念，強調陰陽二氣與月份季節轉換都是輪轉不息的。

二、二十四節氣與音律

〈天文〉當中除以陰陽刑德對物候變化提出說明，還以陰陽二氣消長建立二十四節氣與十二月律之說，此外還加入五行觀念，以五音、六十旋宮等音律相生的方式，對節候甚至曆法進行解說，以下分為二十四節氣、十二月律、五音、六十旋宮四部份進行討論。

（一）二十四節氣

陳遵嬀云：「二十四氣名稱，最早見於《淮南子·天文訓》，它和現今同用的二十四氣名稱及次序完全相同。一年分為二十四氣，大概是前漢初年以後，《淮南子》成書（西元前 139 年）以前〔註117〕」。以下作一歸納整理。

> 而斗日行一度〔註118〕，十五日為一節，以生二十四時之變。斗指子
> 則冬至，音比黃鍾；加十五日指癸則小寒，音比應鍾；加十五日指
> 丑則大寒，音比無射；加十五日指報德之維，則越陰在地，故曰距
> 日冬至四十六日而立春，陽凍解〔註119〕，音比南呂；加十五日指寅

〔註116〕同註114，頁 20。

〔註117〕陳遵嬀：《中國天文學史》第五冊（臺北：明文書局股份有限公司，1998 年 11 月），頁 51～52。

〔註118〕「而斗日行一度」本作「而升日行一度」。王念孫云：「升當為斗，字之誤也。（隸書斗字作升，形與升相似，傳寫往往誤。）」說見（清）王念孫：《讀書雜志》，下冊，頁 790。今從校改。

〔註119〕「陽凍解」本作「陽氣凍解」。王引之云：「『陽氣凍解』，文不成義，當作『陽凍解』。陽凍，地上之凍也。陰凍，地中之凍也。立春之日，地上之凍先解，故曰陽凍解。管子臣乘馬篇曰：『日至六十日而陽凍解，七十日而陰凍釋。』是也。今本陽下有氣字，因注內陽氣而衍。」同註118，頁 792。今從校改。

則雨水，音比夷則；十五日指甲則雷驚蟄，音比林鍾；加十五日指
卯中繩，故曰春分則雷行，音比蕤賓；加十五日指乙則清明風至，
音比仲呂；加十五日指辰則穀雨，音比姑洗；加十五日指常羊之維
則春分盡，故曰有四十六日而立夏，大風濟，音比夾鍾；加十五日
指巳則小滿，音比太蔟；加十五日指丙則芒種，音比大呂；加十五
日指午則陽氣極，故曰有四十六日而夏至，音比黃鍾；加十五日指
丁則小暑，音比大呂；加十五日指未則大暑，音比太蔟；加十五日
指背陽之維則夏分盡，故曰有四十六日而立秋，涼風至，音比夾鍾；
加十五日指申則處暑，音比姑洗；加十五日指庚則白露降，音比仲
呂；加十五日指酉中繩，故曰秋分雷藏〔註120〕，蟄蟲北鄉，音比蕤
賓；加十五日指辛則寒露，音比林鍾；加十五日指戌則霜降，音比
夷則；加十五日指蹠通之維則秋分盡，故曰有四十六日而立冬，草
木畢死，音比南呂；加十五日指亥則小雪，音比無射；加十五日指
壬則大雪，音比應鍾；加十五日指子。〔註121〕

根據《淮南》的記載，二十四節氣的劃分，是將一年三百六十五日以十五日
爲一單位而訂，古人可能是發現，每過十五日天氣就會出現微妙改變，因而
訂定一節一氣，方便作爲農事依據。以下列圖表觀之。

〔註120〕「故曰秋分雷藏」本作「故曰秋分雷戒」。王念孫云：「戒當爲藏，字之誤
也。藏古藏字。『秋分雷藏』與上文『春分雷行』相應。時則篇云『八月雷
不藏』，是其證也。」說見（清）王念孫：《讀書雜志》，下冊，頁792。今
從校改。
〔註121〕（漢）劉安：《淮南子》，卷三〈天文〉，頁20～21。

圖表十一〔註122〕

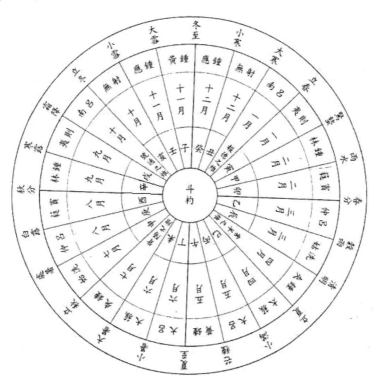

此段敘述當中，《淮南》在二十四節氣的基礎上，又加上了十二月律、斗杓方位、八風、物候以及陰陽二氣的消長。《淮南》之所以將這麼多不同的系統組合在一起，是為了突顯時空的運行不單是一個二十四節氣或陰陽觀的系統就能說盡的，整個氣化世界是非常複雜、縝密且周詳的不同系統挽合在一起。

其次，《淮南》藉由二十四節氣的介紹，帶出氣化宇宙世界是立體、螺旋且循環進行不已的觀念。從天象北斗所指的方向，到宇宙中氣候、風向，到地面上動、植物的生長變化，到音樂都是日復一日，年復一年的輪轉運行，而且是如道一般非刻意有心有為的創造，而是因循自然無為並生生循環不已。

再來，《淮南》強調陰陽輪轉運形方式是「陽生於子，陰生於午」，陽氣始於冬至，但相當微弱且潛藏於後，陰氣極盛，到了立春「越陰在地」，陰氣

〔註122〕本圖表為陳麗桂校注：《新編淮南子》，上冊，頁 192。附〈北斗之運行與二十四節氣圖〉。

作用仍然很強，但「陽氣凍解」，陽氣作用越來越明顯，到了夏至「陽氣極」，陽氣作用即盛，此時陰氣表面上看似沒有作用，實際上只是作用微弱，但已在背後醞釀，故曰「陰生於午」。因此當陽氣鼎盛時，表面上看不見陰氣，但陰氣已開始醞釀發生，而陰氣當發展到極盛時，表面上看不到陽氣，事實上陽氣卻也已開始發生。

（二）十二月律

此段描述十二月律的名稱、順序以及其與抖杓位置、十二支搭配和名稱的定義。

> 帝張四維，運之以斗，月徙一辰，復反其所。正月指寅，十一月指子[註123]，一歲而帀，終而復始。指寅，寅，則萬物螾螾然也，律受太蔟。太蔟者，蔟而未出也。指卯，卯則茂茂然，律受夾鍾。夾鍾者，種始莢也。指辰，辰則振之也，律受姑洗。姑洗者，陳去而新來也。指巳，巳則生已定也，律受仲呂。仲呂者，中充大也。指午，午者，忤也，律受蕤賓。蕤賓者，安而服之。指未，未者，味也[註124]，律受林鍾。林鍾者，引而止之也。指申者，呻也[註125]，律受夷則。夷則者，易其則也，德以去矣。指酉，酉者，飽也，律受南呂。南呂者，任包大也。指戌，戌者，滅也，律受无射。无射，入无厭也。指亥，亥者，閡也，律受應鍾。應鍾者，應其鍾也。指子，子者，茲也，律受黃鍾。黃鍾者，鍾已黃也。指丑，丑者，紐也，律受大呂。大呂者，旅旅而去也[註126]。故曰規生矩殺，衡長

[註123] 「十一月指子」本作「十二月指子」。王引之云：「『十二月指丑』本作『十一月指子』，後人改之也。太平御覽時序部一引此正作『十一月指子』。」說見（清）王念孫：《讀書雜志》，下冊，頁795～796。今從校改。

[註124] 「未者，味也」本作「未，昧也」。王念孫云：「未下脫者字。昧本作味。」同註123，頁796。今從校改。

[註125] 「林鍾者，引而止之也。申者，呻也」本作「林鍾者，引而止也。指申者，呻之也」。王念孫云：「之字當在上文『引而止』下。今本誤在申字下，則文不成義。」（清）王念孫：《讀書雜志》，下冊，頁796。今從校改。

[註126] 「大呂者，旅旅而去也」後原有「其加卯酉，則陰陽分，日夜平矣」。王引之云：「此三句不與上下文相承，尋繹文義，當在前『日短而夜脩』之下。云其加卯酉者，承夏日至、冬日至言之。彼言冬夏至，此言春秋分也。言陰陽分，日夜平者，承陽勝、陰勝，日夜脩短言之，言至春秋分則陰陽無偏勝，日夜無脩短也。寫者錯亂在此，今更定其文如左：『夏日至則陰乘陽，是以萬物就而死；冬日至則陽乘陰，是以萬物仰而生。晝者陽之分，夜者陰之分，是以

權藏，繩居中央，爲四時根。〔註127〕

首先《淮南》強調星斗的運行與十二月、十二辰、十二律的輪轉都是「一歲而匝，終而復始」，因此具有生生不息義，以下列表觀之。

圖表十二〔註128〕

月　份	斗指	釋　義	月律	釋　義
正月	寅	則萬物螾螾然也	太蔟	太蔟者，蔟而未出也
二月	卯	卯則茂茂然	夾鐘	夾鐘者，種始莢也
三月	辰	辰則振之也	姑洗	姑洗者，陳去而新來也
四月	巳	巳則生已定也	仲呂	仲呂者，中充大也
五月	午	午者，忤也	蕤賓	蕤賓者，安而服也
六月	未	未者，味也	林鐘	林鐘者，引而止之也
七月	申	申者，呻也	夷則	夷則者，易其則也，德以去矣
八月	酉	酉者，飽也	南呂	南呂者，任包大也
九月	戌	戌者，滅也	無射	無射，入無厭也
十月	亥	亥者，閡也	應鐘	應鐘者，應其鐘也
十一月	子	子者，茲也	黃鐘	黃鐘者，鐘已黃
十二月	丑	丑者，紐也	大呂	大呂者，旅旅而去也

　　《淮南》發現斗杓所指十二個月正好運行一周，且一個月指向一個方位，因此前人便以十二地支表示斗杓所指方位代表各個月份，故斗杓指向寅位爲正月，斗杓指向丑位爲十二月，週而復始。另外，關於十二支的名稱，《淮南》中的描述大致以其字之假借義爲主。以寅爲例：「寅爲萬物螾螾也」，此處寅因形近假借作螾，故有螾螾而生動貌。又如「子者，茲也」，子因音近假借作滋，故有萬物滋長之義。《淮南》對於十二支的詮釋相當簡略，雖多以其假借義釋之，但隱約透露出氣化生生的次序，如子指十一月，陰氣極盛陽氣萌，

陽氣勝則日脩而夜短，陰氣勝則日短而夜脩。其加卯酉，則陰陽分，日夜平矣』。」同註125，頁796。今從校改。
〔註127〕（漢）劉安：《淮南子》，卷三〈天文〉，頁22。
〔註128〕本表根據（漢）劉安：《淮南子》，卷三〈天文〉，頁22。原文整理。

故有萬物滋生之義。又如卯指二月，陽氣生生，故曰「茂茂然」，形容萬物茂盛生長貌。

其次，十二律的名稱，《淮南》則多以其名稱引申義釋之。以太蔟為例：「太蔟者，蔟而未出也」，蔟引申有萬物聚集但尚未生出之義。但關於十二律名稱的說法相當簡略，所以有時看不出其關聯性。如「黃鐘者，鐘已黃也」，便看不出其命名之原因，而同屬漢代的《史記‧律書》〔註129〕與《漢書‧律歷志》〔註130〕中對於黃鐘的解釋，跟《淮南》比起來就較為完整且詳細，並且可看出兩者都是根據陰陽五行的觀念加以論述。

> 凡十二律，黃鐘為宮，太蔟為商，姑洗為角，林鐘為徵，南呂為羽。物以三成，音以五立，三與五如八，故卯生者八竅。律之初生也，寫鳳之音，故音以八生。黃鐘為宮，宮者，音之君也，故黃鐘位子，其數八十一，主十一月，下生林鐘。林鐘之數五十四，主六月，上生太蔟。太蔟之數七十二，主正月，下生南呂。南呂之數四十八，主八月，上生姑洗。姑洗之數六十四，主三月，下生應鐘。應鐘之數四十二，主十月，上生蕤賓。蕤賓之數五十七，主五月，上生大呂。大呂之數七十六，主十二月，下生夷則。夷則之數五十一，主七月，上生夾鐘。夾鐘之數六十八，主二月，下生無射。無射之數四十五，主九月，上生仲呂。仲呂之數六十，主四月，極不生。〔註131〕

首先，此段描寫五音與十二律的搭配關係，接著描寫音律產生的由來，是模仿鳳凰音調所訂，而鳳凰有八竅，正與陰陽相生萬物所成的數字三和五音相加的總合相對應，而以下所介紹的音律相生法也是隔八相生，表列如下。

〔註129〕《史記‧律書》：「十一月也，律中黃鐘。黃鐘者，陽氣踵黃泉而出也。其於十二子為子。子者，滋也。滋者，言萬物滋於下也。其於十母為壬癸。壬之為言任也，言陽氣任養萬物於下也。癸之為言揆也，言萬物可揆度，故曰癸。」（漢）司馬遷撰、（宋）裴駰集解《史記》，上冊，卷二十五，頁490～491。

〔註130〕《漢書‧律歷志》：「黃鐘：黃者，中之色，君之服也；鐘者，種也。天之中數五，五為聲，聲上宮，五聲莫大焉。地之中數六，六為律，律有形有色，色上黃，五色莫盛焉。故陽氣施種於黃泉，孳萌萬物，為六氣元也。以黃色名元氣律者，著宮聲也。宮以九唱六，變動不居，周流六虛。始於子，在十一月。」（漢）班固撰、（唐）顏師古注、（清）王先謙補注：《漢書補注》，上冊，卷二十一上，頁395。

〔註131〕（漢）劉安：《淮南子》，卷三〈天文〉，頁22～23。

圖表十三〔註132〕

生律次序	1	8	3	10	5	12	7	2	9	4	11	6
律名	黃鍾宮	大呂	太蔟商	夾鍾	姑洗角	仲呂	蕤賓	林鍾徵	夷則	南呂羽	无射	應鍾
律數	81	76	72	68	64	60	57	54	51	48	45	42
月份	11	12	1	2	3	4	5	6	7	8	9	10
隔八相生	下生林鍾	上生姑洗	下生南呂	下生無射	下生應鍾	極不生	上生大呂	上生太蔟	上生夾鍾	上生姑洗	上生仲呂	上生蕤賓

　　所謂隔八相生，是指十二律所產生的次序，《淮南》認為黃鍾為所有音律之主，故定其生律次序為一，十二律生成次序從黃鍾開始計算，黃鍾主十一月，其「下生林鍾」，林鍾主六月，其間正好相隔八個月，故曰隔八相生。

　　其次，《淮南》記載了十二律數的變化，《淮南》云：「故律歷之數，天地之道也。下生者倍，以三除之；上生者四，以三除之。〔註133〕」十二律數上下相生，下生者律數乘二除三，上生者乘四除三，黃鍾為律數之始，故以黃鍾為例，黃鍾「下生林鍾」，故以黃鍾數八十一乘二除三，正好等於林鍾數五十四。又如林鍾「上生太蔟」，故以林鍾數五十四乘四除三，正好等於太蔟數七十二，以下依此類推，至仲呂為止。

　　《淮南》藉由十二律相生法以及律數、月份的變化，帶出一個重要觀念，那就是生生不息的循環。十二個月在春夏秋冬的運轉之下周而復始，十二律及其律數的變化也就順著四季的遞嬗不斷輪轉。

（三）五　音

　　宮生徵，徵生商〔註134〕，商生羽，羽生角，角主姑洗〔註135〕，姑

〔註132〕本表參考陳麗桂：《新編淮南子》，上冊，頁225。附圖繪製。

〔註133〕同註131，頁23。

〔註134〕「宮生徵，徵生商」本作「徵生宮，宮生商」。王念孫云：「上文云黃鍾為宮，太蔟為商，林鍾為徵。又曰黃鍾下生林鍾，林鍾上生太蔟，所謂宮生徵，徵生商也。宋書律志、晉書律曆志竝作『宮生徵，徵生商』。」說見（清）王念孫：《讀書雜志》，下冊，頁797。今從校改。

〔註135〕「角主姑洗」本作「角生姑洗」。王引之云：「音律相生，皆非同位者。上文云姑洗為角，則角與姑洗為一，不得云角生姑洗也。生當為主。角主姑洗，猶言姑洗為角耳。主與生相似，又因上下文生字而誤。」同註134，頁

　　　　洗生應鍾，不比於正音，故爲和〔註136〕。應鍾生蕤賓，不比正音，

　　　　故爲繆。日冬至，音比林鍾，浸以濁。日夏至，音比黃鍾，浸以清。

　　　　以十二律應二十四時之變，甲子，仲呂之徵也；丙子，夾鍾之羽也；

　　　　戊子，黃鍾之宮也；庚子，无射之商也；壬子，夷則之角也。〔註137〕

接著，《淮南》介紹十二律與五音的關係。在十二個音律之中，五音爲宮（黃
鍾）商（太蔟）角（姑洗）徵（林鍾）羽（南呂），屬於正音，而五音的生成
次序爲宮徵商羽角。除了正音之外還有變音，《淮南》認爲五音之外爲變音，
並有和與繆的區別，和爲正音所生，繆爲變音所生。

　　十二律與五音不但是音樂變化的準則，更與季節的改變有著極爲密切的
關係。《淮南》指出十二律的變化正好與二十四節氣的改變互相對應，冬至
時，音律配合黃鍾，之後律管越長，聲音逐漸重濁。夏至時，音律配合黃鍾，
之後律管越短，聲音逐漸清揚，音律隨著季節的遞嬗正好形成一個循環，周
行不已。

（四）六十旋宮

　　除了二十四節氣與十二月律，《淮南》中還由十二律帶出六十旋宮的觀
念。金春峰云。「《禮記・禮運》說：『五音、六律、十二管，旋相爲宮也。』
『旋宮』及轉移主調位置，一個調可以『旋宮』十二次，五種調式共可得六
十調。〔註138〕」故《淮南》以黃鍾爲例：黃鍾十二支爲子，故由甲子仲呂之
徵開始運行，十二日後至丙子夾鍾之羽，依此類推，自甲子後四十八日至壬
子夷則之角。因此以五音與十二律相互搭配的結果，得出六十旋宮。參見下
表：

　　　　797。今從校改。

〔註136〕「不比於正音，故爲和」本作「比於正音，故爲和」。王引之云：「『比於正
　　　　音，故爲和』本作『不比於正音，故爲和』，……『不比於正音』者，不入
　　　　於正音也。宋書律志正作『不比於正音，故爲和』，晉書律曆志引淮南王安
　　　　曰：『應鍾不比正音，故爲和』，足證今本之謬。」同註134，頁797～798。
　　　　今從校改。

〔註137〕（漢）劉安：《淮南子》，卷三〈天文〉，頁23。

〔註138〕金春峰：《漢代思想史》，頁113～114。

圖表十四〔註139〕

十二律呂 五　音	徵	羽	宮	商	角
子 黃鍾	甲子 仲呂之徵	丙子 夾鍾之羽	戊子 黃鍾之宮	庚子 無射之商	壬子 夷則之角
丑 大呂	乙丑 蕤賓之徵	丁丑 姑洗之羽	己丑 大呂之宮	辛丑 應鍾之商	癸丑 南呂之角
寅 太蔟	丙寅 林鍾之徵	戊寅 仲呂之羽	庚寅 太蔟之宮	壬寅 黃鍾之商	甲寅 無射之角
卯 夾鍾	丁卯 夷則之徵	己卯 蕤賓之羽	辛卯 夾鍾之宮	癸卯 大呂之商	乙卯 應鍾之角
辰 姑洗	戊辰 南呂之徵	庚辰 林鍾之羽	壬辰 姑洗之宮	甲辰 太蔟之商	丙辰 黃鍾之角
巳 仲呂	己巳 無射之徵	辛巳 夷則之羽	癸巳 仲呂之宮	乙巳 夾鍾之商	丁巳 大呂之角
午 蕤賓	庚午 應鍾之徵	壬午 南呂之羽	甲午 蕤賓之宮	丙午 姑洗之商	戊午 太蔟之角
未 林鍾	辛未 黃鍾之徵	癸未 無射之羽	乙未 林鍾之宮	丁未 仲呂之商	己未 夾鍾之角
申 夷則	壬申 大呂之徵	甲申 應鍾之羽	丙申 夷則之宮	戊申 蕤賓之商	庚申 姑洗之角
酉 南呂	癸酉 太蔟之徵	乙酉 黃鍾之羽	丁酉 南呂之宮	己酉 林鍾之商	辛酉 仲呂之角
戌 無射	甲戌 夾鍾之徵	丙戌 大呂之羽	戊戌 無射之宮	庚戌 夷則之商	壬戌 蕤賓之角
亥 應鍾	乙亥 姑洗之徵	丁亥 太蔟之羽	己亥 應鍾之宮	辛亥 南呂之商	癸亥 林鍾之角

綜合觀之，十二律循環順序，主要是按十二個月份運行次序排列，但二十四節氣與十二月律搭配的循環，十二月律的循環次序則可看出有所不同。可知，當時十二月律的循環相配可能有不同的系統。《淮南》在此將二十四節

〔註139〕本表根據陳廣忠：《淮南子譯注》，頁 144。附〈五音十二律旋宮以當六十甲子表〉繪製。

氣、十二月律、五音、六十旋宮相互結合，並以陰陽氣化作出詮釋，金春峰
認為「這裡值得注意的是相生、三分損益、循環以及『旋宮』可得六十調的
觀念。因為這些觀念包含著音樂是一個整體、一個系統以及系統各單元之間
是相互和諧協調的思想，包含著強調三分法的思想。它對以後中國哲學特別
是漢代哲學的發展，產生了重大影響。〔註140〕」《淮南》試圖藉由傳達時間、
季節、音律等是不斷的循環運行的過程，帶出「一歲而匝，終而復始」生生
不息的觀念。

三、五行時令

〈天文〉中還記載了一種以五行為架構的古代曆法，以下簡述之。

> 壬午冬至，甲子受制，木用事，火煙青。木色青也，東方。七十二
> 日丙子受制，火用事，火煙赤。火色赤也。南方。七十二日戊子受
> 制，土用事，火煙黃。土中央。其色黃。七十二日庚子受制，金用
> 事，火煙白。西方金，其色白。七十二日壬子受制，水用事，火煙
> 黑。北方水。其色黑。七十二日而歲終，庚子受制。歲遷六日，以
> 數推之，十歲而復至甲子〔註141〕。甲子受制則行柔惠，挺群禁，開
> 闔扇，通障塞，毋伐木。丙子受制則舉賢良，賞有功，封建侯〔註142〕，
> 出貨財。戊子受制，則養長老，存鰥寡〔註143〕，行粃鬻，施恩澤。

〔註140〕 金春峰：《漢代思想史》，頁 114。李美燕：「『律、曆合一』的觀點其實是呈
顯出漢人對天地之間的規律性與秩序性的掌握。」李美燕：〈漢代樂律與天人
思想同構之宇宙圖式及方法意義〉，收入國立政治大學中文學系編《第三屆漢
代文學與思想學術研討會論文集》，頁 376。

〔註141〕「庚午受制。歲遷六日，以數推之，十歲而復至甲子」本作「庚子受制。歲
遷六日，以數推之，七十歲而復至甲子」。王引之云：「上文言『壬午冬至，
甲子受制』。由甲子受制以歲遷六日推之，一日乙丑，二日丙寅，三日丁卯，
四日戊辰，五日己巳，六日庚午，則當作『庚午受制』。今本作『庚子』，涉
上文『庚子』而誤也。由甲子受制每歲以遷六日推之，至十歲而六十甲子，
終而復始，則當作『十歲而復至甲子』。今本十上有七字，涉上文『七十二日』
而衍也。」說見（清）王念孫：《讀書雜志》，下冊，頁 794。今從校改。

〔註142〕「封建侯」本作「立封侯」。向宗魯云：「『立封侯』三字不詞。高注『故封建
侯，出貨財』乃複舉正文，是正文本作封建侯也。」說見何寧：《淮南子集釋》，
頁 227。今從校改。

〔註143〕「養長老，存鰥寡」本作「養老鰥寡」。王念孫云：「『養老鰥寡』當作『養長
老，存鰥寡』。今本脫長、存二字，則句法與上下文不協。」同註141，頁 794。
今從校改。

　　庚子受制，則繕牆垣，脩城郭，審群禁，飾兵甲，儆百官，誅不法。

　　壬子受制，則閉門閭，大搜客。斷罰刑，殺當罪，息關梁，禁外徒。

　　甲子氣燥濁，丙子氣燥陽，戊子氣溼濁，庚子氣燥寒，壬子氣清寒。

〔註144〕

〈天文〉所載五行時令以七十二日爲一單位，將三百六十日分成五個部分，並以五行：木火土金水分別配上火煙色：青紅黃白黑，方位：東南中西北，干支記日：甲丙戊庚壬五子，構成以五行相生爲主的曆法觀。但一年有三百六十五又四分之一日，故《淮南》在安排五行曆法中記日干支發現一年約差六日，而七十年後後會再度回到冬至以甲子日開始計算。以下整理列表觀之。

圖表十五〔註145〕

季節	春	夏	仲夏	秋	冬
干支	甲子	丙子	戊子	庚子	壬子
五行	木	火	土	金	水
火煙色	青	赤	黃	白	黑
五行用事	行柔惠，挺群禁，開闔扇，通障塞，毋伐木	舉賢良，賞有功，立封侯，出貨財	養老鰥寡，行稃鬻，施恩澤	繕牆垣，修城郭，審群禁，飾兵甲，儆百官，誅不法	閉門閭，大搜客，斷刑罰，殺當罪，息關梁，禁外徒
五子之氣	氣燥濁	氣燥陽	氣溼濁	氣燥寒	氣清寒

　　《淮南》將一年火煙特色變化巧妙與五行作搭配，加上五子之氣候的特質，試圖以季節中火煙、氣質的變化作爲五行用事的基礎，強調五行對季節變化的影響與五行用事的重要性。此外，《淮南》將一年五季君王應遵守的施政用事準則作了整理，並與五行循環系統作結合，建議君王的施政，不可背離五行生生自然規律，否則五行用事系統不順，相互干犯時，就會產生災異現象，造成天候異常、社會動盪不安。

　　丙子干甲子，蟄蟲早出，故雷早行。戊子干甲子，胎夭卵毈，鳥蟲多傷。庚子干甲子，有兵。壬子干甲子，春有霜。戊子干丙子，霆。

〔註144〕（漢）劉安：《淮南子》，卷三〈天文〉，頁21。
〔註145〕本表根據（漢）劉安：《淮南子》，卷三〈天文〉，頁21。原文整理。

庚子干丙子，夷〔註146〕。壬子干丙子，雹。甲子干丙子，地動。
庚子干戊子，五穀有殃。壬子干戊子，夏寒雨霜。甲子干戊子，介
蟲不爲。丙子干戊子，大旱，苽封熯。壬子干庚子，則魚不爲〔註
147〕。甲子干庚子，草木再死再生〔註148〕。丙子干庚子，草木復
榮。戊子干庚子，歲或存或亡〔註149〕。甲子干壬子，冬乃不藏。
丙子干壬子，星墜。戊子干壬子，蟄蟲冬出其鄉。庚子干壬子，冬
雷〔註150〕。〔註151〕

《淮南》將五行互相干犯的影響作一紀錄，如《淮南》認爲當丙子與甲子互
相干犯時，就會出現原本該蟄伏於地底的昆蟲提早出現的異象。此外，《春
秋繁露》〔註152〕與《開元占經》中都有相似記載，《春秋繁露》中用五行取
代《淮南》中五子的說法，而《開元占經》裡則將甲、丙、戊、庚、壬五子
以木（歲星）、火（熒惑）、土（塡星）、金（太白）、水（辰星）五星表示，
說明五星干犯之理。以《開元占經・卷二十・五星占三・歲星與熒惑相犯一》
爲例：「甘氏曰：歲星干熒惑爲地動；熒惑干木星，蟄蟲冬出，動雷，旱行，

〔註146〕何寧案：「春秋繁露治亂五行篇『金干火，草木夷』。此夷上當據補『草木』
二字。」何寧：《淮南子集釋》，上冊，頁229。
〔註147〕「則魚不爲」本作「大剛魚不爲」。王引之云：「大剛二字義不可通也。大
字蓋因上文大旱而衍。剛當爲則，字之誤也。則魚不爲四字連讀。春秋繁
露治亂五行篇曰：『水干金則魚不爲。』是其證。」說見（清）王念孫：《讀
書雜志》，下冊，頁794。今從校改。
〔註148〕何寧案：「再死二字義不可通。春秋繁露治亂五行篇云：『木干金則草木再
生。』無再死二字。」同註146，頁230。
〔註149〕馬宗霍云：「歲不可言存亡。本文存字疑當作有。亡與無同。『歲或有或亡』，
猶言或有歲或無歲也，亦即歲或豐或歉之意。」說見（清）馬宗霍：《淮南舊
注參正》（濟南：齊魯書社，1984年3月），頁62。馬說疑是。
〔註150〕「冬雷」本作「冬雷其鄉」。于鬯云：「『其鄉』二字涉上文衍。」（清）于鬯：
《香草續校書・淮南子》（全二冊）（北京：中華書局，2006年7月），頁529。
今從校改。
〔註151〕（漢）劉安：《淮南子》，卷三〈天文〉，頁21。
〔註152〕《春秋繁露・卷第十四・治亂五行第六十二》：「火干木，蟄蟲蚤出，蚿雷
蚤行；土干木，胎夭卵㲉，鳥蟲多傷；金干木，有兵；水干木，春下霜。
土干火，則多雷；金干火，草木夷；水干火，夏雹；木干火，則地動。金
干土，則五穀傷有殃；水干土，夏寒雨霜；木干土，倮蟲不爲；火干土，
則大旱。水干金，則魚不爲；木干金，則草木再生；火干金，則草木秋榮；
土干金，五穀不成。木干水，冬蟄不藏；土干水，則蟄蟲冬出；火干水，
則星墜；金干水，則冬大寒」。（漢）董仲舒撰、蘇輿義證：《春秋繁露義證》
（北京：中華書局，2002年8月），頁383～384。

禾不成。……荆州占曰：熒惑犯歲星，冬雷鳴，蟄蟲行，人民驚恐。〔註153〕」，與《淮南》：「甲子干丙子，地動」、「丙子干甲子，蟄蟲早出，木氣溫，故早出」就有許多相似之處。

由此可知，五行系統相生相剋的觀念，在當時相當流行，且運用廣泛，不但可作爲曆法的基礎，還是災異發生的判斷依據，雖然五行搭配說法相當分歧。以《開元占經‧卷二十‧五星占三‧歲星與熒惑相犯一》爲例：「荆州占曰：熒惑犯歲星爲戰。〔註154〕」，便與《淮南》不盡相同。但如此龐大博雜的記載，也反映出當代習用五行作爲歸納整理災異天象重要的系統工具。

第三節　《淮南》的曆法觀

〈天文〉中保留了許多漢初及其以前的曆法資料，並且對於後來史書律曆志的撰寫奠定基礎，以下將〈天文〉中的曆法觀分作紀元法、太陰紀歲法、陰陽刑德數術、歲星災異四部份進行討論。

一、紀元法

此爲〈天文〉中記載曆法觀念與基本的紀元方法，以下整理分析。

> 太微者，天子之庭也〔註155〕。紫宮者，太一之居也。軒轅者，帝妃之舍也。咸池者，水魚之圃也。天河者，群神之闕也〔註156〕。四守者，所以司賞罰〔註157〕。太微者主朱鳥，紫宮執斗而左旋，日行一度，以周於天。日冬至峻狼之山，日移一度，六月行百八十二度八

〔註153〕（唐）瞿曇悉達：《唐開元占經》（臺北：台灣商務印書館，1983 年，景印清文淵閣《四庫全書》本），頁 328。

〔註154〕（唐）瞿曇悉達：《唐開元占經》，頁 328。

〔註155〕「太微者，天子之庭也」本作「太微者，太一之庭也」。俞樾云：「下云曰：『紫宮者，太一之居也』，然則太一自在紫宮，不在太微。此『太一』乃『天子』二字之誤。太平御覽引天官星占曰：『紫宮，太一之坐也。太微之宮，天子之庭，五帝之坐也』，是其明證。」說見（清）俞樾：《諸子平議》，頁 934。今從校改。

〔註156〕「天河者，群神之闕也」本作「天阿者，群神之闕也」。王引之云：「北堂書鈔、太平御覽引此並作天河。」說見（清）王念孫：《讀書雜志》，下冊，頁 787。今從校改。

〔註157〕「四守者，所以司賞罰」本作「四宮者，所以爲司賞罰」。王引之云：「各本守作宮，涉上文紫宮而誤。又各本以下衍爲字，今據舊本北堂書鈔、初學記、太平御覽所引刪。」說同註 156，頁 787。今從校改。

分度之五〔註158〕，而夏至牛首之山。反覆三百六十五度四分度之一
而成一歲。太一元始〔註159〕，正月建寅，日月俱入營室五度。太一
以始建七十六歲〔註160〕，日月復以正月入營室五度無餘分，名曰一
紀。凡二十紀，千五百二十歲大終，三終，日月星辰復始甲寅之元
〔註161〕。日行危一度而歲有奇四分度之一〔註162〕，故四歲而積千
四百六十一日而復合，故舍八十歲而復故日〔註163〕。〔註164〕

太微、紫宮、軒轅、咸池、天河、四守皆天上星座之名，《淮南》將其與神
明作連結，形成後來星官的概念〔註165〕。陶磊云：「在中國古代自然論或宇
宙論中，神明（神靈）享有舉足輕重的地位，從宇宙的形成到歲時的變換，
無不有神明參與其中，世界上萬事萬物的生長消息隨時隨地受著神明的節

〔註158〕「六月行百八十二度八分度之五」本作「月行百八十二度八分度之五」。錢塘
云：「此六月所行度分也。日移一度，故半歲而有此度數。月上疑脫六字」。
說見（清）錢塘：《淮南天文訓補注・卷上》，頁38。今從校改。

〔註159〕「太一元始」本作「天一元始」。錢塘云：「『天一』當爲『太一』，字之譌
也。」說同註158，頁39。今從校改。

〔註160〕「太一以始建七十六歲」本作「天一以始建七十六歲」。錢塘云：「『天一』
亦宜作『太一』。」（清）錢塘：《淮南天文訓補注・卷上》，頁41。今從校
改。

〔註161〕「一千五百二十歲大終，日月星辰復始甲寅元」本作「千五百二十歲大終，
三終，日月星辰復始甲寅元」。王引之云：「各本千上有一字，開元占經所引
無，今從之。『大終』下當有『三終』二字。千五百二十歲一終，但至甲戌，
不得復始甲寅之元，故知脫『三終』二字也。」于大成云：「占經五引許本元
上有之字。集證本於此處補之字，是也。」說見（清）王念孫：《讀書雜志》，
下冊，頁789、于大成：《淮南鴻烈論文集》，上冊，頁276。今從校改。

〔註162〕「日行危一度而歲有奇四分度之一」本作「日行一度而歲有奇四分度之一」。
王引之云：「『日行一度』本作『日行危一度』，後人刪去『危』字耳。」說見
（清）王念孫：《讀書雜志》，下冊，頁789～790。今從校改。

〔註163〕「故四歲而積千四百六十一日而復合，故舍八十歲而復故日」本作「故日歲
而積千四百六十一日而復合，故舍八十歲而復故日」。于大成云：「劉本雖誤
作日，然於日字絕句，下句『子午卯酉』已下提行別作一段，知劉亦作日字
也。集證本改爲日字，是也。」說見于大成：《淮南鴻烈論文集》，上冊，頁
277。今從校改。

〔註164〕（漢）劉安：《淮南子》，卷三〈天文〉，頁19～20。

〔註165〕陳遵嬀：「〈天官書〉中的星官共有九十一個，包括五百多顆恆星並模擬人類
社會的組織，給以帝王、百官、人物、土地、建築物、器物、動植物等名稱。
它把星空分爲五官，北極附近的星屬於中官，二十八宿則分屬於東南西北四
官。東南西北四官，分別叫做蒼龍、朱雀、咸池、玄武，而咸池一般用白虎
代替。」說見陳遵嬀：《中國天文學史》第二冊，頁5。

制。這個特點〈天文〉中有充分反映〔註 166〕」。《淮南》認爲太微是天子之庭，主管四象之朱鳥；紫宮、軒轅、咸池、天河爲四守，其作用在掌管施行賞罰。

以下《淮南》言北斗七星的運行，北斗七星左旋於天，日行一度，三百六十五又四分之一日正好運行一周，周行不息，正如天道運行亦是無限生生不息的。太陽的運行於冬至時由極南之山出發，日行一度，六個月後運行百八十二度八分度之五，並於夏至抵達極北之山後開始回轉，反覆三百六十五度四分度之一後完成一年運行。

而《淮南》的曆法，以十月爲歲首，故正月時斗杓指向寅位，此時日月正好同位於營室五度，七十六年後日月正好重新一同進入營室五度，故《淮南》稱此循環爲「一紀」。二十紀爲一千五百二十年後大終，三終後日月星辰又從甲寅年開始。每年運行到危宿一度，就有四分之一度奇零，故累積四年，共千四百六十一日（第五年半夜子時），日月又復合至牽牛，八十年後始返開始之甲寅冬至日。

> 斗杓爲小歲，正月建寅，月從左行十二辰。咸池爲大歲，二月建卯，月從右行四仲，終而復始。大歲迎者辱〔註167〕，背者強，左者衰，右者昌，小歲東南則生，西北則殺，不可迎也，而可背也，不可左也，而可右也，其此之謂也。大時者，咸池也；小時者，月建也。
> 〔註168〕

《淮南》中還有關於大歲、小歲的記載。「斗杓爲小歲」，斗杓用以確定十二月、二十四節氣等小時令，故曰小歲。斗杓正月建寅，月從左行十二辰。咸池爲大歲，正月建卯，月從右行四仲，終而復始。斗杓指向東南時，爲陽氣當令月節，故主生。斗杓指向西北時，爲陰氣當令月節，故主殺。「大歲爲咸池」，咸池只指子、午、酉、卯四位，用以確定大節令如四季，故曰大歲。正

〔註166〕陶磊：《《淮南子・天文》研究：從數術史的角度》，頁 54。
〔註167〕「咸池爲大歲」、「大歲迎者辱」本作「咸池爲太歲」、「太歲迎者辱」。錢塘云：「淮南有兩太歲，此太歲非太一也。或說太當爲大，然義則同。」王念孫云：「錢氏曉徵答問曰：問淮南以咸池爲太歲，與它書所言太歲異，何故？曰：淮南云『斗杓爲小歲，咸池爲大歲』。『大時者，咸池也。小時者，月建也』。皆以大小相對，初未嘗指咸池爲太歲。其作太歲者，乃後人轉寫之譌。」說見（清）錢塘：《淮南天文訓補注・卷上》，頁 55、（清）王念孫：《讀書雜志》，下冊，頁 792。今從校改。
〔註168〕（漢）劉安：《淮南子》，卷三〈天文〉，頁 21。

月由卯位開始右行，經子、午、酉、卯四位，週而復始。向左迎大歲者衰辱，向右順大歲者強盛。

> 天維建元，常以寅始起，右徙一歲而移，十二歲而周天〔註169〕，終而復始。淮南元年冬，天一在丙子〔註170〕，冬至甲午，立春丙子。二陰一陽成氣二，二陽一陰成氣三，合氣而爲音，合陰而爲陽，合陽而爲律，故曰五音六律。音自倍而爲日，律自倍而爲辰，故曰十而辰十二。〔註171〕

太歲開始紀元，通常是從歲星在營室、東井二宿之位，太歲指寅開始算起。歲星向右運行，一年移動一辰位，十二年繞天一周。因此淮南元年冬〔註172〕，太歲在丙子，冬至爲甲午，立春爲丙子。

接著，《淮南》以陰陽觀詮釋音律與日辰的關係，「二陰一陽成氣二，二陽一陰成氣三〔註173〕」，因此，合氣二與氣三爲五氣，五氣生五音，合前者與後者之二陰與一陰而爲三，恰爲陽之數，合二陽數爲六，六氣生六律，五音數加倍爲十，恰爲天干數，六律數加倍爲十二，恰爲地支數。

〔註169〕「十二歲而周天」本作「十二歲而大周天」。王引之云：「起字上當有脫文。蓋言甲寅之年，歲星在娵訾之次，（營室、東壁也。詳見下條。）是歲星所起也。起與二始字二子字韻也。（二子字見下文。）必言歲星所起者，太歲與歲星相應而行，故言太歲建元必以歲星也。……然則右旋、周天，皆謂歲星，若建寅之太歲，左行於地，不得爲之右徙、周天矣。起字之上有脫文無疑。周天上本無大字，後人加之也。歲星十二歲而小周天，不得謂之大周。上文曰：『歲星歲行三十六度十六分度之七，（句）十二歲而周。』無大字。」（清）王念孫：《讀書雜志》，下冊，頁792～793。今從校改。

〔註170〕「天一在丙子」本作「太一在丙子」。王引之云：「太一乃北極之神，與紀歲無涉。太一當作天一。此因天字脫去上畫，後人又加點於下耳。廣雅曰：『天一，太歲也。』漢元封七年，太歲在丙子。上推至文帝十六年，爲淮南王安始封之年，太歲亦當在丙子，故曰天一在丙子也。」同註169，頁793。今從校改。

〔註171〕（漢）劉安：《淮南子》，卷三〈天文〉，頁21。

〔註172〕高誘注：「是則淮南王安即位之元年，以紀時也」。同註170，頁21。時爲漢文帝十六年。

〔註173〕俞樾云：「陽之數以三而奇，陰之數以二而得偶，所謂參天兩地也。《周書·武順篇》曰：『男生而成三，女生而成兩。』是其義也。二陰一陽則二二如四，一三如三，其數七。除五生數，則得成數二，所謂二陰一陽成氣二也。二陽一陰則二三如六，一二如二，其數八。除五生數，則得成數三，所謂二陽一陰成氣三也。高注未得其解。此陰陽之數，即《易》少陽少陰之數。」說詳（清）俞樾：《諸子平議》，頁935。

　　月日行十三度七十六分度之二十八〔註174〕，二十九日九百四十分日

　　之四百九十九而爲月，而以十二月爲歲。歲有餘十日九百四十分日

　　之八百二十七，故十九歲而七閏。日冬至子午，夏至卯酉，冬至加

　　三日，則夏至之日也。歲遷六日，終而復始。〔註175〕

月亮每日在天空運行十三又七十六分之二十八度，故二十九又九百四十分之
四百九十九日繞天一週，爲一個朔望月，每年有十二個朔望月，如此一年就
會多出十又九百四十分日之八百二十七日，因此累積十九年就會產生七個閏
月。接著，《淮南》言干支紀日與冬夏至的關係，經過實際觀察《淮南》發現
冬至干支日加上三個干支就是夏至的干支日，因此若冬至干支日在子，夏至
就在卯，冬至在午，夏至就在酉。《淮南》又言冬至的干支每年會向後移六日，
週而復始，反覆運行，故若今年冬至干支爲甲子，明年干支會後移六日變成
庚午日，必須經過十年累積，冬至才會再度回到甲子紀日，並且不斷的運行
下去。

　　《淮南》在〈天文〉中記載了大量漢初及其以前的曆法資料，《史記・天
官書》和《漢書・律曆志》等所載漢代曆法應該都是根據這些豐富的資料加
以修訂而成。而〈天文〉在詮釋其曆法觀時，運用了陰陽二氣的觀念，可知
陰陽觀在漢初已成爲一種基本的詮釋系統，凡天道所生的事物之理皆可以陰
陽二氣生消規律加以詮釋。

二、太陰紀歲法

　　太陰爲〈天文〉中用以紀歲的方法之一，以下就其規律、方法作一整理。

　　　太陰元始建于甲寅，一終而建甲戌，二終而建甲午，三終而復得甲

　　　寅之元。歲徙一辰，立春之後，得其辰而迁其所順，前三後五，百

　　　事可舉。太陰所建，蟄蟲首穴而處，鵲巢鄉而爲戶。〔註176〕

由前面可知《淮南》紀歲由甲寅年日月五星入營室五度無餘分開始運行，一

〔註174〕「月日行十三度七十六分度之二十八」本作「月日行十三度七十六分度之二
　　　　　十六」。錢塘云：「一紀日周七十六，月周千一十六，以日周除月周，得十三
　　　　　度七十六分度之二十八，是以月周比每日之月行得此數，故定爲一日之月行
　　　　　也。」參見（清）錢塘：《淮南天文訓補注・卷下》，頁 4。今從校改。
〔註175〕（漢）劉安：《淮南子》，卷三〈天文〉，頁 21。
〔註176〕（漢）劉安：《淮南子》，卷三〈天文〉，頁 23。

千五百二十年爲大終〔註 177〕，日月星辰重入營室五度無餘分，《淮南》日一終，干支建於甲戌，二終三千零四十年干支建於甲午，三終四千五百六十年，干支、日月五星又重新回到以甲寅紀年，此時稱爲一元。

太陰建元由冬至開始，一年向前遷移一個辰位，太陰紀歲雖從冬至開始，但要到立春之後才可推算太陰的辰位，也就是立春之後新的辰位才算正式開始。《淮南》的曆法認爲太陰所居辰位所代表的月份「前三後五，百事可舉」，以太陰建寅爲例：太陰建寅爲正月，因此前三個月卯（二）、辰（三）、巳（四），與後五個月丑（十二）、子（十一）、亥（十）、戌（九）、酉（八），百事皆宜。此外，太陰所居辰位也代表一個方位，以太陰建寅爲例：寅表東北東方，《淮南》根據觀察發現，當太陰所居此辰位時，「蟄蟲首穴而処，鵲巢鄉而爲戶」，冬眠的動物頭所朝的方向與鵲鳥築巢巢口的方向，正好會與太陰所居的辰位方向相同。

在此〈天文〉簡述太陰紀元曆法的規律，以及太陰紀歲與行事吉凶的關係，並且記載自然界受到太陰紀年的影響所產生的特殊現象。

> 太陰在寅，歲名曰攝提格，其雄爲歲星，舍斗、牽牛，以正月與之晨出東方，東井、輿鬼爲對。太陰在卯，歲名曰單閼，歲星舍須女、虛、危，以二月與之晨出東方，柳、七星、張爲對。太陰在辰，歲名曰執除，歲星含營室、東壁，以三月與之晨出東方，翼、軫爲對。太陰在巳，歲名曰大荒落，歲星舍奎、婁，以四月與之晨出東方，角、亢爲對。太陰在午，歲名曰敦牂，歲星舍胃、昴、畢，以五月與之晨出東方，氐、房、心爲對。太陰在未，歲名曰協洽，歲星舍觜雟、參，以六月與之晨出東方，尾、箕爲對。太陰在申，歲名曰涒灘，歲星舍東井、輿鬼，以七月與之晨出東方，斗、牽牛爲對。太陰在酉，歲名曰作鄂，歲星舍柳、七星、張，以八月與之晨出東方，須女、虛、危爲對。太陰在戌，歲名曰閹茂，歲星舍翼、軫，以九月與之晨出東方，營室、東壁爲對。太陰在亥，歲名曰大淵獻，歲星舍角、亢，以十月與之晨出東方，奎、婁爲對。太陰在子，歲名曰困敦，歲星舍氐、房、心，以十一月與之晨出東方，胃、昴、畢爲對。太陰在丑，歲名曰赤奮若，歲星舍尾、箕，以十二月與之

〔註 177〕參見本章第三節〈《淮南》的曆法觀〉，頁 122～124。

　　晨出東方〔註178〕，觜巂、參爲對。〔註179〕

太陰紀歲與歲星的運行有關，歲星十二年運行天體二十八宿一周，因此以十二支配上十二個方位，稱爲十二辰，用來紀錄歲星運行的位置，歲星一年由西向東運行一個辰位，正與日月運行方位相左，古人爲紀歲方便，因此設立太陰，並訂定太陰運行方向與日月相同，一年由東向西運行一個辰位，配上一歲名，加上星宿的相對位置，方便紀歲的判斷〔註180〕。以下根據上文整理列表觀之。

圖表十六〔註181〕

太陰方位	歲　名	歲星位置	月　　　份	相對星宿
寅	攝提格	斗、牽牛	正月與之晨出東方	東井、輿鬼
卯	單閼	須女、虛、危	二月與之晨出東方	柳、七星、張
辰	執除	營室、東壁	三月與之晨出東方	翼、軫
巳	大荒落	奎、婁	四月與之晨出東方	角、亢
午	敦牂	胃、昴、畢	五月與之晨出東方	氐、房、心
未	協洽	觜巂、參	六月與之晨東方	尾、箕
申	涒灘	東井、輿鬼	七月與之晨出東方	斗、牽牛
酉	作鄂	柳、七星、張	八月與之晨出東方	須女、虛、危
戌	閹茂	翼、軫	九月與之晨出東方	營室、東壁

〔註178〕本云作「太陰在寅，……以十一月与之晨出東方，……太陰在卯，……以二月与之晨出東方，……。」王引之云：十一月當爲正月，十二月當爲二月，正月當爲三月，二月當爲四月，三月當爲五月，四月當爲六月，五月當爲七月，六月當爲八月，七月當爲九月，八月當爲十月，九月當爲十一月，十月當爲十二月。……若以十一月出，則是子而非寅，與太陰所在不相應矣。此由不知淮南之十一月爲後人所改，故曲爲之說，而終不可通也。參見（清）王念孫：《讀書雜志》，下冊，頁800～801。今從校改。
〔註179〕（漢）劉安：《淮南子》，卷三〈天文〉，頁23～24。
〔註180〕陳遵媯云：「據《淮南子・天文訓》所載，所謂歲星神靈是天帝的別稱，北斗是天地巡幸所坐的帝車，所以歲星神靈的方向應該和北斗運行方向相一致。把十二支分配於十二方位，用來表示斗柄的視運行，其次序正和歲星運行方向相反；因而認爲有和歲星運行方向相反的神靈歲陰存在。由於當時沒有直接指示歲星運行的名稱，遂以十二支表示歲陰位置，從而可以間接地表示歲星的位置。這種思想大概建立在戰國到秦漢之間。」陳遵媯：《中國天文學史》第二冊，頁171。
〔註181〕本表根據（漢）劉安：《淮南子》，卷三〈天文〉，頁23～24。原文整理。

亥	大淵獻	角、亢	十月與之晨出東方	奎、婁
子	困敦	氐、房、心	十一月與之晨出東方	胃、昴、畢
丑	赤奮若	尾、箕	十二月與之晨出東方	觜巂、參

以「太陰在寅」位為例：當太陰在寅位（東北東）時，此時為正月，歲星會於早晨出現在東方天空，此時天空星宿以斗、牽牛為主，與之相對星宿為東井、輿鬼，歲名定為攝提格。

《淮南》藉由太陰紀歲，十二月、星辰、方位會輪轉不息的觀念，說明大自然間存在生生不息之理序、規範，而君主施政以及人民行事皆須依循此理而為，不可違背天道運行法則。

三、陰陽刑德數術

〈天文〉中除了記載太陰曆的內容之外，還將此與預測人事吉凶禍福的數術相結合，形成以陰陽五行相生相勝觀念作為判定吉凶的準則，陶磊認為這屬五家曆之內容〔註182〕。以下簡述之。

> 太陰在寅，朱鳥在卯，勾陳在子，玄武在戌，白虎在酉，蒼龍在辰。
>
> 寅為建，卯為除，辰為滿，巳為平，主生；午為定，未為執，主陷；
>
> 申為破，主衡；酉為危，主杓；戌為成，主少德；亥為牧，主大德；
>
> 子為開，主太歲；丑為閉，主太陰〔註183〕。〔註184〕

此段首先說明太陰與五星中代表南方的神獸朱鳥、北方玄武、西方白虎、東方蒼龍以及代表中央的勾陳星〔註185〕的對應位置。其次，介紹建除之法〔註186〕，以下列表觀之。

〔註182〕陶磊：「再從《淮南子‧天文》的有關記述看，所謂「五家曆」，當是指通過測候歲月日星辰的運行，輔以分野等學說，以預測人事吉凶的曆說，是以歲、月、星、日、辰五神在天空中的不同位置為根據，判斷吉凶宜忌的一種數術。」陶磊：《《淮南子‧天文》研究：從數術史的角度》，頁140。

〔註183〕王引之云：「太陰二字，乃下屬為句，與下文『太陰在卯』之屬相同。主下當別有所主之事，而今脫去。」（清）王念孫：《讀書雜志》，下冊，頁799。

〔註184〕（漢）劉安：《淮南子》，卷三〈天文〉，頁23。

〔註185〕陳遵媯云：「勾陳：又作鈎陳，共六星。勾陳一（小熊座α星），即現代北極星。」陳遵媯：《中國天文學史》第二冊，頁39。

〔註186〕錢塘云：「此建除之法。《史記‧日者傳》有建除家。……案：建除有二法，越絕書從歲數，淮南書及漢書從月數，後人惟用月也。」（清）錢塘：《淮南天文訓補注》，頁50～51。

圖表十七〔註187〕

十　二　支	建　除　之　法	吉　　凶
寅	建	主生
卯	除	
辰	滿	
巳	平	
午	定	主陷
未	執	
申	破	主衡
酉	危	主杓
戌	成	主少德
亥	收	主大德
子	開	主太歲
丑	閉	主太陰

　　《淮南》將十二辰與「建、除、滿、平、定、執、破、危、成、收、開、閉」相配，用來判斷月之吉凶：「建、除、滿、平主生」，「生」主生長，故爲吉。「定、執主陷」「陷」爲缺陷，故爲凶。「破主衡」，「衡」主朝廷之事，故爲凶〔註188〕。「危主杓」，「杓〔註189〕」，主牢獄之事，故爲凶〔註190〕。「成主少德；收主大德」，「少德」爲小德，「收」爲大德，故爲吉。「開主太歲」，「太歲」主咸池，咸池司賞罰，故順者吉、逆者凶〔註191〕。「閉主太陰」，「太陰」

〔註187〕　本表根據（漢）劉安：《淮南子》，卷三〈天文〉，頁23。原文整理。

〔註188〕　陳遵嬀云：「衡是並列於權東的大星座，叫做太微，這是天帝的南宮，乃三光即日月五星入朝的宮廷。」陳遵嬀：《中國天文學史》第二冊，頁13。《史記·卷二十七·天官書第五》：「南宮朱鳥，權、衡。衡，太微，三光之廷。……月、五星順入，軌道，司其出，所守，天子所誅也。其逆入，若不軌道，以所犯命之：中坐，成形，皆羣下從謀也。」（漢）司馬遷撰、（宋）裴駰集解：《史記》，冊二，頁512。

〔註189〕　陳遵嬀云：「北斗七星中天樞、天璇、天璣、天權四星，叫做斗魁。玉衡、開陽、搖光三星，叫做斗杓。」陳遵嬀：《中國天文學史》第二冊，頁9。

〔註190〕　《史記·卷二十七·天官書第五》：「杓端有兩星：一內爲矛，招搖；一外爲盾，天鋒。有句圜十五星，屬杓，曰賤人之牢。其牢中星實則囚多，虛則開出。」（漢）司馬遷撰、（宋）裴駰集解：《史記》，冊二，頁510。

〔註191〕　〈天文〉：「斗杓爲小歲，……咸池爲太歲，……大歲迎者辱，背者強，左者

表陰氣大盛，故爲凶。以太陰在寅爲例：當太陰在寅月，此時建除法爲建，建有生長之義，故此月諸事皆吉。《淮南》在此記載建除法斷定月份吉凶的內容，雖在後世已淪爲迷信之說〔註192〕，但在當時此法目的是告誡君王、人民配合吉凶行事就能平安順利，同時也在說明吉凶是配合四時輪轉不息的規律，強調出遵循天道自然運行的重要。

> 太陰在甲子，刑德合東方宮，常徙所不勝，合四歲而離，離十六歲而復合。所以離者，刑不得入中宮，而徙於木。

此爲刑德歲徙離合之法〔註193〕，以下列表觀之。

表　刑德表〔註194〕

天干	德宮	五行	德日	地支	刑宮	五行	刑辰
甲	東	木	甲	子	東	水	木
乙	西	金	庚	丑	西	金	金
丙	南	火	丙	寅	南	火	火
丁	北	水	壬	卯	北	木	水
戊	中	土	戊	辰	東	水	木
己	東	木	甲	巳	西	金	金
庚	西	金	庚	午	南	火	火

衰，右者昌，小歲東南則生，西北則殺，不可迎也，而可背也，不可左也，而可右也，其此之謂也。」又「四守者，所以司賞罰。高注：四守：紫宮、軒轅、咸池、天阿。」（漢）劉安：《淮南子》，卷三，頁21：19。

〔註192〕陳遵嬀云：「建除十二神即後面所謂十二直，據星命家的傳說，他們都是神仙的名字。」又「十二直又稱建除十二客，最初是象徵十二辰，關於月的吉凶，後來轉化爲日的吉凶。十二直的安排和破軍星有關係。破軍星即搖光星（大熊座η星），是北斗七星斗柄柄頭的星；在節氣那天初昏，它的前端指寅的方向，叫做建寅，二月節初昏指卯，……到了翌年正月節初昏又復指寅的方向。因而正月節後最初的寅日的十二直爲建，翌日即卯日爲除，在翌日即辰日爲滿，餘類推。……從以上所說十二直的吉凶來看，可以知道都是毫無科學根據的迷信，他們可以說是兩個字爲一組，……僅按文字來定吉凶而已。」陳遵嬀：《中國天文學史》第五冊，頁414，436～439。

〔註193〕陶磊認爲此段爲刑德觀中歲刑德的部分，「所謂歲刑德即刑德一歲一徙」。說見陶磊：《《淮南子·天文》研究：從數術史的角度》，頁120。

〔註194〕本表參考陶磊：《《淮南子·天文》研究：從數術史的角度》，頁123～124，附〈表一〉。與鄭慧生：《古代天文曆法研究》，頁254。附〈刑德合宮表〉繪製。

辛	南	火	丙	未	北	木	水
壬	北	水	壬	申	東	水	木
癸	中	土	戊	酉	西	金	金
甲	東	木	甲	戌	南	火	火
乙	西	金	庚	亥	北	木	水
丙	南	火	丙	子	東	水	木
丁	北	水	壬	丑	西	金	金
戊	中	土	戊	寅	南	火	火
己	東	木	甲	卯	北	木	水
庚	西	金	庚	辰	東	水	木
辛	南	火	丙	巳	西	金	金
壬	北	水	壬	午	南	火	火
癸	中	土	戊	未	北	木	水
甲	東	木	甲	申	東	水	木

　　〈天文〉云當太陰在甲子年，十天干屬德，十二地支屬刑，刑德始於東方宮，並開始運行，前四年完全相合，但因「刑不得入中宮，而徙於木」，故第五年開始刑德分離，分離十六年後刑德又於甲申年相合於東方宮。此外，〈天文〉又將刑德方位與五行相結合，故曰第五年刑入屬木的東方宮

　　　　太陰所居，日爲德〔註195〕，辰爲刑。德，綱日自倍因，柔日徙所不
　　　　勝〔註196〕。刑，水辰之木，木辰之水，金、火立其処。〔註197〕

除了用在歲徙上，刑德之法也被用在干支紀日的判斷上〔註198〕，「日爲德，辰爲刑」，以德而言，德屬日主十天干，而「綱日自倍因，柔日徙所不勝」，綱日爲奇數日（如：甲丙戊庚壬），柔日爲偶數日（如：乙丁己辛癸）〔註199〕，

〔註195〕「日爲德」本作「曰德」。錢塘云：「『曰德』二字當作『日爲德』。」參見（清）
　　　　錢塘：《淮南天文訓補注・卷下》，頁57。今從校改。
〔註196〕「綱日自倍因，柔日徙所不勝」本作「綱曰自倍因，柔日徙所不勝」。于大成：
　　　　「兩曰字並當爲日，劉績本不誤。」參見于大成：《淮南鴻烈論文集》，上冊，
　　　　頁312。今從校改。
〔註197〕（漢）劉安：《淮南子》，卷三〈天文〉，頁24。
〔註198〕陶磊認爲此爲日刑德的內容，「日刑德指刑德一日或數日一徙。案《五行大
　　　　義》的劃分，月刑德又稱月氣刑德，而歲刑德與日刑德統稱爲干之刑德，
　　　　蓋歲日刑德移徙遵循干支五行屬性，故可如是稱。」說見陶磊：《《淮南子・
　　　　天文》研究：從數術史的角度》，頁120。
〔註199〕〈天文〉：「凡日，甲剛乙柔，丙剛丁柔，以至于癸。」同註197，頁24。

當運行到綱日時可因循其干支不變,但運行到柔日時則須變動,並遵循綱日〔註
200〕。以刑而言,屬水之辰須轉變爲木,屬木之辰須轉變爲水,金、火之屬不
變。只要按照此法運行,日刑德就會符合歲刑德「太陰在甲子,刑德合東方
宮,常徙所不勝,合四歲而離,離十六歲而復合」的規律。以甲子年爲例:
甲爲綱日不變,子辰五行屬水,水須變木,如此甲子的五行就會合於木同屬
東方宮。以下連續四年五行皆會相合,第五年開始刑德的干支開始分離,十
六年後至甲申年,甲爲綱日不變,申辰五行屬水,水須變木,如此甲申的五
行又會重新合於木同屬東方宮。

> 凡徙諸神,朱鳥在太陰前一,鉤陳在後三,玄武在前五,白虎在後
> 六,虛星乘鉤陳而天地襲矣。凡日,甲剛乙柔,丙剛丁柔,以至于
> 癸。木生於亥,壯於卯,死於未,三辰皆木也。火生於寅,壯於午,
> 死於戌,三辰皆火也。土生於午,壯於戌,死於寅,三辰皆土也。
> 金生於巳,壯於酉,死於丑,三辰皆金也。水生於申,壯於子,死
> 於辰,三辰皆水也。故五勝生一,壯五,終九;五九四十五,故神
> 四十五日而一徙;以三應五,故八徙而歲終。凡用太陰,右背刑,
> 左前德〔註201〕,擊鉤陳之衝辰,以戰必勝,以攻必剋。〔註202〕

此段,〈天文〉呼應前段天上星象之神的於十二辰中的運行次序:朱鳥在太陰
之前一辰,鉤陳在太陰之後三辰,玄武在太陰後五辰,白虎在太陰後六辰。
故以太陰在寅爲例:朱鳥在寅的前一辰卯,鉤陳在寅後三辰子,玄武在寅後
五辰戌,白虎在寅後六辰酉。且當虛宿〔註203〕能順應鉤陳(北極星)的運行,

〔註200〕鄭慧生云:「天干之中,甲、丙、戊、庚、壬爲綱日,綱日自處,仍爲甲、丙、
　　　　戊、庚、壬,它們所在的宮分別爲東、南、中、西、北;乙、丁、己、辛、
　　　　癸爲柔日,柔日不勝,分別轉到了它們的對立面,即成爲庚、壬、甲、丙、
　　　　戊,它們所在的宮分別爲西、北、東、南、中。」鄭慧生:《古代天文曆法研
　　　　究》,頁255。
〔註201〕「右背刑,左前德」本作「左前刑,右背德」。王引之云:「此當爲『右背刑,
　　　　左前德』,寫者顛倒耳。五行大義論配支幹篇曰:『從甲至癸爲陽,從寅至丑
　　　　爲陰。陽則爲前爲左爲德,陰則爲後爲右爲刑。』右背刑、左前德者,所以
　　　　順陰陽也。」參見(清)王念孫:《讀書雜志》,下冊,頁801。今從校改。
〔註202〕(漢)劉安:《淮南子》,卷三〈天文〉,頁24。
〔註203〕陳遵嬀云:「由於虛危居北宮的中央,故爲北方的正位。……這些星都和軍事
　　　　有關。」陳遵嬀:《中國天文學史》第二冊,頁21。《史記・卷二十七・天官
　　　　書第五》:「北宮玄武,虛、危。危爲蓋屋;虛爲哭泣之事。其南有眾星,曰
　　　　羽林天軍。」(漢)司馬遷撰、(宋)裴駰集解:《史記》,冊二,頁514～515。

天下就能調和。

接著，〈天文〉言十二月、十二支、五行的盛衰情況。以下列表觀之。

圖表十八〔註204〕

過程 / 月辰 / 五行		木	火	土	金	水
生	辰	亥	寅	午	巳	申
	季	冬	春	夏	夏	秋
	月	10	1	5	4	7
壯	辰	卯	午	戌	酉	子
	季	春	夏	秋	秋	冬
	月	2	5	9	8	11
死	辰	未	戌	寅	丑	辰
	季	夏	秋	春	冬	春
	月	6	9	1	12	3

在十天干日的方面，奇數日為綱日，偶數日為柔日，從甲至癸；在十二辰的方面，是根據五行盛衰之理運行的，〈天文〉云五行盛衰規律是生成於第一辰，成長於第五辰，結束於第九辰。將生壯死之數相乘得五九四十五，故太陰之神四十五日遷徙一次，以三辰應五行合為八，故太陰之神遷徙八次正好一年結束。此為五行與十二辰的運行盛衰規律。若以太陰觀刑德之法，太陰左前者為刑，右後者為德。此時若攻打鉤陳所在辰位對面的辰位，因此辰恰在太陰之前必為刑，故每戰必勝。

〈天文〉在此言刑德之術的法則，若能遵守此規律行事，萬事必能順利進行，因為刑德之術與陰陽剛柔五行的生生運行是一致的，這些都是天道自然所產生的規律。

> 欲知天道，以日為主，六月當心，左周而行，分而為十二月，與日相當，天地重襲，後必无殃。星，正月建營室，二月建奎、婁，三月建胃，四月建畢，五月建東井，六月建張，七月建翼，八月建亢，九月建房，十月建尾，十一月建牽牛，十二月建虛。星分度：角十

〔註204〕本表依據許匡一譯注：《淮南子》，上冊，頁202，附〈五行生、壯、死表〉繪製。

二，亢九，氐十五，房五，心五，尾十八，箕十一四分一，斗二十六，牽牛八，須女十二，虛十，危十七，營室十六，東壁九，奎十六，婁十二，胃十四，卯十一，畢十六，觜巂二，參九，東井三十，輿鬼四，柳十五，七星七〔註205〕，張、翼各十八，軫十七，凡二十八宿也。星部地名：角、亢鄭，氐、房、心宋，尾、箕燕，斗、牽牛越，須女吳〔註206〕，虛、危齊，營室、東壁衛，奎、婁魯，胃、昂、畢魏，觜巂、參趙〔註207〕，東井、輿鬼秦，柳、七星、張周，翼、軫楚。〔註208〕

若想要預知天道的變化，就必須仔細觀察天象的轉變，尤其是以太陽的運行最為重要。〈天文〉云太陽六月正好與心宿相對，並由右往左運行，定出十二個月，而凡與太陽相對應之地區，必定會與天地相調和無災殃。因此〈天文〉將十二個月份與之相對的星宿作一整理，以正月為例：正月太陽會運行至營室，此時與營室相對的國家地區必能與天地協和無災殃。接著，〈天文〉記載二十八宿在太陽運行軌道上的分布及星宿與當時地區分野情形。以下列表觀之。

圖表十九〔註209〕

分 野	日 躔	星分度	28宿
衛	正月	16°	營室
		9°	東壁

〔註205〕「七星七」本作「七星」。向宗魯云：「此當作『七星七』。古書言七星，無只作星者。（王氏說。）莊氏作『星七』，非也。宋本、藏本作『七星』，無下七字。則似七星與張、翼同為十八，與南方七宿百一十二度之數不合也。」參見何寧：《淮南子集釋》，上冊，頁272。今從校改。

〔註206〕王引之云：「諸書無言斗但主越，須女但主吳者。『斗、牽牛越，須女吳』當作『斗、牽牛、須女吳、越』。向宗魯云：上文『東北曰變天，其星箕、斗、牽牛』，高注：『斗，吳之分野。牽牛，越之分野。』疑此文本作『斗，吳。牽牛、須女，越』。有始覽注云：『婺女亦越之分野。』故高據以為說。」參見（清）王念孫：《讀書雜志》，下冊，頁802、何寧：《淮南子集釋》，上冊，頁272～273。

〔註207〕向宗魯云：「諸書皆以昂、畢為趙分野，觜巂、參為魏分野，無言胃、昂、畢魏，觜巂趙者。」參見何寧：《淮南子集釋》，上冊，頁273。

〔註208〕（漢）劉安：《淮南子》，卷三〈天文〉，頁24。

〔註209〕本表根據陳麗桂：《新編淮南子》，上冊，頁248。附表繪製。

魯	二月	16°	奎
		12°	婁
魏	三月	14°	胃
趙	四月	11°	昴
		16°	畢
		2°	觜雟
		6°	參
秦	五月	33°	東井
		4°	輿鬼
周	六月	15°	柳
		7°	七星
		18°	張
楚	七月	18°	翼
		17°	軫
鄭	八月	12°	角
		9°	亢
		15°	氐
宋	九月	5°	房
		5°	心
燕	十月	18°	尾
		11 1/4°	箕
越	十一月	26°	斗
		8°	牽牛
吳	十二月	12°	須女
齊		10°	虛
		17°	危

以正月為例：是月，太陽位於二十八宿的營室、東壁，此時營室在太陽所運行的軌道（365 1/4 度）中占十六度、東壁為九度，此時所對應的區域國家為衛。《淮南》藉此欲表現天道所生之日月星辰與地上的國家人事間有著密切的關聯，因宇宙間的一切皆由道所生，本質同為一氣流行。

四、歲星災異

歲星是用以紀歲之星，由於歲星一年行經一辰位，十二年繞天一周，相當規律，因此若歲星運行失常，就便被視爲異象並以之斷定災義吉凶。以下作一整理分析。

> 歲星之所居，五穀豐昌；其對爲衝，歲乃有殃。當居而不居，越而之他處，主死國亡。太陰治春則欲行柔惠溫涼，太陰治夏則欲布施宣明，太陰治秋則欲脩備繕兵，太陰治冬則欲猛毅剛彊。三歲而改節，六歲而易常，故三歲而一饑，六歲而一衰，十二歲而一康〔註210〕。〔註211〕

歲星所居之年，其運行所至的區域必能五穀豐收，反之與其相對的區域必有災殃。若歲星當居此處而未居，此地區的國家會面臨「主死國亡」的災禍。而以太陰紀年斷吉凶，當太陰在寅卯辰，此時又剛好是春季（一、二、三月）時，應行多恩惠之政令；當太陰在巳午未，此時又爲夏季（四、五、六月）時，應發布調達之政令；當太陰在申酉戌，此時又爲秋季（七、八、九月）時，應修繕甲兵；當太陰在亥子丑，此時又爲冬季（十、十一、十二月）時，應行嚴厲之政令。

〈天文〉將星象運行規律與吉凶災異作結合，說明遵循天道運行法則的重要，接著，〈天文〉將其所歸納出太陰運行與地上氣候變遷的關聯的規律作整理。每隔三年，太陰就會改變一次節候，例如太陰由治春轉爲治夏。每六年就會改變一次原本的規律，因此這就造成三年會出現一次饑荒，六年會出現一次衰退現象，十二年會出現一次大饑荒。可見，天道運行規律並非一成不變，有時還是會出現例外，這表現了天道自然的運行具有無限義的特色。

> 甲齊，乙東夷，丙楚，丁南夷，戊魏，己韓，庚秦，辛西夷，壬衛，癸越〔註212〕。子周，丑翟，寅楚，卯鄭，辰晉，巳衛，午秦，未宋，

〔註210〕「十二歲而一康」本作「十二歲一康」。鄭良樹云：「歲下疑當有而字，乃與上文『三歲而改節，六歲而易常。故三歲而一饑，六歲而一衰』句法一律。天中計六引此正有而字，是其證。各本皆脫，當據補。」參見鄭良樹：《淮南子斠理》，頁54。今從校改。

〔註211〕（漢）劉安：《淮南子》，卷三〈天文〉，頁24。

〔註212〕王念孫云：「開元占經日辰占邦篇引此，越作趙。案齊近東夷，楚近南夷，衛近韓，秦近西夷，衛近趙，則作趙者是也。若作越，則與南夷相複矣。」參見（清）王念孫：《讀書雜志》，下冊，頁803。

申齊，酉魯，戌趙，亥燕。甲乙寅卯，木也。丙丁巳午，火也。戊
己四季，土也。庚辛申酉，金也。壬癸亥子，水也。水生木，木生
火，火生土，土生金，金生水。子生母曰義，母生子曰保，子母相
得曰專，母勝子曰制，子勝母曰困。以制擊殺〔註213〕，勝而无報。
以專從事，專而有功〔註214〕。以義行理，名立而不墮。以保畜養，
万物蕃昌。以困舉事，破滅死亡。〔註215〕

之前〈天文〉言星宿與國家之間的對應關係，在此〈天文〉將干支與當時區
域國家之間的對應，與五行相生之理作一介紹，以下整理列表觀之。

圖表二十〔註216〕

天　干	五　行	地　名	地　支	五　行	地　名
甲	木	齊	子	水	周
乙	木	東夷	丑	土	翟
丙	火	楚	寅	木	楚
丁	火	南夷	卯	木	鄭
戊	土	魏	辰	土	晉
己	土	韓	巳	火	衛
庚	金	秦	午	火	秦
辛	金	西夷	未	土	宋
壬	水	衛	申	金	齊
癸	水	越	酉	金	魯
			戌	土	趙
			亥	水	燕

〔註213〕「以制擊殺」本作「以勝擊殺」。王引之云：「上文『子生母曰義，母生子曰
　　　保，子母相得曰專，母勝子曰制，子勝母曰困』，其名有五。下文『以專從事』
　　　『以義行理』『以保畜養』『以困舉事』，分承專、義、保、困四字，不應於『制』
　　　字獨不相承。然則此句當作『以制擊殺』明矣。今本制作勝者，因上下文勝
　　　字而誤。」同註212，頁803。今從校改。
〔註214〕「專而有功」本作「而有功」。何寧云：「『以專從事』下，錢塘據本有專字是
　　　也。以制擊殺，勝而無報，以專從事，專而有功，對文。中立本作『以專從
　　　專，事而有功』，雖事專二字誤倒，可爲專字脫誤之證。」參見何寧：《淮南
　　　子集釋》，上冊，頁277。今從校補。
〔註215〕（漢）劉安：《淮南子》，卷三〈天文〉，頁24。
〔註216〕本表根據（漢）劉安：《淮南子》，卷三〈天文〉，頁24。原文整理。

〈天文〉在此說明各國與干支、五行之間相配的情況，並且藉由五行相生相剋，說明各國之間受五行、干支影響所產生的吉凶關係。以下將子母生剋關係整理列表如下：

圖表二十一〔註217〕

義日	吉日	子生母	甲子、乙亥（水生木），丙寅、丁卯（木生火），戊午、己巳（火生土），庚辰、庚戌、辛未、辛丑（土生金），壬申、癸酉（金生水）	以義行理，名立而不慴。
保日	吉日	母生子	甲午、乙巳（木生火），丙辰、丙戌、丁未、丁丑（火生土），戊申、己酉（土生金），庚子、辛亥（金生水），壬寅、癸卯（水生木）	以保畜養，万物蕃昌。
專日	吉日	子母相得	甲寅、乙卯（木對木），丙午、丁巳（火對火），戊辰、戊戌、己未、己丑（土對土），庚申、辛酉（金對金），壬子、癸亥（水對水）	以專從事，而有功。
制日	凶日	母勝子	甲辰、甲戌、乙未、乙丑（木剋土），丙申、丁酉（火剋金），戊子、己亥（土剋水），庚寅、辛卯（金剋木），壬午、癸巳（水剋火）	以制擊殺，勝而无報。
困日	凶日	子勝母	甲申、乙酉（金剋木），丙子、丁亥（水剋火），戊寅、己卯（木剋土），庚午、辛巳（火剋金），壬辰、壬戌、癸未、癸丑（土剋水）	以困舉事，破滅死亡。

子母生剋法則是以天干表母、地支表子，再配上各國所屬的干支、五行，進行吉凶的判斷。以甲子日為例：母為甲表齊屬木；子為子表周屬水，根據這些資料，加上五行生剋觀，《淮南》主張的五行相勝觀如下：五行相生：水生木、木生火、火生土、土生金、金生水；五行相剋：木勝土，土勝水，水勝火，火勝金，金勝木〔註218〕。依據此理〈天文〉推衍出一套斷定吉凶的法則，以下作一介紹。

「子生母曰義」：義言地支的五行相生天干的五行，以甲子為例：甲為母

〔註217〕本表根據（漢）劉安：《淮南子》，卷三〈天文〉，頁24。原文整理。
〔註218〕（漢）劉安：《淮南子》，卷四〈地形〉，頁29。

代表齊五行屬木；子為子代表周五行屬水，水生木為子生母故曰義，若能在義日行事合宜，便能有好的名聲，又若周能在義日向齊行義就能得到好名聲。此為吉日。

「母生子曰保」：保言天干的五行相生地支的五行，以甲午為例：甲為母代表齊五行屬木；午為子代表秦五行屬火，木生火為母生子曰保，若能在保日保養萬物，萬物便能繁盛，又若齊能在保日保養與秦的關係，萬物便能繁盛。此為吉日。

「子母相得曰專」：專言天干地支五行相合，以甲寅為例：甲為母代表齊五行屬木；寅為子代表楚五行屬木，子母五行同屬木曰專，若能在專日行事必能成功，又若在專日齊與楚相合行事，必能無往不利。此為吉日。

「母勝子曰制」：制言天干五行剋地支五行，以甲辰為例：甲為母代表齊五行屬木；辰為子代表晉五行屬土，木剋土為母勝子曰制，若在制日戰勝也不會有好結果，若制日齊戰勝晉也不會有好結果。故為凶日。

「子勝母曰困」：困言地支五行剋天干五行。以乙酉為例：乙為母代表東夷五行屬木；酉為子代表魯五行屬金，金剋木為子勝母曰困，若在困日行事會失敗滅亡，又若困日魯攻打東夷則會自取滅亡。此為凶日。

此法以五行生剋關係與母子干支相配合，形成一套判斷吉凶的規則，提供當時各區域為政者行事與否的參考，現在看來似乎過度推衍五行生剋關係產生迷信，但當時「五德終始」五行生剋關係被視為天道輪轉的法則，因此才會在當時設計出以子母生剋之法，企圖尋找無限天道間之規律法則。

> 北斗之神有雌雄，十一月始建於子，月徙一辰〔註219〕，雄左行，雌右行，五月合午謀刑，十一月合子謀德。雌所居辰為厭〔註220〕，厭日不可以舉百事。堪輿徐行，雄以音知雌，故為奇辰。數從甲子始，子母相求，所合之處為合。十日十二辰，周六十日，凡八合。合於歲前則死亡，合於歲後則无殃。〔註221〕

〔註219〕「月徙一辰」本作「月從一辰」。王念孫云：「從當為徙，字之誤也。上文云：『帝張四維，運之以斗，月徙一辰，復反其所。』是其證。」參見（清）王念孫：《讀書雜志》，下冊，頁803。今從校改。

〔註220〕「雌所居辰為厭」本作「太陰所居辰為厭日」。王引之云：「『太陰所居辰』當作『雌所居辰』。雌，北斗之神右行者也。月徙一辰。太陰則左行而歲徙一辰。兩者各不相涉。太陰二字，因下文『太陰所居』而誤也。『為厭日』本無日字，此因下句厭日而衍也。」同註219，頁803。今從校改。

〔註221〕（漢）劉安：《淮南子》，卷三〈天文〉，頁24。

「觀北斗七星的方位，可以知四時，定節氣，從北斗的轉移，可以齊日月五星和定年月日時諸紀。〔註222〕」故曰神。北斗之神生生運轉，自十一月斗杓指向北方開始運行，每月左行遷徙一個辰位，北斗有雄雌之分，「雄北斗指歲星，它是和北斗運行相反的定歲之星，又稱『陽建』。雌北斗和『太陰』一樣，是古星占家所假設出來，與歲星運行方向相反，和北斗運行方向相同，大抵與『太陰』所在一致之北斗神名，又稱『陰建』。〔註223〕」雌雄北斗「雄左行，雌右行」，其運行會於五月合於午辰，此時陽氣極盛，陰氣發萌，故曰刑，之後分開，十一月再度合於子辰，此時陰氣極盛，陽氣發萌故曰德，刑主殺德主生，此為陰陽刑德觀。

太陰所居之辰位稱獸日，此日百事不舉為凶日。天地之道〔註224〕的運行，可藉由觀測雄北斗運行所居的辰位推測雌北斗的位置，故雄北斗稱之為奇辰。在干支子母相配的過程中，由甲子開始，十天干配十二地支，六十日為一週期，在相配過程中會出現「八合」的現象，所謂八合：「陰建所對之日干與陽建所對之辰如能合成一個干支，那就叫做『合』。」若八合之日辰在此年太歲紀年法所表當年之辰前者主凶，會死亡；若在此年太歲紀年法所表當年之辰後者主吉，無災殃。以下列圖表觀之。

〔註222〕陳遵媯：《中國天文學史》第二冊，頁9。

〔註223〕陳麗桂：〈《淮南子》中的陰陽學（一）—— 天文〉，收入國立政治大學中國文學系編《第四屆漢代文學與思想學術研討會論文集》，頁153。

〔註224〕《漢書‧卷三十‧藝文志》：「堪輿金匱十四卷。注：師古曰：許慎云：堪，天道也。輿，地道也。」；《漢書‧卷八十七上‧揚雄傳第五十七上》：「屬堪輿以壁壘兮，梢夔魖而抶獝狂。注：張晏曰：堪輿，天地總名也。」（漢）班固撰、（唐）顏師古注、（清）王先謙補注：《漢書補注》，冊二，頁908；1518。

圖表二十二〔註 225〕

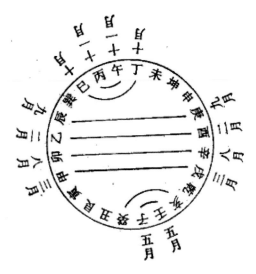

前云雄北斗陽建與雌北斗陰建於十一月相合於子，與陰建相對之辰爲丙丁（丁巳與在十月，相配故不取），與陽建相對之辰爲午，丙午合可爲一辰稱爲一合。「雄左行，雌右行」，十一月之後陰建陽建分離，十二月陰建在亥，與其相對之辰爲丙，陽建在丑，與其相合之辰爲未，丙未無法和爲一組干支，故不合。因此在六十干支當中，會出現「八合」，詳見下表。

圖表二十三〔註 226〕

月　份	建　別	辰　位	對　位	相　合
1月	陰建 陽建	戌 寅	乙 申	×
2月	陰建 陽建	酉 卯	甲乙 酉	乙 酉
3月	陰建 陽建	申 辰	甲 戌	甲 戌
4月	陰建 陽建	未 巳	癸 亥	癸 亥

〔註 225〕此爲錢塘「八合之圖」。參見（清）錢塘：《淮南天文訓補注》，卷下，頁100。
〔註 226〕本表根據鄭慧生：《古代天文曆法研究》，頁 265～266。附圖繪製。

5月	陰建 陽建	午 午	壬癸 子	壬 子
6月	陰建 陽建	巳 未	壬 丑	×
7月	陰建 陽建	辰 申	辛 寅	×
8月	陰建 陽建	卯 酉	庚辛 卯	辛 卯
9月	陰建 陽建	寅 戌	庚 辰	庚 辰
10月	陰建 陽建	丑 亥	丁 巳	丁 巳
11月	陰建 陽建	子 子	丙丁 午	丙 午
12月	陰建 陽建	亥 丑	丙 未	×

> 甲戌，燕也；乙酉，齊也；丙午，越也；丁巳，楚也；庚辰〔註227〕，
> 秦也；辛卯，戎也；壬子，代也〔註228〕；癸亥，胡也；戊戌、己亥，
> 韓也；己酉、己卯，魏也；戊午、戊子，八合天下也。〔註229〕

根據上述八合之法，正好可與月份以及代表各區域的干支相互搭配，例如：
八合中的甲戌代表三月，亦為代表燕地的干支。從甲戌至癸亥，以八合配八
個地區，此又稱大會。以下韓、魏等區域所用之法有別於前者，此法根據「五
行之土居於東西南北中五宮裏的中宮，它要分別的主管一年四季，中央主戊
己，於是甲、丙、庚、壬可以由戊來代替，乙、丁、辛、癸可以由己來代替。
〔註230〕」以甲戌為例：甲可由戊替代，故變為戊戌。此法又稱為小會。以下
列表觀之。

〔註227〕「庚辰」本作「庚申」。錢塘云：「申當為辰，字之誤也。」說見（清）錢塘：
《淮南天文訓補注‧卷下》，頁74。今從校改。
〔註228〕莊逵吉云：「代諸本皆作趙，惟藏本作代。」（漢）劉安撰、（漢）高誘註、（清）
莊逵吉校：《淮南子》（臺北：中國子學名著集成編印基金會，1978年12月，
影清嘉慶甲子（九年）姑蘇聚文堂重刊莊逵吉本），頁121。
〔註229〕（漢）劉安：《淮南子》，卷三〈天文〉，頁24～25。
〔註230〕鄭慧生：《古代天文曆法研究》，頁266。

圖表二十四〔註231〕

月　份	八　合	區　域	小　會	區　域
1 月	×			
2 月	乙酉	齊	己酉	魏
3 月	甲戌	燕	戊戌	韓
4 月	癸亥	胡	己亥	
5 月	壬子	代	戊子	□
6 月	×		×	
7 月	×		×	
8 月	辛卯	戎	己卯	魏
9 月	庚辰	秦	戊辰	□
10 月	丁巳	楚	己巳	□
11 月	丙午	越	戊午	□
12 月	×		×	

　　以上爲大會與小會之整理，經由干支八合大小會的組合，天下各地皆可藉由天地之道所生的干支、五行、月份等作出巧妙之連結，形成一個氣化生生且緻密結合具有整體的世界。

　　　　太陰、小歲、星、日、辰五神皆合，其日有雲氣風雨，國君當之。

　　　　天神之貴者，莫貴於青龍，或曰天一，或曰太陰。太陰所居，不可
　　　　背而可鄉。北斗所擊，不可與敵。〔註232〕

以上〈天文〉所記載太陰紀年、小歲斗杓定月辰、太陰紀年歲星所居辰位、太陽所居星宿、當日日辰所代表之吉凶等等，皆爲古曆法中以五神斷定吉凶

〔註231〕本表根據（漢）劉安：《淮南子》，卷三〈天文〉，頁 24。原文整理。
〔註232〕（漢）劉安：《淮南子》，卷三〈天文〉，頁 25。

禍福的數術〔註233〕。此五神若能相合，就算當日氣候出現災異，國君皆能與
之對應。天神中最尊貴者爲青龍，又稱天一、太陰。舉凡行事皆須配合太陰、
北斗運行規律，處事需順太陰所居辰位與北斗所指方向之次序，不可違背與
之爲敵。

　　《淮南》藉由說明五神運轉規律，指出天道運行皆有自然之理序存在，
君主百姓行事不可違反，因爲天地萬物的產生皆爲宇宙間陰陽二氣所生，故
萬物本質同爲一氣流行，但其中又以人最爲尊貴，因爲「孔竅肢体，皆通於
天。……故舉事而不順天者，逆其生者也。〔註234〕」人體關節、孔竅數目皆
與天道運行所生的四時、十二月數目相合，天人相應，因此人之行事需遵循
天道運行的準則不可違逆。

　　　　以日冬至數至來歲正月朔日，滿五十日者，民食足；不滿五十日，

　　　　日減一升〔註235〕；有餘日，日益一升。〔註236〕

〈天文〉採用太陰記歲，因此人民農事耕種亦須配合太陰運轉規律，因此古
人歸納整理出太陰年農作物生長情況以及社會上會出現的災禍，企圖達到提
醒國君以及人民注意太陰運行造成作物盈收狀況的變化。根據觀察若冬至到
隔年正月初一，剛好滿五十天，則人民糧食充足；若不滿五十天，則每少一
天收成減少一升；若超過五十天，則每超過一天增加一升。

　　　　有其歲司也：攝提格之歲，歲早水，晚旱，稻疾，蠶不登，菽麥昌，

　　　　民食四升。寅。在甲曰閼蓬。單閼之歲，歲和，稻菽麥蠶昌，民食

　　　　五升。卯。在乙曰旃蒙。執徐之歲，歲早旱，晚水，小饑，蠶閉，

　　　　麥熟，民食三升。辰。在丙曰柔兆。大荒落之歲，歲有小兵，蠶小

〔註233〕陶磊云：「引文最後提到的五神太陰、小歲、星、日、辰，當就是前面討論的
　　　　歲月日星辰，太陰與歲相對應，十二歲名的更替由太陰的位置決定。小歲即
　　　　月建，是以小歲與月相對應。……儘管《天文》這些文字不容易讀懂，但其
　　　　大概內容是清楚的，它記述的是根據五神位置并輔以分野學說判斷吉凶宜忌
　　　　的數術，……筆者以爲就是『五家曆』。當然，這裡記述的只是『五家曆』的
　　　　綱領。」陶磊：《〈淮南子‧天文〉研究：從數術史的角度》，頁143～144。
〔註234〕（漢）劉安：《淮南子》，卷三〈天文〉，頁25。
〔註235〕「以日冬至數至來歲正月朔日，滿五十日者，民食足；不滿五十日，日減
　　　　一升」本作「以日冬至数來歲正月朔日，五十日者，民食足；不滿五十日，
　　　　日減一十」。王念孫云：「太平御覽時序部十三、十四引此，數下有至字，『五
　　　　十日』上有滿字，『一斗』作『一升』，皆是也。」詳說參見（清）王念孫：
　　　　《讀書雜志》，下冊，頁804。又本斗誤作十，今從校改。
〔註236〕同註234，頁25。

登，麥昌，菽疾，民食二升。巳。在丁曰強圉。敦牂之歲，歲大旱，蠶登，稻疾，菽麥昌，禾不爲，民食二升。午。在戊曰著雝。協洽之歲，歲有小兵，蠶登，稻昌，菽麥不爲，民食三升。未。在己曰屠維。涒灘之歲，歲和，小雨行，蠶登，菽麥昌，民食三升。申。在庚曰上章。作鄂之歲，歲有大兵，民疾，蠶不登，菽麥不爲，禾蟲，民食五升。酉。在辛曰重光。掩茂之歲，歲小飢，有兵，蠶不登，麥不爲，菽昌，民食七升。戌。在壬曰玄黓。大淵獻之歲，歲有大兵，大飢，蠶開，菽麥不爲，禾蟲，民食三升。亥。在癸曰昭陽。〔註237〕歲大霧起，大水出，蠶登，稻疾，菽麥昌。民食三升〔註238〕。子。赤奮若之歲，歲有小兵，旱水，蠶不出，稻疾〔註239〕，菽不爲，麥昌，民食一升〔註240〕。〔註241〕

此爲觀測歲星變化所作的歸納，以下就太陰歲名與災異、歲收間詳細關係的記載，整理列表觀之。

圖表二十五〔註242〕

太陰歲名	歲名由來	災　異	歲收	太陰居辰	相合天干	歲陽名	歲陽名之由
攝提格	格，起。言万物承陽而起也	歲早水晚旱，稻疾，蠶不登，菽麥昌	民食四升	寅	甲	閼蓬	言万物鋒芒欲出擁遏未通故曰閼蓬也
單閼	單，盡。閼，止也。言陽氣惟萬物而起也，陰氣盡止也	歲和，稻菽麥蠶昌	民食五升	卯	乙	旃蒙	在乙言蒙物遏蒙甲而出，故曰旃蒙也
執徐	執，蟄。徐，舒也。言伏蟄之物，皆散舒而出也	歲早旱晚水，小饑，蠶閉，麥熟	民食三升	辰	丙	柔兆	在丙萬物皆生枝布葉故曰柔兆也

〔註237〕 錢塘云：「此當云『亥。在癸曰昭陽』。錯簡在下，以圖癸居子丑間之故。」說見（清）錢塘：《淮南天文訓補注・卷下》，頁81。錢說疑是。

〔註238〕「蠶登，稻疾，菽麥昌。民食三升」本作「蠶稻麥昌，民食三斗」。王念孫云：「蠶下脫登字，稻下脫疾字。蠶登爲句，稻疾爲句，菽麥昌爲句。民食三斗，斗當爲升。開元占經引此正作『蠶登，稻疾，菽麥昌。民食三升』。」說見（清）王念孫：《讀書雜志》，下冊，頁804。今從校改。

〔註239〕 于大成：「占經引疾上有小字。」于大成：《淮南鴻烈論文集》，上冊，頁325。

〔註240〕 于大成：「占經引作三升。」同註239，頁326。

〔註241〕（漢）劉安：《淮南子》，卷三〈天文〉，頁25。

〔註242〕 以下根據（漢）劉安：《淮南子》，卷三〈天文〉，頁25。原文及高誘注整理。

大荒落	荒，大也。方萬物熾盛而大出霍然落落大布散	歲有小兵，蠶小登，麥昌，菽疾	民食二升	巳	丁	強圉	在丁言萬物剛盛，故曰強圉也
敦牂	敦，盛。牂，壯也。言萬物皆盛壯也〔註243〕	歲大旱，蠶登，稻疾，菽麥昌，禾不爲	民食二升	午	戊	著雝	在戊言位在中央，萬物繁養曰方，故曰著雝也
協洽	協，和也。洽，合也。言陰陽欲化，萬物和合〔註244〕	歲有小兵，蠶登，稻昌，菽麥不爲	民食三升	未	己	屠維	在己言萬物，各成其性，故曰屠維。屠，別。維，離也
涒灘	涒，大。灘，循也。言萬物皆循其精氣也〔註245〕	歲和，小雨行，蠶登，菽麥昌	民食三升	申	庚	上章	在庚，言陰氣上升，万物畢生，故曰上章也
作鄂	作鄂，零落也，言万物皆夛落也〔註246〕	歲有大兵，民疾，蠶不登，菽麥不爲，禾蟲	民食五升	酉	辛	重光	在辛，言萬物就成熟，其光煌煌〔註247〕，故曰重光也
掩茂	掩，蔽也。茂，冒也。言万物皆蔽冒也〔註248〕	歲小饑，有兵，蠶不登，麥不爲，菽昌	民食七升	戌	壬	玄黓	在壬，言歲終包任万物，故曰玄黓也

〔註243〕「敦，盛。牂，壯也。言萬物皆盛壯也」本作「言萬物皆盛狀也，敦牂，敦，盛；特，壯也」。于大成：「五行大義引此注作『敦，盛。牂，壯也。言萬物皆盛壯也』，揆之上下注文例，亦當如此。」同註239，頁322。今從校改。

〔註244〕「協，和也。洽，合也。言陰陽欲化，萬物和合」本作「協，和。洽，合也。言陰欲化，萬物和合」。呂傳元云：「高注『陰欲化』，當有訛脫。開元占經二十三引李巡注爾雅云：『協洽，言陰陽化生，萬物和合』，當據改。」于大成：「占經引李巡作『言陰陽欲合』；作『陰陽化生』者，天中記也。五行大義引注『協，和』下有也字，李巡同。」說見（清）呂傳元：《淮南子斠補》（影戴庵叢書，1926年），頁7。于大成：《淮南鴻烈論文集》，上冊，頁322。今從校改。

〔註245〕「灘，循也。言萬物皆循其精氣也」本作「灘，脩也。言萬物皆脩其精氣也」。桂馥云：「兩脩字寫誤，並當爲循。高注呂氏春秋序意篇『歲在涒灘』云：『涒，大也。灘，循也。萬物皆大脩其情性也。』」說見（清）桂馥：《札樸》（北京：中華書局，1992年），頁302。今從校改。

〔註246〕「言万物皆夛落也」本作「万物皆夛落」。于大成：「五行大義作『言萬物皆夛落也』是也。上下例文皆如此。」說見于大成：《淮南鴻烈論文集》，上冊，頁323。今從校補。

〔註247〕「其光煌煌」本作「其煌煌」。吳承仕云：「文當作『其光煌煌』。郝懿行爾雅義疏引有光字，蓋依義補之。」說見（清）吳承仕：《淮南子校理》，頁22。今從校補。

〔註248〕「掩，蔽也。茂，冒也。言万物皆蔽冒也」本作「掩，蔽。茂，冒。言万物皆蔽冒」。于大成：「五行大義引注文蔽下、兩冒字下竝有也字。李巡亦作『閹，蔽也。茂，冒也』。茅本、錢塘補注本兩冒字下竝有也字。」同註246，頁324。

歲名	高誘注釋	歲收	民食	地支	天干	歲陽名	歲陽注釋
大淵獻	淵,藏也。〔註249〕獻,迎也。言万物終在亥,大小深藏窟伏,以迎陽	歲有大兵,大饑,蠶開,菽麥不爲,禾蟲	民食三升	亥	癸	昭陽	在癸,言陽氣始萌,万物含生〔註250〕,故曰昭陽
困敦	困敦,混沌也〔註251〕。言陽氣皆混沌,万物牙孽也	歲大霧起,大水出,蠶登,稻疾,麥昌	民食三升	子			
赤奮若	奮,起也。若,順也。言陽奮物而起之〔註252〕,无不順其性也。赤,陽色	歲有小兵,早水,蠶不出,稻疾,菽不爲,麥昌	民食一升				

　　由此表中除了可以看出太陰歲名與歲收之間的關係外,藉由高誘注文還可發現太陰、歲陽之名的訂定,與陰陽二氣的消長有密切關係。以攝提格之歲爲例:太陰在寅曰攝提格,攝提爲星名,「它是表示時節的星座〔註253〕」,其所代表的月份爲正月,此時陰氣大盛萬物閉藏,陽氣雖潛藏未現但已萌發,萬物醞釀將起。此時歲陽在甲名曰閼蓬,此歲名之意同樣代表萬物欲出但仍被陰氣所遮掩而未出之貌。

　　太陰、歲陽名稱的產生早在《爾雅》當中就有詳細的紀錄〔註254〕,可知

　　　　今從校補。
〔註249〕「淵,藏也」本作「淵,藏」。于大成:「五行大義引有也字。」同註246,頁325。今從校補。
〔註250〕「万物含生」本作「万物合生」。吳承仕云:「合生當作含生,字之誤也。郝懿行引正作含,亦依義正之。」同註247,頁22。今從校改。
〔註251〕「困敦,混沌也」本作「困,混。敦,沌也」。于大成:「占經引孫炎爾雅注作『困敦,混沌也』,與上『作鄂,零落也』注文一例,殊勝此二字分別爲訓者。」同註246,頁325。今從校改。
〔註252〕于大成:「五行大義引作『言陽氣奮迅萬物而起』,與天中記引同。」于大成:《淮南鴻烈論文集》,上冊,頁325。
〔註253〕陳遵嬀:《中國天文學史》第二冊,頁11。《史記·卷二十七·天官書第五》:「攝提者,直斗杓所指,以建時節,故曰攝提格」。《史記·卷二十六·曆書第四》:「攝提無紀,曆數失序。注:格,至也。言攝提隨月建至,故云格也。」《史記·卷二十七·天官書第五》:「以攝提格歲。注:按爾雅:『歲在寅爲攝提格』。李巡云:『言萬物承陽起,故曰攝提格。格,起也』。」(漢)司馬遷撰、(宋)裴駰集解:《史記》,冊一,頁511;498;516。
〔註254〕《爾雅·釋天》:「大歲在寅曰攝提格。在卯曰單閼。在辰曰執徐。在巳曰大荒落。在午曰敦牂。在未曰協洽。在申曰涒灘。在酉曰作噩。在戌曰閹茂。在亥曰大淵獻。在子曰困敦。在丑曰赤奮若。」(晉)郭璞注、(宋)邢昺疏:

其由來已久，而高誘注文中他以陰陽二氣消長對歲名作出詮釋，可見歲名由來中應已蘊含有氣化生生的觀念，因此才會藉由十二個月陰陽二氣變化情況設計歲名名稱。

總觀〈天文〉內容包含宇宙天地創生過程、天文、曆法、災異數術等，《淮南》皆以陰陽五行相生相勝的氣化觀，作為詮釋全篇思想內容的理論基礎。透過以上的討論與分析，可歸納出幾個重點。

一、道無所不在。透過對〈天文〉內容的探討發現，不論是在描述天文星象的移轉，或是陰陽曆法數術，《淮南》都是以陰陽五行之氣的顯隱與調和的作用詮釋其變化之規律，而陰陽五行又皆為無限道體生生作用中所蘊含的內容，無限的道體下生宇宙之後，宇宙中所蘊含的元氣便會透過其中陰陽兩種創生作用化生萬物。由此可知氣為道中有氣，若道中無氣，道便只是形上虛霩，道所生之虛霩、宇宙皆以氣為內涵，氣為道中關鍵之創生元素與作用。透過陰陽二氣交互作用創生萬物，同時透過氣的作用使無限道體具體落實存在於天地萬物之中。

二、動態的宇宙觀。道與氣的特色都是生生流動不已的，故道透過氣化作用落實於天地萬物之中，天地萬物也蘊含了生生不息的。而〈天文〉的內容藉由記載的二十四節氣、十二月律、四時、五行時令、星象及太陰曆法觀等等，皆是年復一年，周行不殆的運行，這都傳達出輪轉而無窮的觀念。因此只要最高的道體存在，時空就會不斷輪轉，其中的氣化生生作用就會不斷地展現，形成一個流動不已動態運轉的宇宙觀。

三、具體又無限的整體觀。〈天文〉的內容最特別的就是以陰陽五行系統所建構的天文曆法觀，例如二十四節氣、十二月律、陰陽刑德數術等是藉由陰陽二氣生滅關係所描繪的系統；五星、五行時令等則是藉由五行相生相勝觀所建立的系統。雖然這些規律看似具體而有限，但因為道有無限生生的特質，故只要道體存在，道所生之時空與其中的氣化作用便會輪轉不息。因此〈天文〉透過陰陽五行建構了這麼多宇宙間不同的規律，其目的是在透過整理分析陰陽五行所建構的眾多不同的系統，組合並詮釋一個具體但無限生生的整體宇宙觀。

《爾雅注疏》十卷（臺北：藝文印書館，2001 年 12 月，《十三經注疏》本影嘉慶二十年重刊宋本），卷六，頁 95～96。

第四節　氣化地理觀

　　《淮南》中對地理的記載非常豐富，其中保留了許多漢代以前先民對地理的觀察與記載，內容延續了《山海經》以來遠古的神話觀，並結合了鄒衍陰陽五行學說所推衍的大九州說，發展出一套獨特的由陰陽五行所組成的無限又具體眞實的世界。以下根據《淮南·地形》之內容爲主，分作秦漢的地理觀、神話式的地理觀、陰陽五行地理觀、五行生勝觀、物類衍化過程五個部分，進行整理和分析。

一、秦漢的地理觀

　　秦漢的地理觀深受戰國末年鄒衍大九州說的影響，以下就〈地形〉對此部分的討論，進行整理分析。

　　　　地之所載〔註255〕，六合之間，四極之内，昭之以日月，經之以星辰，
　　　　紀之以四時，要之以太歲。天地之間，九州八極，土有九山，山有
　　　　九塞，澤有九藪，風有八等，水有六品。〔註256〕

《淮南》首先就對地形所要討論之內容作一規範，它認爲凡地之所承載，包含於六合與四極之中的所有事物，除了九州、八極、九山、九塞、九藪、六水之外，亦包含了八方之風〔註257〕。

　　此外，由〈地形〉所言地之內容可看出，它應是受到了鄒衍大九州說的影響，因此對地形的劃分多以九爲劃分單位。但除了九州以方位作出規劃，其餘內容皆是承襲自《呂氏春秋·有始覽》的記載〔註258〕，將九山、九塞、九藪、六水等名稱作一紀錄。故以下僅就九州之內容進行整理分析。

　　　　何謂九州？東南神州曰農土，正南次州曰沃土，西南戎州曰滔土，
　　　　正西弇州曰并土，正中冀州曰中土，西北台州曰肥土，正北泲州曰
　　　　成土，東北薄州曰隱土，正東陽州曰申土。〔註259〕

〔註255〕「地之所載」本作「墜形之所載」。王念孫：「此篇皆言地之所載，地下不當有形字，此因篇名而誤衍耳。」參見（清）王念孫：《讀書雜志》，下冊，頁805。今從校改。
〔註256〕（漢）劉安：《淮南子》，卷四〈地形〉，頁26。
〔註257〕關於八風之討論，參見本章第一節〈氣化天文觀〉，頁102。
〔註258〕（周）呂不韋等撰、陳奇猷校釋：《呂氏春秋校釋》，上冊，卷十三〈有始覽〉，頁658。
〔註259〕同註256，頁26。

九州內容〈地形〉以東南、正南、西南、正西、正中、西北、正北、東北、
正東九個方位作出劃分，以下列表觀之。

圖表二十六〔註260〕

西北 台州　肥土	正北 沛州　成土	東北 薄州　隱土 高注：薄，猶平也。隱，氣所隱藏，故曰隱土也。
正西 弇州　并土 高注：并，猶成也。八月建酉，百穀成熟，故曰并土也。	正中 冀州　中土 高注：冀，大也。四方之主，故曰中土也。	正東 陽州　申土 高注：申，復也。陰氣盡於北，陽復氣起東北，故曰申土。
西南 戎州　滔土 高注：滔，大也。七月建申，五穀成大，故曰滔土也。	正南 次州　沃土 高注：沃，盛也。五月建午，稼穡盛張，故曰沃土也。	東南 神州　農土 高注：東南辰焉，農祥，后稷之所經緯也，故曰農土。

　　由此觀之，當時的地理觀認為大地是由九個區域所組成，這正好與〈天
文〉九天的觀念相互呼應，透過兩者的結合，可知當時人將天地視為一個大
整體。此外，透過高誘注文發現，〈地形〉的劃分與陰陽二氣之消長變化有密
切關係，以正東為例：正東陽州又名申土，高誘以此地為陰氣潛藏，陽氣復
始之地，申，復也，故曰申土。可見當時地理觀受到陰陽氣化之影響，而當
時之所以以陰陽二氣作為九州劃分之規律，可能是受當時百姓以農業耕種為
主所作的規劃。

　　　　閭四海之內，東西二萬八千里，南北二萬六千里，水道八千里，通
　　　　谷六名川六百〔註261〕，陸徑三千里。禹乃使太章步自東極，至于西
　　　　極，二億三萬三千五百里七十五步；使豎亥步自北極，至于南極，
　　　　二億三萬三千五百里七十五步。禹乃使太章步自東極，至于西極，
　　　　二億三萬三千五百里七十五步；使豎亥步自北極，至于南極，二億

〔註260〕本表根據（漢）劉安：《淮南子》，卷四〈地形〉，頁26。本文整理。
〔註261〕「通谷六名川六百」本作「通谷其名川六百」。陳觀樓云：「呂氏春秋有始篇
　　　　作『通谷六，名川六百』，此其字當為六之譌。」劉文典：《淮南鴻烈集解》，
　　　　上冊，頁132。今從校改。

三萬三千五百里七十五步。〔註262〕

在九州之外圍繞者四海，〈地形〉中說明四海之內東西南北之距離，以及水文的狀況，並以步伐作為測量距離之單位，推測九州之內步行距離，可知，由於當時科學觀念不發達，對天地觀念並非完全正確，為了探求中國以外未知的世界，故根據禹測東西南北之極的神話傳說企圖探就地形的整體觀。

> 九州之大，純方千里。九州之外，乃有八殯，亦方千里：自東北方曰無通，曰大澤〔註263〕；東方曰大渚，曰少海；東南方曰具區，曰亢澤〔註264〕；南方曰大夢，曰浩澤；西南方曰渚資，曰丹澤；西方曰九區，曰泉澤；西北方曰大夏，曰海澤；北方曰大冥，曰寒澤。凡八殯八澤之雲，是雨九州。八殯之外，而有八紘，亦方千里：自東北方曰和丘，曰荒土；東方曰棘林，曰桑野；東南方曰大窮，曰眾女；南方曰都廣，曰反戶；西南方曰焦僥，曰炎土；西方曰金丘，曰沃野；西北方曰一目，曰沙所；北方曰積冰，曰委羽。凡八紘之氣，是出寒暑，以合八正，必以風雨。八紘之外，乃有八極：自東北方曰方土之山，曰蒼門；東方曰東極之山，曰開明之門；東南方曰波母之山，曰陽門；南方曰南極之山，曰暑門；西南方曰偏駒之山〔註265〕，曰白門；西方曰西極之山，曰閶闔之門；西北方曰不周之山，曰幽都之門；北方曰北極之山，曰寒門。凡八極之雲，是雨天下；八門之風，是節寒暑；八紘、八殯、八澤之雲，以雨九州而和中土。〔註266〕

〔註262〕（漢）劉安：《淮南子》，卷四〈地形〉，頁27。

〔註263〕「自東北方曰無通，曰大澤」本作「自東北方曰大澤，曰無通」。俞樾：「此當作『自東北方曰無通，曰大澤』，方與下文『東方曰大渚，曰少海』，『東南方曰具區，曰亢澤』，『南方曰大夢，曰浩澤』，『西南方曰渚資，曰丹澤』，『西方曰九區，曰泉澤』，『西北方曰大夏，曰海澤』，『北方曰大冥，曰寒澤』，文義一律。」參見（清）俞樾：《諸子平議》，頁936。今從校改。

〔註264〕「亢澤」本作「元澤」。王念孫：「元澤當為亢澤，字之誤也。」（清）王念孫：《讀書雜志》，下冊，頁807。今從校改。

〔註265〕「西南方曰偏駒之山」本作「西南方曰編駒之山」。顧廣圻：「思玄賦李注引編作偏。」于大成：「偏字是也。」（漢）劉安撰、（漢）高誘註、（清）莊逵吉校：《淮南子》，頁137；于大成：《淮南鴻烈論文集》，上冊，頁366。今從校改。

〔註266〕（漢）劉安：《淮南子》，卷四〈地形〉，頁27～28。

當時根據鄒衍之說將中國稱為赤縣神州，神州之內可分為九州，之外亦有如神州者九，此為大九州說。在此〈地形〉對九州以外的世界進行說明，它認為九州之外為八殯，八殯之外為八紘，八紘之外為八極，並分別根據推想給予不同的名稱。由上文可知，中國所在的赤縣神州位於中央，外有八殯、八紘、八極，這應是受五行中以中央土為尊的觀念所影響，而表現出當時人認為中國在世界中央的地理觀。

> 東方之美者，有醫毋閭之珣玗琪焉〔註267〕。東南方之美者，有會稽
> 之竹箭焉。南方之美者，有梁山之犀象焉。西南方之美者，有華山
> 之金石焉。西方之美者，有霍山之珠玉焉。西北方之美者，有昆侖
> 之球琳、琅玕焉。北方之美者，有幽都之筋角焉。東北方之美者，
> 有斥山之文皮焉。中央之美者，有岱嶽，以生五穀桑麻，魚鹽出焉。
> 〔註268〕

在此〈地形〉紀錄東方、東南方、南方、西南方、西方、西北方、北方、東北方、中央九方所產之物類，由此可看出九州說的影響，因此將地區分成九方討論，此外，藉由中央之物產特色較為適宜人類居處的特質來看，〈地形〉再次傳達出以中央為尊的觀念。

二、神話式的地理觀

由於〈地形〉中所記載為漢初及其以前之地理觀，當時人對地形及其範圍與物類之間的變化認知仍有限，因此便透過神話的輔助，推想其所未知的世界。以下針對〈地形〉中充滿神話思想的地形觀作一整理。

> 禹乃以息土填洪水以為名山，掘昆侖虛以下地，中有增城九重，其
> 高萬一千里百一十四步二尺六寸。上有木禾，其修五尋，珠樹、玉
> 樹、琁樹、不死樹在其西，沙棠、琅玕在其東，絳樹在其南，碧樹、
> 瑤樹在其北。旁有四百四十門，門間四里，里間九純，純丈五尺，
> 旁有九井玉橫，維其西北之隅，北門開以內不周之風。傾宮、旋室、
> 縣圃、涼風、樊桐在昆侖閶闔之中，是其疏圃。疏圃之池，浸之黃
> 水，黃水三周復其原，是謂丹水〔註269〕，飲之不死。河水出昆侖東

〔註267〕 「玗琪」本作「玗琪」。玗琪今本皆作玗琪，當據改。
〔註268〕 （漢）劉安：《淮南子》，卷四〈地形〉，頁28。
〔註269〕 「是謂白水」本作「是謂丹水」。王念孫：「丹水本作白水，此後人妄改之也。」

北隅，貫渤海，入禹所導積石山。赤水出其東南隅，西南注南海丹
澤之東。赤水之東，弱水出自窮石，至于合黎，餘波入于流沙，絕
流沙南至南海。洋水出其西北隅，入于南海羽民之南。凡四水者，
帝之神泉，以和百藥，以潤萬物。昆侖之丘，或上倍之，是謂涼風
之山，登之而不死。或上倍之，是謂懸圃，登之乃靈，能使風雨。
或上倍之，乃維上天，登之乃神，是謂太帝之居。〔註270〕

首先，此段由禹以息土壙洪水神話傳說開始，並以神話式推想說明崑崙山及
其附近地貌、植物的特色以及水文的流向等。其次，〈地形〉言有帝之神泉、
登之不死之山等，並指出在最高最接近天之山上爲天帝之所居。由此可看出
人們對當時不易攀登的崑崙山有許多想像，因此創造神話描繪其所想像的景
觀。

扶木在陽州，日之所曊〔註271〕。建木在都廣，眾帝所自上下，日中
無景，呼而無響，蓋天地之中也。若木在建木西，末有十日，其華
照下地。〔註272〕

此爲〈地形〉對日出之木以及天地之中的景象所作的想像，當時人認爲日由
極東方之扶木開始升起，展開一日的運行，而在日所直入大地之處，日下無
景，且呼之無響，因爲此處爲天地之正中央。

凡海外三十六國：自西北至西南方，有修股民、天民、肅慎民、白
民、沃民、女子民、丈夫民、奇股民、一臂民、三身民。自西南至
東南方，有結胷民〔註273〕、羽民、讙頭國民、裸國民、三苗民、交
股民、不死民、穿胸民、反舌民、豕喙民、鑿齒民、三頭民、修臂
民。自東南至東北方，有大人國、君子國、黑齒民、玄股民、毛民、
勞民。自東北至西北方，有跂踵民、句嬰民、深目民、無腸民、柔
利民、一目民、無繼民。……遼出砥石。釜出景。岐出石橋。呼沱

（清）王念孫：《讀書雜志》，下冊，頁805。今從校改。
〔註270〕（漢）劉安：《淮南子》，卷四〈地形〉，頁27。
〔註271〕「日之所曊」本作「日之所曊」。于大成：「高既訓曊爲照，則字當作曊，劉
　　　　本、茅本、莊本作曊，是也。」于大成：《淮南鴻烈論文集》，上冊，頁356。
　　　　今從校改。
〔註272〕同註270，頁27。
〔註273〕「有結胷民」本作「結胷民」。楊樹達：「結胷民上集證本有有字，是也。」
　　　　楊樹達：《淮南子證聞・鹽鐵論要釋》，頁39。今從校補。

　　　　出魯平。泥塗淵出樠山。維濕北流出於燕。〔註274〕

由此段起，〈地形〉描述四海之外的國家及人民的特色，其以方位區分為西北
至西南、西南至東南、東南至東北、東北至西北四大區域，分別描述四區三
十六國國家及人民身形及長相之特色。之後〈地形〉還對海外三十六國的各
種奇異的動植物、地理特色、水文等作了相當詳細的描述，這其中充滿神話
式的想像，而〈地形〉對海外三十六國的描繪則是根據《山海經》之內容所
整理歸納而來，可見此書對當時地理觀產生極大的影響。

三、陰陽五行地理觀

　　〈地形〉對地理觀所作的討論當中，可以發項有許多部份具有陰陽五行
的色彩，以下就此現象作一整理分析。

　　　　凡地形：東西為緯，南北為經；山為積德，川為積刑；高者為生，

　　　　下者為死；丘陵為牡，谿谷為牝；水圓折者有珠，方折者有玉；清

　　　　水有黃金，龍淵有玉英。〔註275〕

此為〈地形〉對地理觀提出的說明，其中可發現《淮南》以陰陽觀對地形的
現象作出解釋，故云山、高者、丘陵為陽為德主生，川、下者、谿谷為陰為
刑主死，明顯具有陰陽刑德觀念。此外〈地形〉還對礦物產生之理作出推想，
而認為珠生於水圓處；玉生於方折處；清水與龍淵中易產生珍貴的黃金與玉
英，這則應是根據礦物的特性所作的猜想。

　　　　故南方有不死之草，北方有不釋之冰，東方有君子之國，西方有形

　　　　殘之尸。〔註276〕

此段〈地形〉以陰陽觀描述四方物類之特色，南方陽氣極勝，故有不死之草；
北方陰氣極勝，故有不釋之冰；東方為陽氣始出之處，故有君子之國；西方
陽氣消滅，故有形殘之尸。〈地形〉藉由陰陽二氣的變化，解釋其對四方物類
的推測。此外〈地形〉又云：「是故白水宜玉，黑水宜砥，青水宜碧，赤水宜
丹，黃水宜金，清水宜龜。〔註277〕」此則是以五色特質，描繪其對水質、水
所產之物作出詮釋。這些說法以今日的角度來看，或許不夠科學，但此為當

〔註274〕同註270，頁29～31。

〔註275〕（漢）劉安：《淮南子》，卷四〈地形〉，頁31。

〔註276〕同註275，頁28。

〔註277〕（漢）劉安：《淮南子》，卷四〈地形〉，頁29。

時人民試圖對不同物類之間神妙的變化，藉由陰陽五行有無限生生創造之特色，進行推理解釋。

> 東方川谷之所注，日月之所出，其人兌形小頭，隆鼻大口，鳶肩企行，竅通於目，筋氣屬焉，蒼色主肝，長大早知而不壽；其地宜麥，多虎豹。南方陽氣之所積，暑濕居之，其人修形兌上，大口決眦，竅通於耳，血脈屬焉，赤色主心，早壯而夭；其地宜稻，多兕象。西方高土，川谷出焉，日月入焉，其人面末僂〔註278〕，脩頸印行〔註279〕，竅通於鼻，皮革屬焉，白色主肺，勇敢不仁；其地宜黍，多旄犀。北方幽晦不明，天之所閉也，寒冰之所積也〔註280〕，蟄蟲之所伏也，其人翕形短頸，大肩下尻，竅通於陰，骨幹屬焉，黑色主腎，蠢愚而壽〔註281〕；其地宜菽，多犬馬。中央四達，風氣之所通，雨露之所會也，其人大面短頤〔註282〕，美鬚惡肥，竅通於口，膚肉屬焉，黃色主胃，慧聖而好治；其地宜禾，多牛羊及六畜。〔註283〕

此段《淮南》以五行結構描述東、南、西、北中五方受地氣影響在地貌、人民長相、物產等所造成氣類相感的現象，使「『氣』與『五行空間』的整合創造了中國特有環境的概念與世界意象。〔註284〕」以東方為例：地東南傾，故東方為河川溪谷匯流之處，也是日月升起之處。居處東方之人長相特色為小頭、鼻高、嘴大、肩聳高似鳶鳥踮腳行走，全身孔竅與眼相通，筋絡之氣亦與眼連。東方在五色中屬青色，五臟中屬肝。東方人身材高大，智慧早開但不長壽。東方適合長麥，且多有虎豹。以上種種描述可能是經過實際觀察而得的結果，再加上古代神話傳說的影響，最後搭配上五行中木行的特色，形

〔註278〕楊樹達：「面末僂文義不完，以上下文『其人兌形小頭』諸句例衡之，疑此句脫去一字。」楊樹達：《淮南子證聞·鹽鐵論要釋》，頁38。楊說疑是。

〔註279〕「脩頸印行」本作「脩頸印行」印今本皆作印，當據改。

〔註280〕「寒冰之所積也」本作「寒水之所積也」。王念孫：「寒水當為寒冰，字之誤也。」（清）王念孫：《讀書雜志》，下冊，頁808。今從校改。

〔註281〕「蠢愚而壽」本作「其人蠢愚，禽獸而壽」王念孫：「自『翕形短頸』以下六句，皆承上『其人』二字言之，則『蠢愚』上不當更有『其人』二字。……又按：禽獸二字，妄人所加也。」同註280，頁809。今從校改。

〔註282〕「其人大面短頤」本作「其人大面短頸」。頸今本皆作頤，當據改。

〔註283〕同註277，頁29。

〔註284〕高麗珍：《淮南子神話與古代地理知識的探討》（臺北：揚智文化，1993年4月），頁108。

成特殊的氣化地理觀。〔註285〕

此外，由此段描述還可發現《淮南》特別重視五行的中央土的地位，因此認為中央的地形、氣候最適合人民居住，人民身形最和諧，故將位處中原的漢朝與五行中的中央土相連結，並突顯其重要性與獨特性。

四、五行生勝

> 木勝土，土勝水，水勝火，火勝金，金勝木，故禾春生秋死，菽夏
> 生冬死，麥秋生夏死，薺冬生中夏死。〔註286〕

此為《淮南》的五行相勝之說，五行相勝的次序為木、土、水、火、金、木，依次不斷輪轉。根據此理，《淮南》提出物類生滅的過程說明五行相勝關係，以禾為例：高誘云：「禾者木，春王而生木，秋，金王而死。〔註287〕」禾屬木，木主春，故禾於春季生長，金勝木，金主秋，故秋季金氣勝而禾亡。

> 木壯水老火生金囚土死，火壯木老土生水囚金死，土壯火老金生木
> 囚水死，金壯土老水生火囚木死，水壯金老木生土囚火死。〔註288〕

根據五行相勝過程，《淮南》作了一個整理，以下列表觀之。

圖表二十七〔註289〕

生壯次序	木行	火行	土行	金行	水行
壯	木	火	土	金	水
老	水	木	火	土	金
生	火	土	金	水	木
囚	金	水	木	火	土
死	土	金	水	木	火

〔註285〕劉長林：「《淮南子》將中國地域分為五片，一方面大體上反映了中國地理的實際情況，另一方面也研習了先秦以來的五方說和五行理論。它列數五方環境和五方人的特徵并做了初步的歸納，指出生活在同一地域的人具有某些相同的特點，表明按地域對人進行類型劃分是可行的。」參見劉長林：《中國象科學觀——易、道與兵、醫（修訂版）》，下冊，頁779。

〔註286〕（漢）劉安：《淮南子》，卷四〈地形〉，頁29。

〔註287〕同註286，頁29。

〔註288〕同註286，頁29。

〔註289〕本表根據（漢）劉安：《淮南子》，卷四〈地形〉，頁29。原文整理。

此爲《淮南》五行生壯死的循環過程，根據此法，當五行中木行壯大時，水行衰老，火行生長，金行囚困，土行死亡。《淮南》試圖藉由整理出五行生壯死之次序，對五行所生之物類間相互的關係進行分析。

> 音有五聲，宮其主也。色有五章，黃其主也。味有五變，甘其主也。位有五材，土其主也。是故鍊土生木，鍊木生火，鍊火生雲，鍊雲生水，鍊水反土。鍊甘生酸，鍊酸生辛，鍊辛生苦，鍊苦生鹹，鍊鹹反甘。變宮生徵，變徵生商，變商生羽，變羽生角，變角生宮。是故以水和土，以土和火，以火化金，以金治木，木復反土。五行相治，所以成器用。〔註290〕

五行當中以土爲尊，故此言五音以宮爲主、五色以黃爲主、五味以甘爲主，因爲這些事物皆爲土行所生。接著，《淮南》描述五行相治的次序爲土（甘）、木（酸）、火（辛）、雲〔註291〕（苦）、水（鹹）、土（甘），故提煉土可生木，提煉甘味可得酸味，依次循環不已。接著，《淮南》言五音相變之理與五行相和之理，五音相變次序爲土、火、金、水、木、土，而五行相和次序爲水、土、火、金、木、土，兩者不盡相同。而《淮南》指出五行相治之理爲鍛鍊器物可以爲用的重要準則。

以上《淮南》介紹多種五行生勝之間的規律，其目的在說明五行生勝變化有多種可能性，並非只有相生或相勝，透過五行不同規律作用之下，萬物的變化也可能出現各種不同的可能性，由此反證天道之廣大無限。

五、物類衍化過程

〈地形〉中還有一段對萬物演化過程的描繪，分別記述了人、鳥、獸、魚、龜五類生物的演進過程，以下簡述之。

> 胈生海人，海人生若菌，若菌生聖人，聖人生庶人，凡胈者生於庶人〔註292〕。羽嘉生飛龍，飛龍生鳳皇，鳳皇生鸞鳥，鸞鳥生庶鳥，凡羽者生於庶鳥。毛犢生應龍，應龍生建馬，建馬生麒麟，麒麟生庶獸，凡毛者生於庶獸。介鱗生蛟龍，蛟龍生鯤鯁，鯤鯁生建邪，

〔註290〕（漢）劉安：《淮南子》，卷四〈地形〉，頁29。

〔註291〕高誘云：「雲，金氣所生也。」同註290，頁29。

〔註292〕「胈生海人」「凡胈者生於庶人」本作「突生海人」「凡容者生於庶人」。俞樾：「下文又曰『凡窾者生於庶人』，兩窾字皆胈字之誤。」參見（清）俞樾：《諸子平議》，頁937。今從校改。

建邪生庶魚，凡鱗者生於庶魚。介潭生先龍，先龍生玄黿，玄黿生
靈龜，靈龜生庶龜，凡介者生於庶龜〔註293〕。煖濕生胅，煖濕生於
毛風，毛風生於濕玄，濕玄生羽風，羽風生煖介，煖介生鱗薄，鱗
薄生介潭〔註294〕。五類雜種興乎外，肖形而蕃。〔註295〕

陳靜云：「《地形訓》的分類方式傳達了了不起的觀念信息：首先，《淮南
子》已經有了明確的生物分類觀念，這一觀念不見于《淮南子》同時代的其
他著作；第二，各類生物都有自己的生化過程，并不是生來就如此的。這種
物種生化的思想與《淮南子》的宇宙生成思想是一致的。〔註296〕」〈地形〉在
介紹完五類生物的生化次序之後，更進一步推論此五類生物之前最根源的物
質，以下整理觀之。

由此表可看出，〈地形〉中認爲濕玄爲有形生類最初的根源，濕玄生毛風
（獸類），毛風生煖濕，煖濕生胅（人類）；濕玄生羽風（鳥類），羽風生煖介
（魚類），煖介生鱗薄，鱗薄生介潭（龜類）。陳靜云：「在《地形訓》認爲作
者們不乏混亂的玄想中，各類動物是具有統一來源的。這是清楚的，這一點
與《淮南子》道生萬物的思想也是一致的。〔註297〕」

日馮生陽閼，陽閼生喬如，喬如生幹木，幹木生庶木，凡根者生於
庶木〔註298〕。根拔生程若，程若生玄玉，玄玉生醴泉，醴泉生皇辜，

〔註293〕「凡介者生於庶龜」本作「凡介者生庶於龜」。于大成：「庶於二字當到。……
　　　　各本竝不誤，唯藏本與景宋本誤到耳。」于大成：《淮南鴻烈論文集》，上冊，
　　　　頁413。今從校改。
〔註294〕「鱗薄生介潭」本作「鱗薄生煖介」。陳廣忠：「煖介當爲介潭。」參見陳廣
　　　　忠：《淮南子譯注》，頁212。陳說疑是，今從校改。
〔註295〕（漢）劉安：《淮南子》，卷四〈地形〉，頁31。
〔註296〕陳靜：《自由與秩序的困惑——《淮南子》研究》，頁283。
〔註297〕陳靜：《自由與秩序的困惑——《淮南子》研究》，頁284。
〔註298〕「凡根者生於庶木」「凡芡者生於庶草」本作「凡根拔木者生於庶木」「凡根
　　　　芡草者生於庶草」。陶鴻慶：「此文當云：凡根者生於庶木。下文當云：凡芡
　　　　者生於庶草。」參見（清）陶鴻慶：《讀淮南子札記》（臺北：世界書局，1975

皇辜生庶草，凡芰者生於庶草。海閭生屈龍，屈龍生容華，容華生
蕈，蕈生藻，藻生浮草，凡浮生不根芰者生於浮草〔註299〕。〔註300〕
此爲〈地形〉記載植物的生化過程，以下整理觀之。

日馮		陽閼		喬如	幹木	庶木
根拔	程若		玄玉	醴泉	皇辜	庶草
海閭	屈龍		容華	蕈	藻	浮草

〈地形〉在此將植物分爲木、草、浮草三類，並藉推想依次描述其生化
過程，由此可知，如同動物的生化一般，植物間也有極爲複雜的生成次序，
透過此生生次序，不同的植物類別依序生成。

總而觀之，此段記載動物：人、鳥、獸、魚、龜以及植物：木、草、浮
草的演化過程，其過程爲《淮南》之推想，由此看出《淮南》認爲萬物的生
化過程是繁複且有次序的，這正好呼應道由無形生有形之過程，同樣都是層
層論述，彰顯其玄妙不可言說但仍有一次序存在的特性。此外，〈地形〉透過
描繪飛禽動植的演化次序，補充了道由無形之氣凝結化生有形萬物中間的過
程，同時可知陰陽二氣交互調和創生萬物中是有規律次序的，陰陽二氣透過
其間蘊含之生化理序創造萬殊物類。最後，藉由動植物間玄妙但有次序的生
成次序可知，不同形類之物間各自擁有著不同的生化方式，充分展現出有形
世界間仍充滿無限多的變化可能，藉此反襯出最高道體具有無限生生的特質。

第五節 氣化天文地理的落實

一、十二紀的落實

《淮南》將天地萬物等一切變化規律以氣化生生之理詮釋，其目的即在
於要提供君王作爲施政行事之參考，因此，在〈天文〉與〈地形〉之後，《淮
南》根據《呂氏春秋》十二紀的觀念，完成以十二月爲行事規範的〈時則〉

年11月），頁57。今從校改。
〔註299〕「蕈生藻，藻生浮草，凡浮生不根芰者生於浮草」本作「蕈生萍藻，萍藻生
　　　　浮草，凡浮生不根芰者生於萍藻」。王念孫：「三萍字皆後人所加。……酉陽
　　　　雜俎正作『蕈生藻，藻生浮草』。」（清）王念孫：《讀書雜志》，下冊，頁812。
　　　　今從校改。
〔註300〕（漢）劉安：《淮南子》，卷四〈地形〉，頁31。

篇，藉由對十二月份陰陽五行之氣運行的規律，歸納出各個月份行事之準則。
以下整理列表觀之。

圖表二十八〔註301〕

季月	天象	五方	日	盛德	蟲	音	律	數	味	臭	祀	祭先	樂	兵	畜	月官	樹
孟春	招搖指寅，昏參中，旦尾中	東	甲乙	木	鱗	角	太蔟	八	酸	羶	戶	脾	鼓琴瑟	矛	羊	正月官司空	楊
仲春	招搖指卯，昏弧中，旦建星中	東	甲乙		鱗	角	夾鍾	八	酸	羶	戶	脾	鼓琴瑟	矛	羊	二月官倉	杏
季春	招搖指辰，昏七星中，旦牽牛中	東	甲乙		鱗	角	姑洗	八	酸	羶	戶	脾	鼓琴瑟	矛	羊	三月官鄉	李
孟夏	招搖指巳，昏翼中，旦婺女中	南	丙丁	火	羽	徵	仲呂	七	苦	焦	灶	肺	吹竽笙	戟	雞	四月官田	桃
仲夏	招搖指午，昏亢中，旦危中	南	丙丁		羽	徵	蕤賓	七	苦	焦	灶	肺	吹竽笙	戟	雞	五月官相	榆
季夏	招搖指未，昏心中，旦奎中	中央	戊己	土	蠃	宮	百鐘	五	甘	香	中霤	心		劍	牛	六月官少內	梓
孟秋	招搖指申，昏斗中，旦畢中	西	庚辛	金	毛	商	夷則	九	辛	腥	門	肝	撞白鐘	戈	狗	七月官庫	楝
仲秋	招搖指酉，昏牽牛中，旦觜巂中	西	庚辛		毛	商	南呂	九	辛	腥	門	肝	撞白鐘	戈	犬	八月官尉	柘

〔註301〕本表根據（漢）劉安：《淮南子》，卷五〈時則〉，頁 32～38。原文整理。

季秋	招搖指戌，昏虛中，旦柳中	西	庚辛		毛	商	無射	九	辛	腥	門	肝	撞白鐘	戈	犬	九月官候	槐
孟冬	招搖指亥，昏危中，旦七星中	北	壬癸	水	介	羽	應鐘	六	鹹	腐	井	腎	擊磬石	鍛	彘	十月官司馬	檀
仲冬	招搖指子，昏壁中，旦軫中	北	壬癸		介	羽	黃鐘	六	鹹	腐	井	腎	擊磬石	鍛	彘	十一月官都尉	棗
季冬	招搖指丑，昏婁中，旦氐中	北	壬癸		介	羽	大呂	六	鹹	腐	井	腎	擊磬石	鍛	彘	十二月官獄	櫟

　　以上為〈時則〉簡表，根據歸納可看出幾個重點：一、天道的運行是無限生生輪轉的，而十二月紀、二十八星宿的運行也是年復一年，周而復始的，可知此規律中蘊含天道生生不息之規律，因此君王只要遵循十二月紀之規範，自然就能順天體道。二、〈時則〉將十二月紀與五行相生次序作緊密結合，〈時則〉將孟春、仲春、季春配木；孟夏、仲夏配火；季夏配土；孟秋、仲秋、季秋配金；孟冬、仲冬、季冬配水，彌補《呂氏春秋》中土行附在季夏之中而無配一紀的缺憾，雖有些牽強，但可看出五行中土行觀念開始提升，故將它配入一紀。三、天道運行中蘊含陰陽五行生生循環之理，十二紀中如五方、天干日、五德、蟲、音、味、臭、祀、祭先、兵、畜等皆是根據五行相生次序安排入十二紀中，至於十二月間物候的變化，〈時則〉則以陰陽二氣的消長加以詮釋。以下舉孟春一紀加以說明。

　　　孟春之月，招搖指寅，昏參中，旦尾中。其位東方，其日甲乙，盛
　　德在木，其蟲鱗，其音角，律中太蔟，其數八，其味酸，其臭羶，
　　其祀戶，祭先脾。東風解凍，蟄蟲始振蘇，魚上負冰，獺祭魚，候
　　鴈北。天子衣青衣，乘蒼龍，服蒼玉，建青旗，食麥與羊，服八風
　　水，爨其燧火，東宮御女青色，衣青采，鼓琴瑟，其兵矛，其畜羊，
　　朝于青陽左个，以出春令。布德施惠，行慶賞，省徭賦。立春之日，
　　天子親率三公九卿大夫以迎歲于東郊，修除祠位，幣禱鬼神，犧牲
　　用牡。禁伐木，毋覆巢、殺胎夭，毋麛，毋卵，毋聚眾、置城郭，

掩骼薶骴。孟春行夏令,則風雨不時,草木早落,國乃有恐。行秋令,則其民大疫,飄風暴雨總至,黎莠蓬蒿並興。行冬令,則水潦爲敗,雨霜大雹,首稼不入。正月官司空,其樹楊。〔註302〕

孟春之月,用以判斷時節的招搖星指向寅位,此時傍晚可見參宿,早晨可見尾宿,而根據五行之理,此紀天干爲甲乙日、行木德、有鱗片的動物開始生長、五音屬角、十二律屬太簇、五行之數爲八、味主酸、臭主羶、祭祀須先祭戶與脾。而此時陽氣始出,故可使冰解凍,蟄伏之蟲開始生長,魚浮出水面,獺始獵魚,侯鳥往北飛,此爲孟春物候的變化。因此君主行事須依照孟春之理,故衣著、車乘、佩玉、建旗、宮女皆須依木行爲青色,此時君主須居處東宮,明堂則須位於青陽左个。〈時則〉中並規定君王孟春時須行此時節之法令,否則會違反天道氣化之運行,天便會降下災異譴告。

二、君王施政規律

〈時則〉分別依陰陽五行氣化之理,將十二月行事規律與君王施政作結合,「然其目的在使思想與各『紀』之氣相應,以收天人感通之效。〔註303〕」透過陰陽五行之氣的相生規律,使君王能明瞭並遵守自然天道生生之理,作出合宜的政令。

六合:孟春與孟秋爲合,仲春與仲秋爲合,季春與季秋爲合,孟夏與孟冬爲合,仲夏與仲冬爲合,季夏與季冬爲合。孟春始贏,孟秋始縮;仲春始出,仲秋始內;季春大出,季秋大內;孟夏始緩,孟冬始急;仲夏至修,仲冬至短;季夏德畢,季冬刑畢。〔註304〕

此爲十二月紀中的六合之法,《淮南》認爲十二紀除了各自有應行之理,同時也會相互配合影響,如孟春與孟秋相合,故孟春萬物開始生長,孟秋萬物就會開始消亡。除了萬物生長的狀況之外,〈時則〉也記載若失其政令對六合所造成的影響。

故正月失政,七月涼風不至;二月失政,八月雷不藏;三月失政,九月不下霜;四月失政,十月不凍;五月失政,十一月蟄蟲冬出其

〔註302〕（漢）劉安:《淮南子》,卷五〈時則〉,頁32。
〔註303〕曾錦華:《呂氏春秋十二紀首、淮南子時則訓及禮記月令之比較研究》(臺北:國立政治大學中國文學研究所碩士論文,1988年6月),頁38。
〔註304〕（漢）劉安:《淮南子》,卷五〈時則〉,頁39。

鄉；六月失政，十二月草木不脫；七月失政，正月大寒不解；八月
失政，二月雷不發；九月失政，三月春風不濟；十月失政，四月草
木不實；十一月失政，五月下雹霜；十二月失政，六月五穀疾狂。
春行夏令泄，行秋令水，行冬令肅。夏行春令風，行秋令蕪，行冬
令格。秋行夏令華，行春令榮，行冬令耗。冬行春令泄，行夏令旱，
行秋令霧。〔註305〕

〈時則〉舉出若正月失政，就會影響其六合相對之七月節氣及物候失衡。且
若在不對的季節施行不對之政令，就會導致節氣錯亂，影響物候的變遷。除
了十二月紀之規律外，〈時則〉還對中土之外五方之民的行事施政提出規範〔註
306〕。以上〈時則〉透過天道間陰陽五行運行之理，對中國所居處的赤縣神州
以及四海之外各地區所應行之政令作了一個整理歸納，此理在今日看來或許
有過份運用陰陽五行相生之法，但漢人作出此規律其目的是希望強調出依循
天道相生法則的重要性。

　　由於〈時則〉創作目的在提醒君王遵行自然天道運行的重要，因此〈時
則〉於最後說明君王之所以必須因循天道運行之由。

制度〔註307〕：陰陽大制有六度：天爲繩，地爲準，春爲規，夏爲衡，
秋爲矩，冬爲權。繩者，所以繩萬物也。準者，所以準萬物也。規
者，所以員萬物也。衡者，所以平萬物也。矩者，所以方萬物也。
權者，所以權萬物也。……明堂之制，靜而法準，動而法繩，春治

〔註305〕同註304，頁39。
〔註306〕〈時則〉：「五位：東方之極，……其令曰：挺群禁，開閉闔，通窮窒，達障
　　　　塞，行優游，棄怨惡，解役罪，免憂患，休罰刑，開關梁，宣出財，和外怨，
　　　　撫四方，行柔惠，止剛強。南方之極，……其令曰：爵有德，賞有功，惠賢
　　　　良，救飢渴，舉力農，振貧窮，惠孤寡，憂罷疾，出大祿，行大賞，起毀宗，
　　　　立無後，封建侯，立賢輔。中央之極，……其令曰：平而不阿，明而不苛，
　　　　包裹覆露，無不囊懷，溥汜無私，正靜以和，行稃鬻，養老衰，弔死問疾，
　　　　以送萬物之歸。西方之極，……其令曰：審用法，誅必辜，備盜賊，禁姦邪，
　　　　飾群牧，謹著聚，修城郭，補決竇，塞蹊徑，過溝瀆，止流水，雝谿谷，守
　　　　門閭，陳兵甲，選百官，誅不法。北方之極，……其令曰：申群禁，固閉藏，
　　　　修障塞，繕關梁，禁外徙，斷罰刑，殺當罪，閉關閭，大搜客，止交游，禁
　　　　夜樂，蚤閉晏開，以塞姦人，已德，執之必固。天節已幾，刑殺無赦，雖有
　　　　盛尊之親，斷以法度。毋行水，毋發藏，毋釋罪。」參見（漢）劉安：《淮南
　　　　子》，卷五〈時則〉，頁38～39。
〔註307〕「制度」本作「製度」。製度今本皆作制度，且下云陰陽大制，當據改。

以規，秋治以矩，冬治以權，夏治以衡，是故燥溼寒暑以節至，甘
雨膏露以時降。〔註308〕

陰陽之氣化生天地四時，並隨四時不斷輪轉生生不息，因此可以作爲天地間
的規律準則。故《淮南》將天地春夏秋冬視爲天道運行的準繩，希望透過掌
握天地四時之變化，爲君王設計出十二月紀之明堂制度，君王只須遵守此明
堂之法，就能達到體天行道的目的。總而言之，《淮南》將天地四時的運轉次
序轉變爲君王施政的政治次序，便是企圖藉由人法天，天回應祥瑞節氣變化，
達到天人感應、天人是一的終極目標。

〔註308〕（漢）劉安：《淮南子》，卷五〈時則〉，頁39～40。

第五章　氣化感應論

第一節　氣類相感

　　天地之合和，陰陽之陶化萬物，皆乘一氣者也〔註1〕。〔註2〕

　　道由無形生化出有形萬物的過程中，氣為最關鍵的作用，宇宙中陰陽二氣交互作用，清揚之氣上升為天，重濁之氣下凝為地，天地間的元氣煩雜者化為萬物，精華者化生為人，這種種變化都是透過氣中所蘊含陰陽兩種元素相互作用所產生，由此可知氣蘊含於萬物之中，萬物中皆有氣。

　　《淮南》認為萬物本質皆是氣〔註3〕，並且都是透過陰陽氣化生生而成，因此彼此間有關聯性，故同氣類之物可相互感通對應，形成「同氣相動〔註4〕」、「物類相應」的特殊現象〔註5〕。「總之，『感應』在《淮南子》中是一種絕對的觀念，它是宇宙萬物間的一種客觀的、自然的聯繫。以『感應』來解

〔註1〕　「皆乘一氣者也」本作「皆乘人氣者也」。莊逵吉：「『乘人氣』本作『乘一氣』，唯藏本作人。」（漢）劉安撰、（漢）高誘註、（清）莊逵吉校：《淮南子》，頁261。今從校改。

〔註2〕　（漢）劉安：《淮南子》，卷八〈本經〉，頁52。

〔註3〕　簡松興：「就《淮南子》而言，萬有是由道、氣一路淪降化生而成，所以在「氣」的基礎上，萬有是同質的。因而在物質的、生理的、心理的三方面，都有同氣相通相動的現象存在。」參見簡松興：《西漢天人思想研究——以《淮南子》、《春秋繁露》、《史記》為中心》，頁87。

〔註4〕　同註2，卷十六〈說山〉，頁120。

〔註5〕　羅光云：「天地萬物都由氣而成，氣則週遊天地萬物內，在萬物裡通行。……因此，同類的氣，互起感應。」參見羅光：《中國哲學思想史（兩漢、南北朝篇）》，頁595～596。

釋與闡發道家思想是《淮南子》最大的思想特色。〔註6〕」這種現象非常複雜且玄妙，不是輕易可掌握。

　　針對《淮南》氣類相感說，學者們的討論有幾個重點：（一）氣類相感觀念起源甚早〔註7〕，《周易・卷第一・乾九五文言》云：「同聲相應，同氣相求，水流濕，火就燥，雲從龍，風從虎，聖人作而萬物睹。〔註8〕」其中就已蘊含氣類相感的觀念。陳德和云：「人與天地可以同構相副、同氣相應，物與物之間則同樣由於共秉一氣而可以共感共應〔註9〕」，此即氣類相感產生之因。（二）此外，有些學者提出「地理之氣〔註10〕」的觀念，陳麗桂云：「《淮南子》認為：人與天地彼此之間，必然存在著密切的關係，因了這一「氣」，人的生命與所居處的自然環境之間關係相當密切，自然環境條件的變遷歧異，深深決定著人的身心品質和健康。〔註11〕」這都說明氣類相動對人的生命與居處環境，皆有重要影響。

　　綜合以上討論，以下針對《淮南》氣類相感之現象，分為「同類相動」、「風土之氣」、「同數相動」三方面進行詮釋與分析。

〔註6〕　參見白光華：〈我對《淮南子》的一些看法〉，收入陳鼓應主編《道家文化研究》（第六輯）（臺北：文史哲出版社，2000年8月），頁199。

〔註7〕　白光華云：「『感應』的觀念，不僅非常重要，而且其起源也是很早的，它原也不是道家的思想，而是陰陽五行家觀點。大約在戰國時期，道家便已經受了陰陽家的影響，而《淮南子》更加集中地用『感應』來闡釋道家的學說。例如，《淮南子》認為：『自然』就是『感應』，又認為『無為』就是『感應』。」同註6，頁199。

〔註8〕　（魏）王弼、（晉）韓康伯注、（唐）孔穎達等正義：《周易正義》，頁15。

〔註9〕　陳德和：《淮南子的哲學》，頁187。陳麗桂云：「人與大自然之間先天上形氣相通；而按照氣化宇宙論的說法，人與宇宙萬物的身心活動，都是這一氣的作用。因此，透過這一氣，人與人，人與天地，乃至人與物，物與物，物與天地之間，真可以自然無礙地交通往來，相感相應。」參見陳麗桂：《秦漢時期的黃老思想》，頁85。

〔註10〕　陳麗桂提出「風土之氣與人生。」參見陳麗桂：《秦漢時期的黃老思想》，頁83。陳德和作「墬形與人情」，並云：「這是從地形地貌上的不同，說不同的地氣對人的感應作用，……總之，不同土地會醞釀出不同個性、不同專長、不同體材、不同壽天的人。」參見陳德和：《淮南子的哲學》，頁185。楊有禮云：「〈地形訓〉還認為，不同地理位置生產的物品也是不同的。這一方面由於氣候不同，出產的物品就不一樣，……另一方面，由於各地地形、土質，甚至陰陽屬性不同出產的物品也不一樣。」參見楊有禮：《新道鴻烈：淮南子與中國文化》，頁66。

〔註11〕　陳麗桂：《秦漢時期的黃老思想》，頁83。

一、同類相動

> 毛羽者，飛行之類也，故屬於陽；介鱗者，蟄伏之類也，故屬於陰。
> 日者，陽之主也，是故春夏則群獸除，日至而麋鹿解，月者，陰之
> 宗也，是以月毀而魚腦減〔註12〕，月死而羸蛖膲。〔註13〕
>
> 夫燧取火於日〔註14〕，方諸取露於月，天地之閒，巧歷不能舉其數，
> 手徵忽怳，不能覽其光。然以掌握之中，引類於太極之上，而水火
> 可立致者，陰陽同氣相動也。〔註15〕

　　陰與陽是元氣中最基本的兩種作用，元氣清揚部分上升爲天；重濁部分
下凝爲地，陽氣累積久了會變火；陰氣累積久了會變水，火氣精華部分會變
日，水氣精華部分會變月，日月過多的精氣則會化爲星辰。天上無數天象皆
由陰陽二氣交互作用產生，地面上的萬物也是如此。《淮南》認爲在天上飛翔
和陸上行走且有羽毛的動物與天接近，故屬陽；在水中蟄伏有甲殼和鱗片的
動物近水，故屬陰，陽燧屬陽故能生火；方諸屬陰故能生水。由於相同氣類
之物會相互感應影響，因此同屬於陽氣所生的日便會影響毛羽類動物，使群
獸在春夏時脫毛，日冬至和夏至時換角。相同地，同樣屬於陰氣所生的月亮
盈虧也會讓介鱗類動物產生變化。陳麗桂云：「鴻烈以爲，天地萬物彼此恆存
在某類玄妙之特殊現象，方甲物呈現，或產生某類現象，進行某項功能時，
乙物亦必同時相應而起變化〔註16〕」，因此同樣屬性的事物會互相感應，《淮
南》在此藉由日月和動物間擁有相同陰陽屬性者會相互感應，說明了「同氣
相動」的影響。

　　火上蕁，水下流，故鳥飛而高，魚動而下〔註17〕。物類相感〔註18〕，

〔註12〕 「月毀而魚腦減」本作「月虛而魚腦減。」王念孫云：「虛當爲虧，字之誤也。
　　　　月可言盈虧，不可言虛實。」參見（清）王念孫：《讀書雜志》，下冊，頁786。
　　　　又于大成：「王說虛當爲虧，是也。謂作毀者蓋許慎本，則大謬也。考御覽鱗
　　　　介部十三（卷九四一）所引是許慎本，而字作虧，則作毀者始是高誘本矣。」
　　　　參見于大成：《淮南鴻烈論文集》，上冊，頁253～254。今從校改。
〔註13〕 （漢）劉安：《淮南子》，卷三〈天文〉，頁18。
〔註14〕 「夫燧取火於日」本作「夫陽燧取火於日」。王念孫：「夫陽燧本作夫燧，今
　　　　本有陽字者，後人所加也。彼蓋誤以夫爲語詞，又以天文篇『陽燧見日則然
　　　　而爲火，方諸見月則津而爲水』，故加入陽字，不知夫燧即陽燧也。」王念孫：
　　　　《讀書雜志》，下冊，頁818。今從校改。
〔註15〕 （漢）劉安：《淮南子》，卷六〈覽冥〉，頁41。
〔註16〕 陳麗桂：《淮南鴻烈思想研究》，下冊，頁215。
〔註17〕 「鳥動而高」本作「鳥飛而高。」王念孫云：「『飛』本作『動』，此後人妄改

本標相應，故陽燧見日則燃而爲火，方諸見月則津而爲水，虎嘯而谷風至，龍舉而景雲屬，麒麟鬥而日月食，鯨魚死而彗星出，蠶珥絲而商弦絕，賁星墜而勃海決。〔註19〕

故東風至而酒湛溢，蠶咡絲而商弦絕，或感之也。畫隨灰而月運闕〔註20〕，鯨魚死而彗星出，或動之也。〔註21〕

「陽召陽，陰召陰」，氣類同屬陽性會與陽者相感應，同屬陰性會與陰者相感應，「《淮南子》在指出這種現象之後，還著意指出這種現象的原因是：「陰陽之氣相動也」（〈泰族訓〉）。這就是說，在兩種互相關聯著的事物之間，存在著一種聯繫的中介物，這就是「氣」。這種以氣爲中介的感應現象不僅存在于天與魚鳥之間，而且存在于此物與彼物之間，如：陽燧取火，方諸取水，鼓宮宮動，鼓角角動，磁石召鐵，琥珀掇介等等。〔註22〕」

其次，《淮南》用五行相生說明氣類相感的現象。「虎嘯而谷風至，龍舉而景雲屬」，高誘注：「虎，土物也。谷風，木風也。水生於土，故虎嘯而谷風至。龍，水物也〔註23〕。雲生水，故舉而景雲屬。〔註24〕」，《淮南》認爲「虎嘯而谷風至」是因爲虎的屬性爲土，谷風屬性爲木，木生於土，故虎與谷風可相感應。「龍舉而景雲屬」則是因爲龍的屬性爲水，雲能生水，故龍與

之也。太平御覽鱗介部七引此正作『鳥動而高』。」參見（清）王念孫：《讀書雜志》，下冊，頁786。今從校改。

〔註18〕「物類相感」本作「物類相動」。劉家立云：「物類相動」，「動」字應作「感」，與「本標相應」之「應」字相對。作動者涉上句而誤也。參見劉家立：《淮南集證》，頁4。今從校改。

〔註19〕同註15，卷三〈天文〉，頁18。

〔註20〕「畫隨灰而月運闕」本作「畫隨灰而月運闕」。今本皆作畫隨灰而月運闕，當據改。

〔註21〕同註15，卷六〈覽冥〉，頁41。

〔註22〕任繼愈主編：《中國哲學發展史（秦漢）》，頁561。

〔註23〕「龍，水物也」本作「龍，水也。」于大成云：「上句『虎嘯而谷風至』，高注云：『虎，土物也』，以彼例此，此注水下亦當有物字。莊本補物字，集解、集證竝從之，是也。」參見于大成：《淮南鴻烈論文集》，上冊，頁258～259。今從校改。

〔註24〕（漢）劉安：《淮南子》，卷三〈天文〉，頁18。又陶方琦云：「文選劉孝標廣絕交論注、御覽九百二十九、事類賦風部引許注：『虎，陰中陽獸，與風同類。』御覽九百二十九又引許注：『龍，陽中陰蟲，與雲同類。』」（清）陶方琦：《淮南許注異同詁》，頁427。（清）錢塘云：「御覽引許眘注云：『麒麟，獨角之獸，故與日月相符。』」錢塘：《淮南天文訓補注·卷上》，頁9～10。知此處有許注與高注異。

雲可相感應。

　　《淮南》雖欲將相同氣類感應現象作一整理，但卻發現「夫物類之相應，玄妙深微，知不能論，辯不能解〔註25〕」，並非所有同類相動的現象都可用陰陽兩種性質分類，如「鯨魚死」與「彗星出」、「蠶珥絲」與「商弦絕」、「賁星墜」與「勃海決」、「東風至」與「酒湛溢」、「畫隨灰」與「月運闕。」這些物類之間擁有玄妙的感應現象，雖同為「同氣相動」，但無法以單純陰陽物性區分，但《淮南》認為就是因為彼此皆有相同的本質，也就是同樣是氣化生生的產物，才會產生感應的現象。

　　《淮南》文中列舉了許多物類相感的例子，其企圖以陰陽五行相生以及相同氣類能互相感應解釋這些現象，雖然現今看來不合科學似穿鑿附會，但這是戰國秦漢人針對當時所未知的現象，以當時流行的陰陽五行觀所做的詮釋。

二、風土之氣

　　針對各個地區會出現不同的風土現象以及不同類型的人與物，《淮南》當中也有相當豐富的記載，楊有禮云：「《淮南子》認為不同的地理環境對人的生理、心理、風習有着巨大的影響。〈地形訓〉把不同的地理環境、不同的人種、人們不同的生活習性甚至不同的智能聯繫起來，提出了系統的地人相關說，認為不同的地理環境決定人們的性格，甚至決定人們的生理和心理特徵。〔註26〕」這種現象的產生非常玄妙且看似和陰陽氣化有關，因此《淮南》便以氣類相感詮釋風土與物類之間的關係。

　　　土地各以類生人〔註27〕，是故山氣多男，澤氣多女，障氣多喑，

　　　風氣多聾，林氣多癃，水氣多傴〔註28〕，岸下氣多尰〔註29〕，石

〔註25〕同註24，卷六〈覽冥〉，頁41。

〔註26〕楊有禮：《新道鴻烈：淮南子與中國文化》，頁66。

〔註27〕「土地各以類生人」本作「土地各以其類生」。王念孫：「此本作土地各以類生人。今本衍其字，脫人字。」（清）王念孫：《讀書雜志》，下冊，頁807。今從校改。

〔註28〕「水氣多傴」本作「木氣多傴」。于鬯：「疑木乃水字之誤。」于大成：「史記天官書正義引此，正作『水氣多傴』，可以證成于說。」（清）于鬯：《香草續校書》，下冊，頁530；于大成：《淮南鴻烈論文集》，上冊，頁374。今從校改。

〔註29〕「岸下氣多尰」本作「岸下氣多腫」。王念孫：「腫本作尰，此亦後人妄改也。」

氣多力，險阻氣多癭，暑氣多夭，寒氣多壽，谷氣多痹，丘氣多尪〔註30〕，衍氣多仁，陵氣多貪，輕土多利，重土多遲，清水音小，濁水音大，湍水人輕，遲水人重，中土多聖人。皆象其氣，皆應其類。〔註31〕

是故堅土人剛，弱土人肥；壚土人大，沙土人細；息土人美，秏土人醜。〔註32〕

　　《淮南》認爲各地不同的氣候、地形、水質等都會對當地人的性別、長相、氣質、體質、性格等造成影響，如居處在山陵之氣較強的地方容易使人生男，居處在水澤之氣較強的地方容易生女，居處在障癘之氣多的地方人易變啞，居處在風邪之氣多的地方人易變聾。生長在土質堅硬地區的人易剛強，生長在土質柔軟地方的人易肥胖；生長在土地肥沃地區的人比較漂亮，生長在土地貧瘠地區的人比較醜陋。由以上記載可看出《淮南》認爲不同氣候對地區以及人都有深遠的影響，這種種現象皆是各地不同的氣類針對與自己相似的類別所產生不同的感應。〔註33〕同時，藉由氣類豐富的變化可看出氣化作用具有生生無限的涵義。〔註34〕

　　此外，《淮南》云：「中土多聖人」，這不只是氣同類相動的記載，這也是

同註27，頁807。今從校改。

〔註30〕「丘氣多尪」本作「丘氣多狂」。王念孫：「狂當爲尪。」同註27，頁807。今從校改。

〔註31〕（漢）劉安：《淮南子》，卷四〈地形〉，頁28。

〔註32〕同註31，頁28。

〔註33〕劉長林：「《淮南子》認爲，對人的身心影響最大的地理要素是：氣、土、水。而對這三大要素的性質起決定作用的東西包括地形、地勢、樹木、氣候、土質、水質、水勢和風等。這些自然地理條件能夠對人的性別、五官、體型、體重、壽夭、美醜、強弱、多發病以及品德、能力、行爲特徵產生重大影響。……《淮南子》對這種現象的理論解釋是：『皆象其氣，皆應其類。』其深層的涵義仍然是『同聲相應，同氣相求』（《繫辭上》）。根本原因在於，事物之間存在着感應關係。」參見劉長林：《中國象科學觀——易、道與兵、醫（修訂版）》，下冊，頁778。簡松興亦云：「不同地理環境的人，有不同身體特質，有不同才性，甚至不同的流行病。其相異的理由，就在於『氣』之不同，以及人之氣與自然之氣的相感相應。」參見簡松興：《西漢天人思想研究——以《淮南子》、《春秋繁露》、《史記》爲中心》，頁82。

〔註34〕簡松興：「『氣』以陰陽二分外，這裡又以山、澤、障、風、林……等等區分論述。就分類、推理的角度說，充分表現了『氣』作爲本體概念的靈活性與周全性。」參見簡松興：《西漢天人思想研究——以《淮南子》、《春秋繁露》、《史記》爲中心》，頁83。

一種「雜有基于五行思想的、圖解式的、觀念性的想像（大幅度地導入五行思想也是《淮南子》與秦道家不同的一大特徵）。〔註35〕」

> 食水者善游能寒，食土者無心而慧，食木者多力而奰，食草者善走而愚，食葉者有絲而蛾，食肉者勇敢而悍，食氣者神明而壽，食穀者知慧而夭，不食者不死而神。〔註36〕

不同氣類的食物，也會對吃的動物產生不同影響。如吃水的動物善於游泳且耐寒，吃土的動物沒有心臟卻很靈敏。而人是萬物之靈，淮南認為人之所以較尊貴於其他動物，與人常食用之物也有關聯。故曰懂得呼吸吐納的動物神妙且長壽，吃穀的動物聰明但壽命不長，這點出了人有心知判斷的特點，強調其與其他動物的差別。此外，《淮南》特別提出了「不食者不死而神」的觀念，有些學者認為這是「成為後來道教神仙術的基礎理論。〔註37〕」

> 正土之氣御乎埃天〔註38〕，埃天五百歲生玦，玦五百歲生黃澒〔註39〕，黃澒五百歲生黃金，黃金千歲生黃龍，黃龍入藏生黃泉〔註40〕，黃泉之埃上為黃雲，陰陽相薄為雷，激揚為電，上者就下，流水就通，而合于黃海。偏土之氣御乎青天，青天八百歲生青曾〔註41〕，

〔註35〕（日）小野澤精一、福永光司、山井涌編；李慶譯：《氣的思想──中國自然觀與人的觀念的發展》（上海：上海人民出版社，2007年3月），頁134。

〔註36〕（漢）劉安：《淮南子》，卷四〈地形〉，頁28。

〔註37〕同註35，頁135。楊有禮云：「這裡認為有三種高級生物：食氣者、食穀者、不食者。承認有長生不死的神仙。……《淮南子》受神仙思想的影響，卻不滿足於這些純外在的方術，所以依附老莊道家的思想，吸取黃老新道家的思想，演成一種向內求的神仙出世哲學。」參見楊有禮：《新道鴻烈：淮南子與中國文化》，頁214～215。

〔註38〕「正土之氣御乎埃天」本作「正土之氣也御乎埃天」。王念孫：「也字衍。下文『偏土之氣』四段，氣下皆無也字。」（清）王念孫：《讀書雜志》，下冊，頁812。今從校改。

〔註39〕「埃天五百歲生玦，玦五百歲生黃澒」本作「埃天五百歲生缺，缺五百歲生黃埃，黃埃五百歲生黃澒」。王念孫：「此本作『埃天五百歲生缺，缺五百歲生黃澒』，其『生黃埃，黃埃五百歲』八字皆因上下文而誤衍也。」鄭良樹：「兩缺字當作玦；玦，玉石也。……初學紀寶器部、太平御覽珍寶部九引缺並作玦，是其明證。」同註38，頁812；鄭良樹：《淮南子斠理》，頁74。今從校改。

〔註40〕「黃金千歲生黃龍，黃龍入藏生黃泉」本作「黃金千歲生黃龍，入藏生黃泉」。于大成：「御覽七十、廣博物志三十七引此，黃龍二字重，以下文例之，是也。劉本、王鏊本、莊本亦重。當據補。」于大成：《淮南鴻烈論文集》，上冊，頁416。

〔註41〕「偏土之氣御乎青天，青天八百歲生青曾」本作「偏土之氣御乎清天，清天

青曾八百歲生青澒，青澒八百歲生青金，青金千歲生青龍〔註42〕，青龍入藏生青泉，青泉之埃上爲青雲，陰陽相薄爲雷〔註43〕，激揚爲電，上者就下，流水就通，而合于青海。牡土之氣御于赤天，赤天七百歲生赤丹，赤丹七百歲生赤澒，赤澒七百歲生赤金，赤金千歲生赤龍，赤龍入藏生赤泉，赤泉之埃上爲赤雲，陰陽相薄爲雷，激揚爲電，上者就下，流水就通，而合于赤海。弱土之氣御于白天，白天九百歲生白礜，白礜九百歲生白澒，白澒九百歲生白金，白金千歲生白龍，白龍入藏生白泉，白泉之埃上爲白雲，陰陽相薄爲雷，激揚爲電，上者就下，流水就通，而合于白海。牝土之氣御于玄天，玄天六百歲生玄砥，玄砥六百歲生玄澒，玄澒六百歲生玄金，玄金千歲生玄龍，玄龍入藏生玄泉，玄泉之埃上爲玄雲，陰陽相薄爲雷，激揚爲電，上者就下，流水就通，而合于玄海。〔註44〕

以上主要是再描述五方之氣的循環生化過程，以中央爲例：中央「正土之氣」上升形成「埃天」，「埃天」經過五百年後形成礦石「缺」，「缺」經過五百年後形成黃色的汞礦「黃澒」，「黃澒」經過五百年後形成「黃金」，「黃金」經過千年後變化成「黃龍」，「黃龍」會潛藏於「黃泉」中，「黃泉」中的細微物質會上升變成「黃雲」，天上陰陽二氣相互逼迫形成雷，相激蕩形成電，在上者會趨向下，於是水的流動就會通順，最後流入中央的「黃海」。

由此可知，《淮南》對於五方風土之氣的循環生化過程，仍舊是以五行觀加以詮釋：《淮南》以中央、東、南、西、北五方爲準，搭配上五色、五行之數〔註45〕，其所產生的物類生化過程順序爲五方之地氣、五天、五礦、五汞、五金、五龍、五泉、五雲、五海。

此外，《淮南》再次強調了五行當中「土」的位置，故將中央土行放在

八百歲生青曾」。（清）王念孫：「清天當爲青天，謂東方天也。下清泉同。」同註38，頁812～813。今從校改。

〔註42〕 「青金千歲生青龍」本作「青金八百歲生青龍」。王念孫：「八百歲當爲千歲。上文『黃金千歲生黃龍』，即其證也。」同註38，頁813。今從校改。

〔註43〕 「陰陽相薄爲雷」本作「陰陽相薄爲雲雷」。王叔岷：「雲字涉上句『青雲』而衍。」王叔岷：《諸子斠證》，頁349。

〔註44〕 （漢）劉安：《淮南子》，卷四〈地形〉，頁31。

〔註45〕 高誘注云：「中央數五，……東方木，色青，其數八，……南方火，其色赤，其數七，……西方金，色白，其數九，……北方水，其色黑，其數六。」參見（漢）劉安：《淮南子》，卷四〈地形〉，頁31。

第一位，之所以做這種搭配，有學者認爲「根據風土的、地理的諸條件，想把人類現實的存在方式加以法則化、類型化的《淮南子》土氣、地氣的『氣』論，是在專門把超越的、形而上的『道』的世界作爲問題，主要關心與終極的眞實世界合一的先秦道家『氣』論中幾乎未見的，《淮南子》在沿襲先秦道家『道』的哲學思辨的同時，是導向對由于漢王朝出現大變面貌的現實的『事』的世界的切實關心而發展的結果。〔註46〕」

三、同數相動

　　《淮南》發現數字與物類之間也擁有某種神秘的關係，巧妙的相互感應，造成萬物之間產生「同數相動」的特殊現象。

　　　道始於一〔註47〕，一而不生〔註48〕，故分而爲陰陽，陰陽合和而萬
　　物生，故曰「一生二，二生三，三生萬物。」天地三月而爲一時，
　　故祭祀三飯以爲禮，喪紀三踊以爲節，兵革三令以爲制〔註49〕。以
　　三參物，三三如九，故黃鐘之律九寸而宮音調。因而九之，九九八
　　十一，故黃鐘之數立焉。黃者，土德之色；鐘者，氣之所種也。日
　　冬至德氣爲土，土色黃，故曰黃鐘。律之數六，分爲雌雄，故曰十
　　二鐘，以副十二月。〔註50〕

道是萬物生化的標準、開始，也就是一，道中陰陽兩種作用交互調和產生萬

〔註46〕　（日）小野澤精一、福永光司、山井涌編；李慶譯：《氣的思想——中國自
　　　　　然觀與人的觀念的發展》，頁134～135。陳德和亦云：「《淮南子》之所以如此，
　　　　　反應了兩個可能：第一是它在基調上仍屬於漢初道家之一羣，儘管拙文辨析
　　　　　它不完全等同於黃老，但它對黃帝的土德和老子的地道依然是情有獨鍾的；
　　　　　第二是它的政治立場還是護衛劉家天下而爲主流派，因爲當時朝野所普遍流
　　　　　行的觀念裡，漢家王室自文帝之後是被相信屬諸土德的。」參見陳德和：《淮
　　　　　南子的哲學》，頁137。
〔註47〕　「道始於一」本作「道曰規始於一」。王念孫云：「『曰規』二字與上下文義不
　　　　　相屬，此因上文『故曰規生矩殺』而誤衍也。」參見（清）王念孫：《讀書雜
　　　　　志》，下冊，頁796。今從校改。
〔註48〕　于大成：「五行大義引不下有能字。」于大成：《淮南鴻烈論文集》，上冊，頁
　　　　　307。
〔註49〕　「兵革三令以爲制」本作「兵重三罕以爲制。」王念孫云：「重、罕二字，義
　　　　　不可通。重當爲革，罕當爲軍。」又于大成云：「王校革是而軍非。兵革之事
　　　　　而以三軍爲制，義不可通，且與上『三飯』、『三踊』不相類。罕當爲令，『三
　　　　　令』，即史記孫武列傳之『三令五申』也。」參見（清）王念孫：《讀書雜志》，
　　　　　下冊，頁797、于大成：《淮南鴻烈論文集》，上冊，頁308。今從校改。
〔註50〕　（漢）劉安：《淮南子》，卷三〈天文〉，頁22。

物。《淮南》引申《老子》:「一生二,二生三,三生萬物〔註51〕」的觀念,認為道即一,陰陽為二,陰陽作用為三,因此萬物的生成皆與一、二、三這三個數字有關,如季節以三月為一季,祭祀以三飯為禮等。此外《淮南》認為三是陰陽合和相生萬物之數,因此與三有關,以三相乘之數,皆與天地萬物相生有密切關係。如三三得九,而黃鐘律管長為九寸,九九八十一,黃鐘律數為八十一,三二得六,故有六律六呂,六二十二,因此共有十二月律主十二個月。

> 古之為度量輕重,生乎天道。黃鐘之律脩九寸,物以三生,三三九,三九二十七,故幅廣二尺七寸,古之制也。音以八相生,故人臂修四尺〔註52〕,尋自倍,故八尺而為尋。有形則有聲,音之數五,以五乘八,五八四十,故四丈而為匹。匹者,中人之度也。一匹而為制。秋分而禾薰定,薰定而禾熟。律之數十二,故十二薰而當一粟,十二粟而當一寸。律以當辰,音以當日,日之數十,故十寸而為尺,十尺而為丈〔註53〕。其以為重〔註54〕,十二粟而當一分,十二分而當一銖,十二銖而當半兩。衡有左右,因而倍之〔註55〕,故二十四銖為一兩。天有四時,以成一歲,因而四之,四四十六,故十六兩而為一斤。三月而為一時,三十日為一月,故三十斤為一鈞。四時而為一歲,故四鈞為一石。其以為音也,一律而生五音,十二律而

〔註51〕 (晉)王弼注:《老子道德經》,下篇,頁8。

〔註52〕 「故人臂修四尺」本作「故人脩八尺」。王引之云:「此文多不可通。今更定其文而釋之如左:『有形則有聲。音以八相生,故人臂修四尺,尋自倍,故八尺而為尋。』一切經音義卷十七引淮南云:『人臂四尺,尋自倍,故八尺曰尋』,是也。」參見(清)王念孫:《讀書雜志》,下冊,頁798。今從校改。

〔註53〕 王引之云:「十二薰當一粟,十二粟當一寸,則百四十四薰而當一寸也。主術篇『寸生於秒』,高注曰:『十二秒為一分,(今本脫二字。)十分為一寸,十寸為一尺,十尺為一丈。』說文亦曰:『律數十二秒而當一分,十分而寸。』今依主術篇及許、高二家之說而更定之如左:『律之數十二,故十二薰而當一分。律以當辰,音以當日,日之數十,故十分而為寸,十寸而為尺,十尺而為丈』。」參見(清)王念孫:《讀書雜志》,下冊,頁799。王說疑是。

〔註54〕 「其以為重」本作「其以為量」。王念孫云:「量當為重。重、量字相近,又因上文『度量』而誤也。自十二粟以下,皆言其重之數,非言其量之數。說文禾部注及宋書律志並作『其以為重』。」同註53,頁799。今從校改。

〔註55〕 「因而倍之」本作「因倍之」。何寧云:「因下當有而字,與下文『因而四之』『因而六之』同例。宋書律曆志作『因而倍之』。」參見何寧:《淮南子集釋》,上冊,頁259。今從校補。

　　爲六十音，因而六之，六六三十六，故三百六十音以當一歲之日。

　　故律歷之數，天地之道也。下生者倍，以三除之；上生者四，以三

　　除之。〔註56〕

此段《淮南》言度量輕重與律歷之數與氣類間彼此的感應關係，經過歸納可發現，《淮南》認爲三、四、五三數字與度量和律數間擁有巧妙的相感應的現象。首先，以三論之：三是陰陽合和產生萬物最基礎的數字，在長度方面：《淮南》發現十二月律中代表開始的黃鍾律管長九寸，古制布帛寬度〔註57〕以二尺七寸爲標準，律數十二，「十二粟而當一粟，十二粟而當一寸」，在重量方面：「十二粟而當一分，十二分而當一銖，十二銖而當半兩」，季節「三月而爲一時，三十日爲一月，故三十斤爲一鈞」皆爲三的倍數。以四論之：天有春夏秋冬四時而爲一歲，重量方面：「十六兩而爲一斤」、「四鈞爲一石」，亦皆爲四的倍數。以五論之：音律以五爲單位，《淮南》發現「音以當日，日之數十」，一旬十日，長度方面：「十寸而爲尺，十尺而爲丈」，正爲音律數五的倍數。而音律相生之數爲八，爲五加三之和，「人臂修四尺」、「八尺而爲尋」，音律數與相生數相乘，五八四十，而「十尺而爲丈」，四十尺爲四丈，故「四丈而爲匹」，十二律與五音相乘，故「十二律而爲六十音」，然而以六爲倍數，六乘以六十音，正好三百六十音與一年日數相合，以上種種關係，皆與音律數五有著巧妙的連結。

　　《淮南》發現度量以及音律與數字之間充滿神秘的關聯性，三爲陰陽二氣的總合，四爲陰陽二氣之倍數，而五爲五行之數，由此可看出制度與律數的生成變化，和陰陽五行之氣間存在相互感應的現象，而且《淮南》認爲這些現象皆是秉著「天地之道」的生生變化而產生。

　　凡人民禽獸萬物貞蟲，各有以生，或奇或偶，或飛或走，莫知其情。

　　唯知通道者，能原本之。天一地二人三，三三而九。九九八十一，

　　一主日，日數十，日主人，人故十月而生。八九七十二，二主偶，

　　偶以承奇，奇主辰，辰主月，月主馬，馬故十二月而生。七九六十

　　三〔註58〕，三主斗，斗主犬，犬故三月而生。六九五十四，四主時，

　　時主彘，彘故四月而生。五九四十五，五主音，音主猨，猨故五月

─────────────

〔註56〕　（漢）劉安：《淮南子》，卷三〈天文〉，頁23。

〔註57〕　《説文・七篇下・巾部》：「幅，布帛廣也。」（漢）許慎撰、（清）段玉裁注：
　　　　　《説文解字注》，頁361。

〔註58〕　「七九六十三」本作「十九六十三」。十當作七，形近而誤，今校改。

而生。四九三十六，六主律，律主麋鹿，麋鹿故六月而生。三九二十七，七主星，星主虎，虎故七月而生。二九十八，八主風，風主蟲，蟲故八日而化〔註59〕。〔註60〕

動物的生化過程，也與數字產生巧妙的感應現象。首先《淮南》描述天地人的關係，它認爲天屬陽，地屬陰，人屬和〔註61〕，因此與數字一、二、三作連結，並認爲三的倍數九與動物的相生有著對應關係，如九九八十一，一主陽故主日，日數爲十天干，而日與人相感應，故人十月生。又如八九七十二，二主偶，偶與奇相承，故奇主辰而辰主月，月與馬相感應，故馬十二月而生。藉由以上討論發現，《淮南》以三的倍數九爲基準，並從九開始遞減至一，而與萬物對應的數字則由一遞增至九排列，接著描寫與其所對應的動物懷孕的時間。由此看出後者可能爲實際觀察的結果，而前者可能爲《淮南》根據此結果，發現其與數字間的變化有神秘的關係，因而作出巧妙的連結。

總而言之，「鴻烈以爲乃以「氣」故，物物之間以「氣」相感通，氣類相同則相感動，故曰「陰陽同氣相動」（覽冥）「以陰陽之氣相動」（泰族）。〔註62〕」《淮南》將這種無法解釋的神秘現象，皆以氣類相感加以詮釋，不論是在物與物、物與天、物與地，甚至物與人之間，都存在因氣類相近而相互感動的情況。這些事物間彼此的關係全以陰陽五行之氣類的相應詮釋，或許有些過爲牽強，但這是在科學尚不發達的漢代所歸納出對天道變化詮釋的方式之一，而這種觀念也對後世產生深遠的影響。

第二節　天人感應

基於天人同在一氣流行，天與人內在本質皆爲一氣，因此天人之間存在許多相似之處，可相互對應。陳麗桂云：「人之於天地，非特先天形骸相副，情性相合，基於同秉一氣化生之理，鴻烈以爲人之於天地，亦得恃此相同之一『氣』而交通往來，此謂天人感應。〔註63〕」因此，若人違逆天道，流動

〔註59〕「蟲故八日而化」本作「蟲故八月而化」。楊樹達：「月字集證本作日，是也。說文十三篇下風部云：『風動蟲生，故蟲八日而化』。」楊樹達：《淮南子證聞・鹽鐵論要釋》，頁36。今從校改。

〔註60〕（漢）劉安：《淮南子》，卷四〈地形〉，頁28～29。

〔註61〕高誘注：「一，陽，二，陰也。人生於天地，故曰三也。」同註60，頁28。

〔註62〕陳麗桂：《淮南鴻烈思想研究》，下冊，頁216。

〔註63〕陳麗桂：《淮南鴻烈思想研究》，下冊，頁214。

於人身之氣就會不通順，天人相應，故天氣也就會不調合，因而產生許多異象。但就因天人相應，因此人若專一心志，使其氣之精充滿於內心，天亦能感受到人之精氣而有所回應。

　　根據學者的討論結果，關於天人感應的討論可分三個部分：（一）人副天數〔註64〕：由於天人皆一氣之化生，且人為氣中最精華的部分，因此人的形體、精神、器官與天之間存在著一種巧妙的對應關係，這也印證出天道與人道可以相互感通。（二）天人感應〔註65〕：天與人之氣類相互對應，因此天與人之間的心意可以彼此相互感通。（三）精誠感通〔註66〕：當天降災於

〔註64〕　陳麗桂云：「人的生命形骸簡直就是天地宇宙的縮影，每一個生命形骸，都似一個完具的小宇宙、小天地。作者就從吾人身上這些個與天地現象恰可相比的生理、心理狀況去印證；人既是天地之氣所化生，天道、人道自有相通處。」說詳見陳麗桂：《秦漢時期的黃老思想》，頁85。李增云：「在萬物中，唯人也，獨為小宇宙，而與大宇宙（天地）相類似。」說見李增：《淮南子》，頁17。陳德和亦云：「人有四肢、十二關節、三百六十骨節的間架亦猶天有四時、十二月、三百六十日的建制，彼此間功能控御亦相彷彿，但它們中就是對應的符合，甚至是像原本和模本、副本那種關係的合而已，此謂之相副。」說見陳德和：《淮南子的哲學》，頁183。楊有禮云：「《淮南子》的天人關係學說中，最基本的一點就是把人與天的結構直接相比附，認為人的生理結構、情性道德都與天的結構、功能相類似和對應。」說見楊有禮：《新道鴻烈：淮南子與中國文化》，頁62。

〔註65〕　牟鍾鑒云：「作者認為，天地及萬物皆由元氣分離而出，陰陽之氣陶化而成，彼此以氣相連而成為整體，人也在其中。物類之間以陰陽之氣相接，亦可以陰陽之氣相動；天與人之間也是以陰陽之氣相通，故也能通過氣的渠道互相感召。人的精神是一種精氣，它既源於天，自然也可與天相通。說明天人感應，氣是媒介。」說見牟鍾鑒：《呂氏春秋與淮南子思想研究》，頁188。孫紀文云：「天人感應思想是把自然界與人類社會諸多現象互相聯繫，在對應中尋求相互影響的一種中國古代特有的思想。」說見孫紀文：《淮南子研究》，頁90。李增云：「《淮南子》認為人為造化者所加於精氣上的形式而成人。人的精神來自天，人的形骸來自於地。人為小宇宙，天為大宇宙。天與人在形式、數、性質、綱紀皆相合為一。此一為一體、一致、一貫、一同與類似。而人與萬物亦相與同質——氣。由此，人與天與萬物皆可運而相通。」說見李增：《淮南子》，頁17。

〔註66〕　陳麗桂云：「一個人如果能集中意志，堅定信念，其精神心靈便能瞬間超昇，臻至某種上層境界，或匯聚成強大的無形力量，蔚為巨大的感通能源，然後瞬間投射，造成神奇的感通效果。」說見陳麗桂：〈《淮南子》與《春秋繁露》中的感應思想〉，收入輔仁大學中國文學系所編《先秦兩漢論叢》（第一輯）（臺北：輔仁大學中國文學系所，1999年7月），頁163。陳德和認為精誠感通因「自然物之間都能夠本標相應、同氣相動，那麼做為宇宙之模範生的萬物之靈，彼此之間在理論上就應該更容易產生一體之感才對，……是故〈泰族訓〉

人民時，表示社會動盪，君王施政違反天道。但若人君能夠使自己的心志專一，使己之精氣通達於道，必能感動上天，降下祥瑞。據上述論述，以下將天人感應的原因與影響分成人副天數、上天之誅、精誠感通三方面進行討論。

一、人副天數

　　天地萬物間存在這種「玄妙深微，知不能論，辯不能解〔註 67〕」物類相感現象，不但在物物之間存在相感應的情況，數字與萬物的生長間也有巧妙的關聯，而萬物之靈的人類更與天地之間的種種現象有著「同類相動」的情況產生。

> 天地以設，分而爲陰陽。陽生於陰，陰生於陽。陰陽相錯，四維乃通。或死或生〔註 68〕，万物乃成。蚑行喙息，莫貴於人。孔竅肢躰，皆通於天。天有九重〔註 69〕，人亦有九竅。天有四時，以制十二月，人亦有四肢，以使十二節。天有十二月，以制三百六十日，人亦有十二肢，以使三百六十節。故舉事而不順天者，逆其生者也。
> 〔註 70〕

《淮南》認爲陰陽二氣爲創造萬物最基本的元素，陰陽交錯相生，萬物於是形成，天地間萬物最尊貴者爲人，故人能與天的內容互相感通，因此人若能順天而爲，生命就不會出現違逆的情況。「所以，對於天，只有順應它而不該違逆它，再說天與人本是同類，人的孔竅都上通於天，所以《天文訓》中說『舉事而不順於天者，逆其生者也。』人對天的違背就是對自我生命的戕害，這樣一來，人與天之間由於天人同類和天人感應的理論論證就建立起了一種既相類又相感的密切關係。〔註 71〕」

就把『至誠而能動化』的人叫做聖人。聖人是整全人格的實現，他能以一氣之誠調陰陽、通天地、應人心，理想的統治者正是要有這種修爲。」詳說見陳德和：《淮南子的哲學》，頁 188。

〔註 67〕　（漢）劉安：《淮南子》，卷六〈覽冥〉，頁 41。

〔註 68〕　「或死或生」本作「或死或」。今本多作或死或生，當據補。

〔註 69〕　「天有九重」本作「天地九重」。于大成：「地當爲有。上文云：『蚑行喙息，莫貴於人。孔竅肢體，皆通於天』，下文云：『天有四時以制十二月，人亦有四肢以使十二節。天有十二月以制三百六十日，人亦有十二肢以使三百六十節』，蓋此文係以人與天配，與地無涉。」參見于大成：《淮南鴻烈論文集》，上冊，頁 319。今從校改。

〔註 70〕　同註 67，頁 25。

〔註 71〕　雷健坤：《綜合與重構——《淮南子》與中國傳統文化》，頁 110。

　　接著《淮南》舉出天與人之內容相互類同之處：天有九重、四時、十二月、三百六十五日，而人與天相通，因此也有九竅、四肢、十二節、三百六十節。不論是在數目與類別上都有著巧妙的對應。簡松興亦云：「『天人相類』是針對人與天的形構上做類比，進而從器官的功能上加以比附，這是當時社會上流行的觀點。……人的形狀與天相類，人肢體數目與天文的現象數目相同，人的器官和功能，是天地自然性質和功能的摹本。〔註72〕」《淮南》藉此強調人副天數的觀念並突顯出天人關係之密切。

> 故頭之圓也象天，足之方也象地。天有四時〔註73〕、五行、九解、三百六十日，人亦有四支、五藏、九竅、三百六十節〔註74〕。天有風雨寒暑，人亦有取與喜怒。故膽爲雲，肺爲氣，脾爲風，腎爲雨〔註75〕，以與天地相參也，而心爲之主。是故耳目者日月也，血氣者風雨也。〔註76〕

〔註72〕　簡松興：《西漢天人思想研究── 以《淮南子》、《春秋繁露》、《史記》爲中心》，頁92。

〔註73〕　「天有四時」本作「有四時」。今本皆作天有四時，文義較全，當據補。

〔註74〕　「三百六十日」、「三百六十節」本作「三百六十六日」、「三百六十六節」。王念孫：「『三百六十六日』、『三百六十六節』本作『三百六十日』、『三百六十節』。後人以堯典言『朞三百有六旬有六日』，故於上句加六字，因併下句而加之也。不知三百六十日，但舉大數言之。」（清）王念孫：《讀書雜志》，下冊，頁825。今從校改。

〔註75〕　「膽爲雲，肺爲氣，脾爲風，腎爲雨」本作「膽爲雲，肺爲氣，肝爲風，腎爲雨，脾爲雷。」王念孫云：「『肝爲風』本作『脾爲風』，注『肝，木也』本作『脾，木也』，……上注云：『肝，金也』，是高不以肝爲木也；時則篇『春，祭先脾』注引一說曰：『脾屬木，自用其藏也』，是脾爲木也（說詳經義述聞月令）。脾屬木，而木爲風生，故曰『脾爲風』。」又于大成云：「『脾爲雷』三字迺是衍文。何以明之？上文云：『肺主目，腎主鼻，脾主口，膽主肝』（今本有誤，見上），此文『膽爲雲，肺爲氣，脾爲風，腎爲雨』，即承上文言之。上文即不言肝，則此處不當有『肝爲雷』一句，一也。『心爲之主』下高注云：『心，土也。故爲四行之主也』，五藏心爲之主，既見於此，則上文止合有四藏，其膽、肺、脾（今誤肝）、腎下，高氏分注云：『膽，金也』，『肺，火也』，『脾（今誤肝），木也』，『腎，水也』，是膽、肺、脾、腎合心爲五藏也。而今本『脾爲雷』下高無注，知此處本不當有此一句，二也。蓋後人習聞心、肝、脾、肺、腎爲五藏之說，其『脾爲風』脾字既誤爲肝，迺於『腎爲雨』下妄增『脾爲雷』三字。不知肝、膽共爲一府，言膽即不必言肝，淮南自以心、膽、肺、脾、腎爲五藏也。」同註74，頁825～826；于大成：《淮南鴻烈論文集》，上冊，頁548～549。今從校改。

〔註76〕　（漢）劉安：《淮南子》，卷七〈精神〉，頁46。

　　《淮南》認為人頭圓足方，人有五臟九竅，和會有取與喜怒的特質，皆
與天的特質相感通，《淮南》還舉出它認為人的膽、肺、肝、腎、脾作用與天
上雲、氣、風、雨、雷的作用也有相感通之處。徐復觀亦認為「因為人的身
體構造，是與天地相參，所以便可說『天地宇宙，一人之身也』；可以說『遭
急迫難，精通于天』；可以說『人主之情，上通于天』。即是人可以與天相通
的。〔註77〕」此外，《淮南》還強調五臟中心的重要性，認為心是人體內各臟
器、知覺的主宰，且它認為五官中耳目的重要性，與天上的日月一樣重要，
而代表身體內源源不絕，充滿流動創造的血氣，與天上陰陽相激盪所產生最
基本的風雨一樣重要，這都是天人關係當中所不可或缺最基本的元素。

　　《淮南》欲將人與天的關係作緊密連結，因此將人與天的內容以感通現
象作出詮釋，試圖證明人之尊貴，但有時刻意為了將天人關係作出連結而出
現與事實不符和前後不一等情況。例如人有三百六十五節，與人體實際關節
數目不同，又如〈天文〉云：「天有四時，以制十二月，人亦有四肢，以使十
二節。天有十二月，以制三百六十日，人亦有十二肢，以使三百六十節〔註
78〕」，〈精神〉云：「天有四時、五行、九解、三百六十六日，人亦有四支、五
藏、九竅、三百六十六節〔註79〕」，兩者對於一年的日數與人全身關節總數的
說法就不完全相同。這些情況看似穿鑿附會，但這是先民試圖以氣化感應來
詮釋天人關係，發現的巧合所作的連結。

　　　　夫精神者，所受於天也；而形體者，所稟於地也。〔註80〕
由此觀之，天地宇宙，一人之身也；六合之內，一人之刑也〔註81〕。是故明
於性者，天地不能脅也；審於符者，怪物不能惑也。故聖人者，由近知遠，
而萬殊為一〔註82〕。古之人，同氣于天地，與一世而優游。〔註83〕

　　劉長林云：「《淮南子》繼承了先秦的自然整體觀和天人統一觀，并用這
種觀點對人身進行了更為細緻、具體的觀察和總結，明確地提出人身是一個

〔註77〕　徐復觀：《兩漢思想史》第二冊，頁 135～136。

〔註78〕　（漢）劉安：《淮南子》，卷三，頁 25。

〔註79〕　同註 78，卷七，頁 46。

〔註80〕　同註 78，卷七〈精神〉，頁 45。

〔註81〕　「一人之刑也」本作「一人之制也」。王念孫：「制字義不可通，制當為刑，
　　　　　字之誤也。刑與形同。『一人之形』集承『一人之身』言之。」（清）王念孫：
　　　　　《讀書雜志》，下冊，頁 832。今從校改。

〔註82〕　「而萬殊為一」本作「而萬殊為」。今本皆作萬殊為一，且高注曰：「殊，異
　　　　　也。一，同也。」故當據補。

〔註83〕　同註 78，卷八〈本經〉，頁 52。

小宇宙的思想。〔註84〕」天人之間「數同」、「類同」的現象，皆是因爲氣類相感導致天人感應，正因如此，《淮南》更認爲天人之間的關係有別於天與萬物更加密切，因爲天地的變化與人精神形骸的產生，皆是元氣中陰陽二氣相互作用所造成，並且相互對應，天地宇宙間的變化，其實就是人身的表現，天人同類，天人是一。〔註85〕

二、上天之誅

由於天人是一，天人相感通，因此若人君違逆天道，使賊氣大盛，天之精氣也會產生不協調的狀況，導致天象異常，發生災異，警告人君社會失常。

> 天之與人有以相通也。故國危亡而天文變，世惑亂而虹蜺見，万物
> 有以相連，精祲有以相蕩也。〔註86〕

楊有禮云：「天是自然的天，人的活動必須遵循天道自然的原則，不能違背自然規律，否則就要受到自然的懲罰。〔註87〕」天會透過天象、災異來遣告人們，因爲天地萬物以及人類都是氣化所生，本質相同，所以只要陰陽二氣激盪產生不協調，天上的陰陽二氣也會受到影響而不協調，因此產生感應現象，達到遣告的目的，提醒人君能加以改進。故《淮南》認爲當國家快滅亡時，天上的星象就會產生大改變，當天上出像虹蜺時，就表示社會有災亂。

> 人主之情，上通于天，故誅暴則多飄風，枉法令〔註88〕則多蟲螟，

〔註84〕劉長林：《中國象科學觀——易、道與兵、醫（修訂版）》，下冊，頁775。
〔註85〕雷健坤云：「《精神訓》提出，人同萬物一樣也是陰陽氣化的產物，而人與萬物之差別就在於稟氣的精粗不同，所謂『精氣爲人，繁氣爲蟲』。這樣一來，天地、萬物和人在本質上便是同一的了。所以《精神訓》説：『夫天地運而相通，萬物總而爲一。……譬吾處於天地也，亦爲一物也。』正是人與天地在本質上同一，因此説天與人是同類的。」雷健坤：《綜合與重構——《淮南子》與中國傳統文化》，頁105。李增亦云：「既然道總爲宇宙萬物爲一體，人之本根在於道，而形於天地，人爲萬物最貴者也。而人之形體結構也與天地一也，這個『一』，是指爲一致、一貫與相類的意思。」說見李增：《淮南子》，頁14。謝承仁云：「將人的身體構造與天地自然變化簡單類比，以爲相似，從表面看，有點荒唐；其實《淮南》之目的，在於借此説明『天人合一』這一玄奧道理。由陰、陽二氣所構成之人體血肉之軀與陰陽二氣和合所由生之天地萬物，物、我本屬同類，實質並無差別。」說見謝承仁：《中華傳統思想文化淵源》，頁411。
〔註86〕（漢）劉安：《淮南子》，卷二十〈泰族〉，頁151。
〔註87〕楊有禮：《新道鴻烈：淮南子與中國文化》，頁63。
〔註88〕劉文典云：「『枉法令』與上句『誅暴』文不一律。意林引此文『枉法令』作

殺不辜則國赤地，令不收則多淫雨〔註89〕。四時者，天之吏也；日月者，天之使也；星辰者，天之期也；虹蜺彗星者，天之忌也。〔註90〕

　　人主的情性是與天相感通的，張立文云：「作爲萬民之主，聖人的治國之術與天相通，其在內而合乎道，出外而合乎義，言略而循理，行簡而順情，心愉而不僞，事素而不飾，完全遵循質樸自然、清淨無爲的天道。〔註91〕」人主施政不合乎自然之道，天就會降下災異譴告，因此天颳狂風，就表示社會上殺戮太殘暴，蟲害的產生，就代表法令遭歪曲，國家發生旱災，就表示有無罪之人被殺，天降久雨不止，就表示有違反時節的政令。《淮南》舉出許多例子，就是爲了強調天象的改變與人君施政的關係密切，因此陳麗桂認爲：

> 它肯定異常天象的出現，與國家社會的動亂有絕對的關係；但，卻不因此而強調天的尊威、主宰力或神性；反而是循著氣類相動與精誠感通兩種軌式去解證這種天人之間的感應現象。說所謂天人感應，是陰陽之氣相激、相盪的結果；說人君政治表現的好壞，與內在心靈的品質，會引致天、地、物象超乎尋常的正、反變化。換言之，不論災異或瑞應的產生，重點都不在任何神性主宰或超然力量有意志的掌控或安排；而是人的強大精神意志力量與特殊政治行爲投射所及，產生的必然類應與迴響。〔註92〕

這種現象是這種現象是天地人皆稟一氣所造成，人君違逆天道，就會導致其陰陽之氣不協調，天人相應，天感受到自然就會反映出災禍等現象，《淮南》的目的就是藉此達到告誡國君循天道施政的重要性。爲加強其觀點，《淮南》更舉出歷史事件作爲例證證明之。

『法苛。』誅暴、法苛正相對成義，當從之。」參見劉文典：《淮南鴻烈集解》，頁 84。

〔註89〕 何寧：「意林引作『穀不辜則多赤地，令不時則多淫雨』，當據改，上下句皆言多，第三句應一律。注云『干時之令』，正釋『令不時』，若作『令不收』，則『干時』云者，彼惡知之。蓋涉注『不收納』而誤。」參見何寧：《淮南子集釋》，上冊，頁 177～178。何說疑是。

〔註90〕 （漢）劉安：《淮南子》，卷三〈天文〉，頁 18。

〔註91〕 張立文：《天》，頁 110。

〔註92〕 陳麗桂：〈《淮南子》與《春秋繁露》中的感應思想〉，收入輔仁大學中國文學系所編《先秦兩漢論叢》（第一輯），頁 160～161。

逮至夏桀之時，主闇晦而不明，道瀾漫而不修，棄捐五帝之恩刑，推蹶三王之法籍，是以至德滅而不揚，帝道掩而不興，舉事戾蒼天，發號逆四時，春秋縮其和，天地除其德，仁君處位而不安，大夫隱道而不言，羣臣准上意而懷當，疏骨肉而自容，邪人參耦比周而陰謀，居君臣父子之間，而競載驕主而像其意，亂人以成其事，是故君臣乖而不親，骨肉疏而不附，植社槁而墣裂〔註93〕，容臺振而掩覆，犬羣嗥而入淵，豕銜蓐而席澳，美人挐首墨面而不容，曼聲吞炭內閉而不歌，喪不盡其哀，獵不德其樂〔註94〕，西老折勝，黃神嘯吟，飛鳥鎩翼，走獸廢腳，山無峻榦，澤無窪水，狐狸首穴，馬牛放失，田無立禾，路無藾莎〔註95〕，金積折廉，璧襲無贏〔註96〕，磬龜無腹，蓍策日施。〔註97〕

《淮南》舉出古代暴君為例：說明過去夏桀之時，由於人君昏庸無道，捨棄五帝時代的恩惠，摧毀三王時期典籍，作出違逆自然天道之事。因此季節失去原本的調和，天地亦無法呈現和諧之氣，造成君臣離心不和睦，祭祀所用的社神之位因枯草而有裂縫，行禮高台音震動而倒塌，動物皆驚慌失措而亂竄，飛鳥因此斷翅，走獸傷腳，山上無高大的樹，沼澤不再有深水。這種種災禍的發生，都應證了天人相感相應，因此「當政令逆虐，人事失錯時，有賊氣上蒸，干擾自然界的運轉，造成異常和災害。〔註98〕」

逮至夏桀、殷紂，燔生人，辜諫者，為炮烙，鑄金柱，剖賢人之心，析才士之脛，醢鬼侯之女，葅梅伯之骸。當此之時，嶢山崩，三川涸，飛鳥鎩翼，走獸擠腳。〔註99〕

〔註93〕「植社槁而墣裂」本作「植社槁而墶裂」。王念孫：「說文、玉篇、廣韻、集韻皆無墶字，墶當為墣，隸書之誤也。」（清）王念孫：《讀書雜志》，下冊，頁822。今從校改。

〔註94〕「獵不德其樂」本作「獵不聽其樂」。俞樾：「聽疑德字之誤。……德與得通，『不德其樂』即『不得其樂』，言雖田獵而不得其樂也。正與上句『喪不盡其哀』，文義一律。」參見（清）俞樾：《諸子平議》，頁941。今從校改。

〔註95〕「路無藾莎」本作「路無莎藾」。王引之：「莎藾本作藾莎，故高注先釋藾，後釋莎。」同註93，頁822。今從校改。

〔註96〕「璧襲無贏」本作「璧襲無理」。王引之：「文子上禮篇無理作無贏。案贏當作贏。淮南原文當亦是贏，非理字。」同註93，頁823。今從校改。

〔註97〕（漢）劉安：《淮南子》，卷六〈覽冥〉，頁43～44。

〔註98〕牟鍾鑒：《呂氏春秋與淮南子思想研究》，頁188。

〔註99〕（漢）劉安：《淮南子》，卷二〈俶真〉，頁16～17。

《淮南》又舉商紂為例，說明商紂與夏桀之時同樣暴虐無道，燒活人，殺勸諫者，創炮洛之刑，挖取賢人心臟，砍斷有才之士的腳，將鬼侯之女、梅伯剁成肉醬。因此邪氣盛行，原本天地和諧之氣動盪不順，造成了當時嶢山崩塌涇、渭、汧三川之水枯竭，飛鳥翅膀折損，走獸也斷了腳。孫紀文云：「這些史實或許有誇大的成分，卻說得非常懇切，皆出於歷史反思的結果〔註100〕」，由此可知，《淮南》欲藉由這些故事再次強調違逆天道的下場，達到譴告之目的。

　　災異的發生，除了造成山崩地裂、草木動物損傷外，《淮南》還特別強調天道失常時天象的變化，因此它歸納出四時、日月、星辰、虹蜺彗星等，認為這些天文現象的改變與人君的施政有很大的關係。

> 熒惑常以十月入太微，受制而出行列宿，司无道之國，為亂為賊，為疾為喪，為饑為兵，出入無常，辨變其色，時見時匿。鎮星以甲寅元始建斗，歲鎮行一宿，當居而弗居，其國亡土；未當居而居之，其國益地，歲熟。……太白元始以正月建寅，與熒惑晨出東方〔註101〕，……當出而不出，未當入而入，天下偃兵；當入而不入，未當出而出〔註102〕，天下興兵。辰星正四時，……一時不出，其時不和；四時不出，天下大飢。〔註103〕

《淮南》認為天人相感，因此天上的星宿與人間便能有所感應，因此便賦予其不同的意義，分別代表不同的政令失常，藉以提醒君王。在此《淮南》舉出四星異常的情況與社會所發生災禍的感應現象：

　　熒惑又稱火星，其顏色閃爍，運行出入不定，因此被視為災禍的象徵。其主管不行道的國家，若國君不行道，熒惑就會運行至此，此地就會發生災亂、盜賊、疾病、喪亂、饑荒、兵災等異象。

〔註100〕孫紀文：《淮南子研究》，頁 93。

〔註101〕「太白元始以甲寅正月與營室晨出東方」本作「太白元始以正月建寅，與熒惑晨出東方。」王引之云：「此本作『太白元始以甲寅正月與營室晨出東方。』甲寅正月者，甲寅年之正月也。後人不審其義，遂改『甲寅正月』為『正月甲寅』，又改營室為熒惑，不知甲寅者，甲寅年也。若云正月甲寅，則是甲寅日矣。」參見（清）王念孫：《讀書雜志》，下冊，頁 788。今據校改。

〔註102〕「當入而不入，未當出而出」本作「當入而不入，當出而不出。」王念孫云：「『當出而不出』已見上文，此當作『未當出而出。』」同註101，頁 788～789。今據校改。

〔註103〕同註99，卷三〈天文〉，頁 19。

　　鎮星屬土，且一年鎮行一宿，因此被視爲管理二十八宿與所對應國家領土的星座。當鎮星出現但非行經應當鎮行之宿時，此星宿所對應之國會失去領地，不應鎮行卻行經此星宿時，此星宿所對應之國領土會增加，並且不會有饑荒。

　　太白屬金主秋季，此皆與肅殺有關，故當時人將其視爲主宰兵災的星座。當太白應該出現但不出，不該消失卻消失，天下就不會出現兵災；反之，天下就會出現兵災。

　　辰星常於春夏秋冬四季變換時出現，故被視爲管理時節的星座。若辰星一季不出現，當季節氣便會不調和，四季不出現時，天下會出現大飢荒。

　　〈覽冥〉云：「由此觀之，上天之誅也，雖在壙虛幽閒，遼遠隱匿，重襲石室，界障險阻，其無所逃之，亦明矣。〔註104〕」道有無限普遍性，道所生的天亦有無限普遍性，因此天所降之災異是無所不在的。只要君王違逆天道，造成陰陽之氣不順，天就會有所感應，並降災異譴告國君，故孫紀文認爲《淮南》「進一步論證人事活動順天而爲的感應思想，表明治理國家必須合乎天道的規範，順則出現祥瑞作爲徵兆，逆則出現災異作爲譴告。〔註105〕」只要人能專一心志，並依循自然天道，自然能使陰陽二氣調和順暢，進一步感動上天，出現祥瑞的徵兆。

三、精誠感通

　　當天譴告人而產生異象時，就是在提醒人君必須注意施政，相同的，由於天人是一故能互相感應，因此人只要向天回應，天必能感動而有所回應。故陳麗桂認爲《淮南》首先肯定災異的存在〔註106〕。

　　　故聖人者懷天心，聲然能動化天下者也。故精誠感於內，形氣動於

〔註104〕（漢）劉安：《淮南子》，卷六，頁40。
〔註105〕孫紀文：《淮南子研究》，頁93。羅光云：「天象的吉凶，象徵上天的賞罰；而上天的賞罰則由人所自致，行善有福，行惡有禍。」說見羅光：《中國哲學思想史（兩漢、南北朝篇）》，頁597。
〔註106〕陳麗桂云：「首先，它肯定『上天之誅』絕對存在，……不過，對於這個『上天之誅』，《淮南子》並沒有循宗教神學的方向，去論證『天』的意志與尊威、賞罰；而是從『氣』的類應原理去解證這些變異，而著重在發端一方，亦即『人』這邊的精神、心靈狀況與行爲的好壞。」說見陳麗桂：〈《淮南子》與《春秋繁露》中的感應思想〉，收入輔仁大學中國文學系所編《先秦兩漢論叢》（第一輯），頁160。

　　天，則景星見，黃龍下，祥鳳至，醴泉出，嘉穀生，河不滿溢，海

　　不涌波〔註107〕。〔註108〕

　　抱質效誠，感動天地，神諭方外，令行禁止，豈足爲哉！〔註109〕

《淮南》認爲人要感動上天，必須將專一自己的心智，使眞誠之心由內心發出，如此，所表現出來的形氣才能與天相通，進一步感動上天，因而產生種種祥瑞的徵兆。《淮南》更舉出聖人之例，說明聖人就是因爲懷抱著與天相通的自然之心，其表現出的氣就能感動上天，所發出的聲音才能感動化育天下百姓，並且天也會出現吉祥的星宿、黃龍、鳳鳥等祥瑞的徵兆。

　　《淮南》在此非常強調「精」與「誠」的重要性，陳麗桂認爲「是心靈境界的虛無純寧；促成了生理之『氣』的相激相盪與高度流衍，人與外物、他人的溝通管道因此而暢通了起來。因爲，基本上人與外物同樣都是這一『氣』之聚散與化生。有時候，它還把『精』結合著儒家《孟子》、《中庸》一系的『誠』來連用，以強調它是一種內在精神心靈的眞樸狀態。〔註110〕」《淮南》認爲之所以會有天人感應的現象，都是精氣專一所造成的，氣流動於人與天中，當天人之間的氣之精能順利流通時，便會產生感應現象，而這種影響無遠弗屆，並不是靠發號政令傳達就可以做到的，故《淮南》云：「故至精之所動，若春氣之生，秋氣之殺也，雖馳傳鶩置，不若此其亟。〔註111〕」

　　昔者，師曠奏白雪之音，而神物爲之下降，風雨暴至，平公癃病，

　　晉國赤地。庶女叫天，雷電下擊，景公臺隕，支躰傷折，海水大出。

　　夫瞽師、庶女，位賤尚菜，權輕飛羽，然而專精屬意，委務積神，

　　上通九天，激屬至精。……武王伐紂，渡于孟津，陽侯之波，逆流

〔註107〕「海不涌波」本作「海不溶波」。楊樹達：「說文水部云：『溶，水盛也。』溶疑當讀爲涌。說文云：『涌，滕也』。」楊樹達：《淮南子證聞・鹽鐵論要釋》，頁194。今從校改。

〔註108〕（漢）劉安：《淮南子》，卷二十〈泰族〉，頁151。

〔註109〕同註108，卷九〈主術〉，頁58。

〔註110〕陳麗桂：《秦漢時期的黃老思想》，頁89。徐復觀則認爲精「實指的心志完全集中於一點，而無半絲半毫雜念夾雜在裡面的精神狀態，亦即《中庸》、《易傳》之所謂誠。」說詳見徐復觀：《兩漢思想史》第二冊，頁144。雷健坤云：「這種感應同物類感應一樣完全是一種氣的感應，因爲，人的精神來自於天，是氣中的『精之又精』者，人『專精屬意，委務積神』就能上通九天，與天之精氣發生感應。」說見雷健坤：《綜合與重構──《淮南子》與中國傳統文化》，頁108。

〔註111〕（漢）劉安：《淮南子》，卷九〈主術〉，頁58。

而擊，疾風晦冥，人馬不相見。於是武王左操黃鉞，右秉白旄，瞋目而撝之，曰：「余在〔註112〕，天下誰敢害吾意者！」於是風濟而波罷。魯陽公與韓構難，戰酣日暮〔註113〕，援戈而撝之，日為之反三舍。夫全性保眞，不虧其身，遭急迫難，精通于天。若乃未始出其宗者，何為而不成？〔註114〕

首先，《淮南》舉出四位古人精誠動天的故事，師曠演奏白雪樂曲，天便降下神物，並颳起暴風雨，晉平公也得了重病，晉國發生旱災。平民女子向天喊冤，天降雷電，打壞景公臺樓，打傷景公肢體，海水因而倒灌。《淮南》舉出兩個地位不高的平民為例，說明只要他們專一其心志，精神集中屏除雜務，精誠之氣自能通達至九天之上，感動上天。

其次，《淮南》也以君王為例，說明君王專一心志一樣也能精誠動天。從前武王伐紂時，欲渡孟津卻遇大浪迎面打來，此時武王向上天表明其堅定專一的心志，上天感動，於是風平浪靜。魯陽公與韓國打仗，難分難捨，此時魯陽公持戈向天揮之，以表明心志，太陽因此後退三宿之遠。《淮南》舉出眾多事蹟為例，說明不分位階，只要能保全性命本眞，不損傷自己專一的精神，在遭遇急迫困難時，便能以幾精誠之心感動上天，得到上天回應。〔註115〕

《淮南》是一部「以統天下，理万物，應變化，通殊類〔註116〕」提供君王施政之書，因此天人感應思想在此被巧妙的運用在政治上，故簡松興云：「與天的相應，主要著重在天子的施政得失之上。……這種感應說的目的，當在促使國君施政能夠順天應人。〔註117〕」雖然，這些天人感應災異現象以及歷史故事可能過於誇大，有穿鑿附會之嫌，但《淮南》特別以氣化感應思想替

〔註112〕「余在」本作「余任」。王念孫：「任當為在，字之誤也。」參見（清）王念孫：《讀書雜志》，下冊，頁817。今據校改。

〔註113〕「戰酣日暮」本作「戰酣曰暮」。今本皆作戰酣日暮，景宋本作曰，形近而誤。當據改。

〔註114〕同註111，卷六〈覽冥〉，頁40。

〔註115〕雷健坤云：「《淮南子》所說的能與天相感的『人』，是作為類概念的人，它既包括武王，魯陽王這樣的王公，也包括瞽師庶女這樣的卑賤之人，因此，人實際是作為與天相類的自然物而與天相感應的，這與董仲舒以君王為天人感應的主體有着根本的不同。」雷健坤：《綜合與重構──《淮南子》與中國傳統文化》，頁108。

〔註116〕同註111，卷二十一〈要略〉，頁164。

〔註117〕簡松興：《西漢天人思想研究──以《淮南子》、《春秋繁露》、《史記》為中心》，頁91。

這些史料作出較爲合理的詮釋，企圖解釋並勸諫、提醒君王施政要合於天道
之重要性。〔註 118〕

〔註 118〕 李澤厚：「這在今天看來，當然極其荒謬，但如果結合《淮南子》一書中所保
存和記載的大量有關自然的素樸的科學知識，當時這種企圖溝通天人，認爲
各種社會、自然事物之間有某種不能觀察和認識其因果（『不見其所由』，『不
可以智巧爲』）的客觀規律（『神明之事』）在，卻是一種重要觀念。」說見李
澤厚：《中國古代思想史論》（臺北：谷風出版社，1987 年 9 月），頁 160。

第六章　氣化心性修養論

　　道為一切事物的準則，透過道中陰陽二氣交互作用，產生具體無限萬物，因此《淮南》認為道的作用落實在人身上時，人的形體、精神、以及種種判斷、思考等行為便皆以氣作為重要的內涵和生生變化作用。故《淮南》在論述人體的形成以及各種感官作用和思慮判斷行為時，皆以氣化生生作用加以闡示，形成以氣化建構的形體、心性、修養觀。

第一節　形氣神

　　〈本經〉篇云：「古之人，同氣于天地，與一世而優游〔註1〕」，天地一切萬物皆道中陰陽二氣交互作用所生。而人在氣化創生過程中最特殊的是「精氣為人，煩氣為蟲〔註2〕」，人是氣中最精華的部分所生，故能與天通，並與之相互感應，如此肯定了人尊貴的地位及與動物間的差別〔註3〕。《淮南》認為萬物與人的內在本質同為一氣，但有精煩之殊，所以有別於人。因此《淮南》針對人的組成內涵做了詳細的闡述，強調人的尊貴與獨特性。《淮南》認為人是由形氣神所組成，形氣神是人內在最基本的構造與作用，以下分別論之。

〔註1〕　（漢）劉安：《淮南子》，卷八，頁52。
〔註2〕　同註1，卷七〈精神〉，頁45。
〔註3〕　戴黍：「在世間萬物之中，為人得『精氣』而可獨為一『小宇宙』，不僅人可與天相通，而且天的作用，往往要通過人而得以實現，『人』是凝聚萬物萬事的焦點。」戴黍：《淮南子治道思想研究》，頁44。

夫形者，生之舍也；氣者，生之元也〔註4〕；神者，生之制也。一
失位，則二者傷矣。〔註5〕

形爲形體，是生命所居處的地方，人的生命要有所寄託，一定要有形體作爲
乘載的工具，否則人便無法具體的有所表現。「形體以成，五藏乃形〔註6〕」，
《淮南》認爲五藏是形體中最重要的器官，因此在形體形成的同時，五藏也
同時形成並開始作用。〔註7〕

　　氣是一切萬物創生的根源，氣中最精華的部分，組成人的形體，並且成
爲生命與身體中最基礎的元素。同時氣具有流動的特質，因此可充滿並流行
於形體之中，使身體各部位順利運作。〔註8〕徐復觀云：「所謂氣，……切就
人身而言，志氣、氣志是指氣在活動時，總有志在其中指使，故二者并稱，
實則以氣爲主。〔註9〕」

　　神爲精神，是生命中的主宰，神具有生生不測的作用力，因此當人在做
任何思考、判斷時，都要靠精神的作用作爲主宰。〔註10〕故羅光云：「神爲心，
以主制生命，在三者中爲最高，居於氣之上。……三中之一若不在自己的位
置，三者同時受傷。〔註11〕」徐復觀則認爲「《淮南子》中所用的神字，作形

〔註4〕　「氣者，生之元也」本作「氣者，生之充也」。王念孫：「充本作元，此涉下
　　　　文氣不當其所充而誤也。元者，本也。言氣爲生之本也。……一失位則二傷，
　　　　謂此三者之中一者失位則二者皆傷也。各本二作三，因下文此三者而誤。」
　　　　（清）王念孫：《讀書雜志》，下冊，775。今從校改。
〔註5〕　同註1，卷一〈原道〉，頁9。
〔註6〕　（漢）劉安：《淮南子》，卷七〈精神〉，頁45。
〔註7〕　張運華云：「『形』是生命的基礎，是一種有形的構造。」張運華：《先秦兩漢
　　　　道家思想研究》，頁221。雷健坤云：「『形』作爲生命的物質載體就如同房舍
　　　　一樣使生命有所安頓。」雷健坤：《綜合與重構——《淮南子》與中國傳統
　　　　文化》，頁116。徐復觀云：「他們所謂的形，指的五官百體。」徐復觀：《兩
　　　　漢思想史》第二冊，頁148。
〔註8〕　張運華云：「『氣』又叫『氣志』或稱爲『血氣』，是一種可以流動的物質系統，
　　　　它可聚可散，可内可外，但無法看到它。」張運華：《先秦兩漢道家思想研究》，
　　　　頁221。雷健坤云：「『氣』充盈于形體之内，是人生命力的體現。」雷健坤：
　　　　《綜合與重構——《淮南子》與中國傳統文化》，頁116。
〔註9〕　徐復觀：《兩漢思想史》第二冊，頁148。
〔註10〕　張運華云：「『神』是一種精神活動，對人的生命活動起着支配作用。」張運
　　　　華：《先秦兩漢道家思想研究》，頁221。雷健坤云：「而『神』則是人有別於
　　　　他物的根本，所爲煩氣爲蟲，精氣爲人，人之貴就在于他有精神活動，所以，
　　　　神是生命的主宰。」雷健坤：《綜合與重構——《淮南子》與中國傳統文化》，
　　　　頁116～117。
〔註11〕　羅光：《中國哲學思想史（兩漢、南北朝篇）》，頁573。徐復觀云：「精神實際

容詞用時，是指微妙不測的作用。……但作名詞用時，所謂神即指的是人的精神。……我更要進一步指出，《淮南子》所說的神，實際指的即是人的心。〔註12〕」

〈精神〉云：「是故精神，天之有也；而骨骸者，地之有也〔註13〕」，精神是人所秉受於天的，而形體是秉受於地所完成，因此人的精神只要能回歸原本清靜聰明的狀態，形氣神就能不失其位正常發揮，進而上通於天，回歸自然天道的境界。

> 是故血氣者，人之華也；而五藏者，人之精也。夫血氣能專於五藏而不外越〔註14〕，則胷腹充而嗜欲省矣。胷腹充而嗜欲省，則耳目清、聽視達矣。耳目清、聽視達，謂之明。五藏能屬於心而無乖，則教志勝而行不僻矣。教志勝而行不僻〔註15〕，則精神盛而氣不散矣。精神盛而氣不散則理，理則均，均則通，通則神，神則以視無不見，以聽無不聞也，以爲無不成也。是故憂患不能入也，而邪氣不能襲。〔註16〕

元氣是構成形體最基礎的元素，而血氣則是流動於人形體間最精華的部分，徐復觀云：「『氣』是『血氣』的簡稱，系由呼吸之氣，引申而爲生命中所發出的綜合性的力量，或者可稱爲生命力。〔註17〕」透過血氣在人身體中流動，居處在身體各部位的藏器得以順利運作，故《淮南》云：「夫孔竅者，精神之戶牖也；而氣志（血氣）者，五藏之使候也。〔註18〕」血氣的功用在於溝通

指的是人的心及心的作用，則《淮南子》中的所謂精，有的說的是精氣之精；而在人身上落實下來，則指的是純一無二的心，及心的感通作用。」徐復觀：《兩漢思想史》第二冊，頁 145。

〔註12〕 徐復觀：《兩漢思想史》第二冊，頁 145。孫紀文則認爲神在《淮南》中有三個涵義「第一、鬼神，引申爲神明。……第二，是『心』的外化表現。……第三，是『精神』的減縮形式，這一含義最爲普遍。」孫紀文：《淮南子研究》，頁 139。

〔註13〕 同註 6，卷七，頁 45。

〔註14〕 「是故血氣者，人之華也；……夫血氣能專於五藏而不外越」本作「是故面氣者，人之華也；……夫面氣能專於五藏而不外越」。于大成：「面氣當作血氣。上文云：『血氣者，風雨也』，下文云：『則血氣滔蕩而不休矣』，是其證。」于大成：《淮南鴻烈論文集》，下冊，頁 551。今從校改。

〔註15〕 「教志勝而行不僻」本作「教志勝而行之不僻」。楊樹達：「之字當衍。集證本去之字，是。」楊樹達：《淮南子證聞・鹽鐵論要釋》，頁 60。今從校改。

〔註16〕 （漢）劉安：《淮南子》，卷七〈精神〉，頁 46。

〔註17〕 徐復觀：《兩漢思想史》第二冊，頁 148。

〔註18〕 同註 16，卷七〈精神〉，頁 46。

形體內各藏器，使其正常運行，特別是對五藏的影響，血氣只要能專一於五藏中運作，五藏便能順暢運行，能身體功能得以滿足，因此就不會有過多的欲望影響形體正常的運作，五官的作用也就能清明，思慮判斷也就能清晰，形氣神三者功能就能達到最好的展現。

五臟是形體完成之後最早形成的部分〔註19〕，《淮南》所謂的五藏為「心膽肺脾腎」。

> 是故肺主目，腎主鼻，脾主口，膽主耳〔註20〕。外為表而內為裏，開閉張歙，各有經紀。故頭之圓也象天，足之方也象地。天有四時〔註21〕、五行、九解、三百六十日，人亦有四支、五藏、九竅、三百六十節〔註22〕。天有風雨寒暑，人亦有取與喜怒。故膽為雲，肺為氣，脾為風，腎為雨〔註23〕，以與天地相參也，而心為之主。是

〔註19〕〈精神〉：「形體以成，五藏乃形。」同註16，卷七，頁45。

〔註20〕「肺主目，腎主鼻，脾主口，膽主耳」本作「肺主目，腎主鼻，膽主口，肝主耳。」于大成云：「此文當作『肺主目，腎主鼻，脾主口，膽主耳』。高注以為肺為火，腎為水，與時則篇注一說合：其『肝主耳』下注云：『肝，金也』，固亦與彼注一說合，然『膽主口』下不注五行所屬，可疑一也。考說文四下肉部云：『膽，連肝之府也』，是肝之與膽，止是一府，既言『肝主耳』，即不得復言『膽主口』，即不得復言『肝主耳』。今乃兩者垃舉，可疑二也。又下文『膽為雲，肺為氣，脾為風（今本脾誤肝，詳下），腎為雨』（今本此下尚有『脾為雷』一句，乃誤衍，詳下）云云，即承此文肺、腎、肝、膽而言，設如今本，則與下文不合，可疑三也。至今本高於『膽主口，肝主耳』二句之注，當亦後人依誤本妄改；或高所見本已誤，則莫敢定矣。」參見于大成：《淮南鴻烈論文集》，上冊，頁545～546。今據校改。

〔註21〕「天有四時」本作「有四時」。今本皆作天有四時，文義較全，當據補。

〔註22〕「三百六十日」、「三百六十節」本作「三百六十六日」、「三百六十六節」。王念孫：「『三百六十六日』、『三百六十六節』本作『三百六十日』、『三百六十節』。後人以堯典言『朞三百有六旬有六日』，故於上句加六字，因併下句而加之也。不知三百六十日，但舉大數言之。」（清）王念孫：《讀書雜志》，下冊，頁825。今從校改。

〔註23〕「膽為雲，肺為氣，脾為風，腎為雨」本作「膽為雲，肺為氣，肝為風，腎為雨，脾為雷。」王念孫云：「『肝為風』本作『脾為風』，注『肝，木也』本作『脾，木也』，……上注云：『肝，金也』，是高不以肝為木也：時則篇『春，祭先脾』注引一說曰：『脾屬木，自用其藏也』，是脾為木也（說詳經義述聞月令）。脾屬木，而木為風生，故曰『脾為風』。」又于大成云：「『脾為雷』三字迺是衍文。何以明之？上文云：『肺主目，腎主鼻，脾主口，膽主肝』（今本有誤，見上），此文『膽為雲，肺為氣，脾為風，腎為雨』，即承上文言之。上文即不言肝，則此處不當有『肝為雷』一句，一也。『心為之主』下高注云：『心，土也。故為四行之主也』，五藏心為之主，既見於此，則上文止合有四

故耳目者日月也，血氣者風雨也。〔註24〕

《淮南》將五藏與外在感官、天地間氣候變化作連結，說明內在五藏的運作對外在五官有重要的影響，因爲天人是一，天與人同爲陰陽二氣所生，且精氣爲人，故天人間存在氣類相感的現象，而五官的表現也可與氣候作搭配，正好表現出天人感應的思想。以下根據〈精神〉篇內容，整理列表觀之：

圖表二十九〔註25〕

五藏	心	肺	腎	脾	膽
四官		目	鼻	口	耳
高注		肺象朱雀，朱雀，火也，火外景，故主目	腎象龜，龜，水也，水所以通溝，鼻所以通氣也，故主鼻也		膽，金也，金內景，故主耳也
四候		氣	雨	風	雲
高注	心，土也，故爲四行之主也	肺，火也，故爲氣	腎，水也，因水故雨。雨或作電。腎，水也，水爲光，故爲電	脾，木也，木爲風生，故爲風	膽，金也，金石雲之所出，故爲雲

透過高誘注可知其以當時通行的五行觀對五藏與四官、四候的搭配做出詮釋，並認爲五藏所主感官作用皆與五行系統及其特性有關。以腎爲例：高誘認爲《淮南》將腎影響鼻的運作，是因爲腎形象龜，龜與水同類相應，水的特性在於能溝通，與鼻能通氣的特質正好相應，故曰腎主鼻主水。此外，腎主水，正與天候降雨同類相應，因此可相互影響。

藏，其膽、肺、脾（今誤肝）、腎下，高氏分注云：『膽，金也』，『肺，火也』，『脾（今誤肝），木也』，『腎，水也』，是膽、肺、脾、腎合心爲五藏也。而今本『脾爲雷』下高無注，知此處本不當有此一句，二也。蓋後人習聞心、肝、脾、肺、腎爲五藏之說，其『脾爲風』脾字既誤爲肝，迺於『腎爲雨』下妄增『脾爲雷』三字。不知肝、膽共爲一府，言膽即不必言肝，淮南自以心、膽、肺、脾、腎爲五藏也。」參見（清）王念孫：《讀書雜志》，下冊，頁825～826；于大成：《淮南鴻烈論文集》，上冊，頁548～549。今從校改。

〔註24〕（漢）劉安：《淮南子》，卷七〈精神〉，頁45～46。

〔註25〕本表根據（漢）劉安：《淮南子》，卷七〈精神〉，頁45～46。原文整理。

其次，《淮南》主張天人相應，故人身器官可與天之器官感應，因為兩者本質相同，都是陰陽二氣，且同為向外表現的管道。因此，《淮南》再次點出氣的重要性，認為血氣流通全身的特質，就如同風雨調節天候般重要，而臟器當中耳內景、目外景的特質，也正好與日月相應。

《淮南》對五藏的功能影響不但以五行觀詮釋，並以土行之心為主宰，掌管各藏器的運行，可知在對於五行與五藏、四官的詮釋上，《淮南》是特別重視土行的地位，在人的五藏中特別重視心的主宰功能，故以土為尊，以心為尊。

第二節　心

一、心的內涵作用

> 形神氣志，各居其宜，以隨天地之所為。〔註26〕

形氣神是構成人生命最重要的三個部分，三者各司其職，人的生命才能完整。而三者要能順利發揮，就必須要靠作為主宰功能的心志作用。〔註27〕

> 夫心者，五藏之主也，所以制使四支，流行血氣，馳騁于是非之境，而出入于百事之門戶者也。是故不得於心而有經天下之氣，是猶無耳而欲調鍾鼓，無目而欲喜文章也，亦必不勝其任矣。故天下神器，不可為也，為者敗之，執者失之。〔註28〕

心為人形體中主宰的作用，身體內的五藏、血氣，外在的五官、四肢之所以能順利的運行，之所以人能分辨善惡是非，都必須以心作為標準，做出正確的判斷〔註29〕，而「心之所以能成為身體的主宰，是因為它具有精神，即思維的功能。〔註30〕」故《淮南》云：「故心者，形之主也；而神者，心之寶也。

〔註26〕　（漢）劉安：《淮南子》，卷一〈原道〉，頁8。
〔註27〕　張立文：「心有思維特性，是整個身體的各種器官和思想精神活動的中樞，他不僅支配著身首四肢、五臟九竅的生理運動，而且支配著人的全部思想和行為。」張立文：《心》（臺北：七略出版社，1996年11月），頁83。
〔註28〕　同註26，卷一〈原道〉，頁8。
〔註29〕　雷健坤云：「五臟能接受心的統領，人能保持旺盛的氣志，行為就不乖張，行為不乖張則精神便能發揮正常的功能，以此則無不成。」雷健坤：《綜合與重構──《淮南子》與中國傳統文化》，頁121。
〔註30〕　張立文：《心》，頁83。

〔註31〕」陳麗桂云：「故精神之總樞紐宜爲心，『心』者外制形骸，內寶其『神』，發其『智』，而使其『氣』。〔註32〕」心爲形體的判斷標準，而生生不息的精神則爲心中最精華的部分，並且透過氣流通於形體之中所產生的思考判斷作用，了解什麼合於道、什麼該做，若不能讓心順著自然之道做出主宰判斷，形體便會不協調，思緒也無法清晰。

> 是故神者智之淵也，淵清則智明矣；智者心之府也，智公則心平矣。
> 〔註33〕

「故心者，身之本也〔註34〕」，心爲形氣神之主，而心必須要透過生生之神清明的作用，使心能清楚判斷，同時也要公正的判斷能力配合，才能使心的作用順暢發揮。故《淮南》認爲精神與智慧是心中重要的內容，神爲人生命中生生不息的主宰作用，透過精神聚集凝結，五官、五臟便能經由血氣充滿流動，使形體不受損傷，使感官認知作用不受外在過多情欲誘惑，做出正確合宜的認知判斷，最後使心靈達到虛靜專一合於天道的最佳境界〔註35〕。

二、心的特色

（一）血氣心知

> 今人之所以眭然能視，營然能聽，形體能抗，而百節可屈伸，察能分白黑、視醜美，而知能別同異、明是非者，何也？氣爲之充，而神爲之使也。何以知其然也？凡人之志各有所在而神有所繫者，其行也，足蹪趽埳〔註36〕、頭抵植木而不自知也，招之而不能見也，

〔註31〕同註26，卷七〈精神〉，頁47。

〔註32〕陳麗桂：《淮南鴻烈思想研究》，下冊，頁187。

〔註33〕（漢）劉安：《淮南子》，卷二〈俶真〉，頁15。

〔註34〕同註33，卷二十〈泰族〉，頁157。

〔註35〕雷健坤云：「《淮南子》甚至將心與神等同視之，所謂『心有所至，而神喟然在之』，心能『發一端，散無境，周八極，總一莞』，人的精神活動亦能實現天人，人人的感通達到無所不通，無所不至的境界。」雷健坤：《綜合與重構——《淮南子》與中國傳統文化》，頁121。簡松興認爲「就《淮南子》之『心』而言，當有兩重主要意義，一爲形上義，即心理能力，掌管人的性識、意志、感情諸活動；一爲形下義，指心臟；是含藏精氣之所。而在《淮南子》裡，『心』的形上義，有被『精神』所取代的傾向。」簡松興：《西漢天人思想研究——以《淮南子》、《春秋繁露》、《史記》爲中心》，頁111。

〔註36〕「足蹪趽埳」本作「足蹪趽埳」。今本皆作足蹪趽埳，景宋本作埳疑形近而誤。

呼之而不能聞也。〔註37〕

心最大的特色是能認知判斷一切事物，陳靜云：「所謂『知』，是指人認識外物、分別是非的能力與活動。〔註38〕」簡松興云：「『心』雖有其自主作用，但它的作用還是得自於最精之氣的『神』。換言之，即心是由神所主導。〔註39〕」由於天地人皆爲陰陽二氣所生，天地間萬物與人的本質相同，而心爲形氣神之主，血氣順暢流動於形體間能使五官、肢體運作，同時能使精神將生生不測的認知判斷功能展現，經過心志的主宰整合，人便可透過學習分辨萬物的同異，並作出正確的判斷〔註40〕。但若心志無法專一，形氣神三者便失其位而無法順暢表現其用，心也就無法表現出主宰的功用，如此，即使腳陷入坑中、頭撞到樹木，揮手招呼，耳目等感官與四肢的運動也就不能順利認知與分辨一切事物。

（二）以心為尊

《淮南》以心爲形氣神之主宰，以心爲五臟之尊，此與五行相生次序有關。〈時則〉篇云：

> 季夏之月，招搖指未，昏心中，旦奎中。其位中央，其日戊己，盛德在土，其蟲臝，其音宮，律中百鐘，其數五，其味甘，其臭香，其祀中霤，祭先心。〔註41〕

《淮南》以《呂氏春秋》十二紀爲本，將一年分成十二季月，並將五行中土與五臟之心搭配。除此之外，《淮南》又於〈地形〉篇中〔註42〕傳達出五行之中土行較爲尊貴的看法，而此正與心爲形氣神之主的觀念相符，因此相互搭

〔註37〕 同註33，卷一〈原道〉，頁10。

〔註38〕 陳靜：《自由與秩序的困惑——《淮南子》研究》，頁261。

〔註39〕 簡松興：《西漢天人思想研究——以《淮南子》、《春秋繁露》、《史記》爲中心》，頁115。

〔註40〕 張立文云：「心不僅能夠耳目皮膚等感知外界事物的現象變化，而且能夠進行概念、判斷、推理等認識活動，找出事物的本質和規律，深入地認知人的本性和事物的規矩。並且，心還可以從一人之性而推知眾人之性，從一物的規矩而推知萬物的規矩，將天地萬物和社會人生的道理納於一人。」張立文：《心》，頁84。

〔註41〕 （漢）劉安：《淮南子》，卷五，頁34。

〔註42〕 〈地形〉：「中土多聖人。……中央四達，風氣之所通，雨露之所會也，其人大面短（頸）頤，美（鬚）須惡肥，竅通於口，膚肉屬焉，黃色主胃，慧聖而好治；其地宜禾，多牛羊及六畜。」（漢）劉安：《淮南子》，卷四〈地形〉，頁28～29。

配，藉此加強心、土在五行中的地位。

第三節　性

一、性的自然義

> 夫萍樹根於水，木樹根於土，鳥排虛而飛，獸蹠實而走，蛟龍水居，
> 虎豹山處，天地之性也。〔註43〕

天地間陰陽二氣相互作用，產生萬物，陰陽相生作用有各種可能性，因此所生之物萬殊，亦有無限多不同種類。當萬物形體形成之後，其物體的本質就被確定，而形體產生時自然所賦予的本質就是性。「形殊性詭〔註44〕」，水有水性，木有木性，《淮南》認為萬物因陰陽相生有不同組合而有不同可能，因此在萬物中自然之性就有無限多不同的可能性，由此可知性具有無限義，同時，這也可證明萬物初始之道同樣具有無限性。

> 性者，所受於天也；命者，所遭於時也。有其材，不遇其世，天也。
> 〔註45〕

天之精氣生人，故天與人同類相應，「人之為，天成之〔註46〕」，而天生人時所賦予的本質為性，故《淮南》云：「率性而行謂之道，得其天性謂之德。〔註47〕」而天所賦予的物性是萬物各殊，天命之人性也是人人不同，但萬物的本質本性都是一樣的，全是由氣化相生之天道組成。由於性是天所賦予，因此只要秉持原本天生自然之本性而為，就能達到道的境界，而得到了天性且能在人世間表現出來者稱為德。

二、性的清淨義

> 清淨恬愉，人之性也；儀表規矩，事之制也。知人之性，其自養不勃；
> 知事之制，其舉錯不惑。〔註48〕

〔註43〕　（漢）劉安：《淮南子》，卷一〈原道〉，頁4。
〔註44〕　同註43，卷十一〈齊俗〉，頁75。
〔註45〕　同註43，卷十〈繆稱〉，頁72。
〔註46〕　同註43，卷十〈繆稱〉，頁72。
〔註47〕　同註43，卷十一〈齊俗〉，頁75。
〔註48〕　（漢）劉安：《淮南子》，卷十八〈人間〉，頁134。

　　《淮南》天道的本質是自然無爲，故天所賦予人的本性是虛靜恬澹的，故「《淮南子》所講的性爲天性，天性爲純樸的自然，不加人爲的修養。〔註49〕」若能回歸最初始清靜之本性，不需要多餘規範儀節，自然能體道並且達到與天相通的境界。而牟鍾鑒認爲「所謂人性靜愉，其含義有二：從意識上說，人的本性好內靜而不喜外動，不急躁、無偏見、平和清醒乃是精神的理想狀態；從情感上說，人的本性少欲寡求，自足自得，沒有激動的情緒起伏，不沉湎於名利享樂。這是漢初道家的思想，源于《莊子》。〔註50〕」

　　　　凡人之性，樂恬而憎憫，樂佚而憎勞。心常无欲，可謂恬矣；形常

　　　　無事，可謂佚矣。〔註51〕

《淮南》認爲性的特色在恬與佚，心中不受欲望過度影響曰恬，形體不受外在事物影響而受到損傷曰佚，人本性最初始的狀態就是恬淡專一，因此只要保有天生自然之本性，就算外在環境貧困或身分低賤，身心也能維持本性專一虛靜的狀態，不受任何外在事物影響〔註52〕。

　　　「人生而靜，天之性也〔註53〕」，《淮南》強調天人相通，故天性自然，天所賦予人之本性是也是清靜自然的，因此自身的修養使本性不受矇蔽，就能合於天道〔註54〕。但若本性受到欲望蒙蔽，心就無法正確做出認知與判斷，形氣神也會因此受到損傷，故影響人失去清靜本性最大的關鍵就在於欲望的產生。

三、性與命

　　　　吾所謂得者，性命之情處其所安也。夫性命者，與形俱出其宗，形

〔註49〕 羅光：《中國哲學思想史（兩漢、南北朝篇）》，頁575。陳靜云：「道是寂寞清靜的，人來自于道，分有道而有所得以成性，因此具有與道相同的本性，這也就是人的本然之性：眞性。」陳靜：《自由與秩序的困惑——《淮南子》研究》，頁260。

〔註50〕 牟鍾鑒：《呂氏春秋與淮南子思想研究》，頁221。

〔註51〕 同註48，卷十四〈詮言〉，頁108。

〔註52〕 徐復觀云：「道家的道是『無』。『無』落實一步則爲虛靜；因而由道所賦予于人之性，也是虛是靜。」徐復觀：《兩漢思想史》第二冊，頁141。

〔註53〕 同註48，卷一〈原道〉，頁4。

〔註54〕 簡松興云：「性既受諸天（天當爲自然之義），而天又是道所演化而來，同時人也是陰陽二氣合和所生，則此『性』即是人最初始的情態。這初始情態是道的具現，那麼能維持這個初始情態，就不背於『道』了。」簡松興：《西漢天人思想研究——以《淮南子》、《春秋繁露》、《史記》爲中心》，頁106。

備而性命成，性命成而好憎生矣。故士有一定之論，女有不易之行，

規矩不能方圓，鉤繩不能曲直。〔註55〕

《淮南》認爲性成命定，當人的形體形成時，天所秉受之性就存在形體之中，同時，命也就形成並賦予在人的身上，故《淮南》云：「命者，所遭於時也〔註56〕」，命是人是無法決定的，如人生之禍福境遇，就如同男女有別，但當人對於自己的境遇感到不滿時，好惡就會產生。

古之聖人，其和愉寧靜，性也；其志得道行，命也。是故性遭命而

後能行，命得性而後能明。〔註57〕

《淮南》以古之聖人爲例，天生本有自然之性是和諧清靜的，而這是每個人都相同的，但所遭逢的境遇人各不同，而且不能選擇決定，而聖人之所以能爲聖人，在於其不但能夠秉持自然之性，使其不受外在影響，同時還能在不同的環境遭遇之間，將自己的意志展現並合於道。

《淮南》主張性命是同時產生，在人形體一形成時就同時存在人的生命之中，性若沒有遇到各種不同的命就無法彰顯其重要性，命若沒有靠自然之性的引導就無法作出學習修養的功夫，使生命接近天性清靜的境界。

第四節　情　欲

一、情

天愛其精，地愛其平，人愛其情。天之精，日月星辰雷電風雨也；

地之平，水火金木土也；人之情，思慮聰明喜怒也。〔註58〕

《禮記・禮運》：「何謂人情？喜、怒、哀、懼、愛、惡、欲七者，弗學而能。〔註59〕」情爲人心受到外在影響時最眞實的狀態，不須學習人表現出的自然反應，簡松興云：「『情』在《淮南子》裡，可以說，就是人類本能、或基本需求之自然流露。……人的思考能力、官覺、情緒，都是人之情，也是人性之自然。〔註60〕」故《淮南》云：「夫人之所受於天者，耳目之於聲色也，口

〔註55〕　（漢）劉安：《淮南子》，卷一〈原道〉，頁9。

〔註56〕　同註55，卷十〈繆稱〉，頁72。

〔註57〕　同註55，卷二〈俶眞〉，頁17。

〔註58〕　（漢）劉安：《淮南子》，卷八〈本經〉，頁54～55。

〔註59〕　（漢）鄭玄注、（唐）孔穎達正義：《禮記正義》，卷二十二，頁431。

〔註60〕　簡松興：《西漢天人思想研究──以《淮南子》、《春秋繁露》、《史記》爲中

鼻之於芳臭也，肌膚之於寒燠，其情一也。〔註61〕」情感的表現是每個人都有的，因爲感官知覺是天生下來就具備的自然反應，「且人之情，耳目應感動，心志知憂樂，手足之攬疾蓋、辟寒暑，所以與物接也〔註62〕」，當人對外在萬物有所認知與接觸時，感官就會與萬物產生對應，因此耳會喜歡聽好聽的音樂，目會厭惡看不好看的景象，因此喜怒哀樂等情感產生。

> 凡人之性，心和欲得則樂，樂斯動，動斯蹈，蹈斯蕩，蕩斯歌，歌斯舞，舞則禽獸跳矣〔註63〕。人之性，心有憂喪則悲，悲則哀，哀斯憤，憤斯怒，怒斯動，動則手足不靜。人之性，有侵犯則怒〔註64〕，怒則血充，血充則氣激，氣激則發怒，發怒則有所釋憾矣。故鐘鼓管簫，干鏚羽旄，所以飾喜也。衰絰苴杖，哭踊有節，所以飾哀也。兵革羽旄，金鼓斧鉞，所以飾怒也。〔註65〕

針對情感的種類，《淮南》歸類出幾種最常影響本性的情緒爲喜、樂、憂、悲、憤、怒，這些情感的產生，最主要是爲了抒發內心血氣的感動，當情感產生，血氣搖動時，若能適時的加以抒發，如在喜悅時歌唱舞蹈，在憤怒時哭泣頓足使其得以宣洩，便不會影響心性的作用與判斷。但當情感鬱結無法發洩，血氣的激盪就會影響心性平和，造成傷害〔註66〕。

另外，造成情感形成的原因，除了感官與外界接觸外，還有心的認知也會產生情緒的變化。當人的感官因認知與思慮受到外界影響，就容易因爲好

心》，頁117。
〔註61〕 同註58，卷二〈俶真〉，頁15。
〔註62〕 同註58，卷二〈俶真〉，頁16。
〔註63〕 「舞則禽獸跳矣」本作「歌舞節則禽獸跳矣」。俞樾：「本作『舞則禽獸跳矣』，與下文『動則手足不靜』、『發怒則有所釋憾矣』文義一律，歌字、節字皆衍文也。」（清）俞樾：《諸子平議》，頁945。今從校改。
〔註64〕 「有侵犯則怒」本作「有浸犯則怒」。今本皆作侵犯，景宋本作浸形近而誤。當據改。
〔註65〕 同註58，卷八〈本經〉，頁55～56。
〔註66〕 雷健坤云：「這就肯定了耳目口鼻之『應感動』，『與物接』都是先天成就的，而它們與物相接生出的喜怒，憂樂，好憎之情也便成爲自然之情。……正是這種內在之情的發動造成了清淨本性的迷失。」雷健坤：《綜合與重構——《淮南子》與中國傳統文化》，頁114。簡松興云：「人受外來的刺激感動之後，自然的就有喜怒哀樂等情緒表現在外。……以上說明人的情緒變化，由內而外、由弱而強的過程。但過度的喜怒、憂悲、卻會影響血氣，造成疾病。」簡松興：《西漢天人思想研究——以《淮南子》、《春秋繁露》、《史記》爲中心》，頁117～118。

增而產生喜怒哀悲等情緒，但若心受遮蔽而無法做出正確判斷，血氣、精神就會外泄，人就容易因情感過份表現而遠離道之途〔註67〕。

二、欲

> 夫孔竅者，精神之戶牖也；而血氣者〔註68〕，五藏之使候也。耳目
> 淫於聲色之樂，則五藏搖動而不定矣。五藏搖動而不定，則血氣滔
> 蕩而不休矣。血氣滔蕩而不休，則精神馳騁於外而不守矣。精神馳
> 騁於外而不守，則禍福之至，雖如丘山，无由識之矣。〔註69〕

恬澹安靜是天性最好的狀態，透過精神清明的心表現出來，人的感官表現就能平順，生命就能和諧，氣化常道也得以充分發揮體現。感官的孔竅是形體表達心志、精神的門戶，而血氣是調節臟器管道，但若形體中元氣無法聚集在形體中而外洩，精神搖蕩無法集中，五藏、五官便不能安定，血氣因感物而動盪不順，便易使感官功能不滿足，清靜之性遮蔽而無法展現，於是欲望產生。

> 夫喜怒者，道之邪也；憂悲者，德之失也；好憎者，心之過也；嗜
> 欲者，性之累也。人大怒破陰，大喜墜陽；薄氣發瘖，驚怖爲狂；
> 憂悲多恚，病乃成積；好憎繁多，禍乃相隨。〔註70〕

造成人的行爲違背自然最主要的因素，在於情緒與慾望過度的表現。〔註71〕當感官被聲色過度影響，就會讓心性勞累，好惡、嗜欲因此產生；當情感產生卻過度執著，就會遠離平和清靜的道德，喜怒、憂悲因此產生。陳麗桂云：

〔註67〕陳靜云：「所謂『情』，是指人與外物相接而產生的不同情緒和情感，具體表現爲喜、怒、哀、樂等等。這些情緒和情感與接觸外物所形成的好憎和求取外物所產生的得失之心相對應，同樣有害于人性。」陳靜：《自由與秩序的困惑——《淮南子》研究》，頁262。徐復觀云：「性不能不與外物（聲色富貴等）相接，與物相接而不能不有好憎，好憎即擾亂了性的虛靜，因而迷失了性，即是迷失了道。」徐復觀：《兩漢思想史》第二冊，頁141。

〔註68〕「而血氣者」本作「而氣志者」。王念孫：「氣可言五藏之使候，志不可言五藏之使候。氣志當爲血氣，此涉下文氣志而誤也。」（清）王念孫《讀書雜志》，下冊，頁826。今從校改。

〔註69〕（漢）劉安：《淮南子》，卷七〈精神〉，頁46。

〔註70〕（漢）劉安：《淮南子》，卷一〈原道〉，頁7。

〔註71〕陳靜云：「所謂『欲』，是指人求取外物的衝動：……《淮南子》認爲，欲是最有害于眞性的一個因素。」陳靜：《自由與秩序的困惑——《淮南子》研究》，頁262。

「這『陰』、『陽』都是指流衍於我們身內不同性質的血氣。換言之，心理情緒的強烈反應，也會大大流泄體內的血氣，血氣流泄過多，精神無氣可充集，可撐持，當然要錯亂了。〔註72〕」〈詮言〉有云：「內便於性，外合於義，循理而動，不繫於物者，正氣也。重於滋味，淫於聲色，發於喜怒，不顧後患者，邪氣也〔註73〕」，合於自然天性，依循道之理行事，不易受外物干擾者正氣盛，反之重感官享受，使情感不平靜而表現出喜怒者邪氣盛。

此外，《淮南》強調正氣為氣化作用正常的表現，邪氣為氣化正常作用被欲望遮蔽掩蓋的狀態。〔註74〕當欲望影響形氣，使元氣外洩精氣不能保養在心中，血氣激盪不順時，邪氣便會使本性被遮蔽，造成病痛、災禍，心也會因欲望產生好憎而不平靜。

> 是故五色亂目，使目不明；五聲譁耳，使耳不聰；五味亂口，使口厲爽〔註75〕；趣舍滑心，使行飛揚。此四者，天下之所養性也，然皆人累也。故曰：嗜欲者使人之氣越，而好憎者使人之心勞，弗疾去，則志氣日耗。〔註76〕

《淮南》認為引發欲望的最主要原因在於外在誘惑使感官不能滿足，其中目耳口四官作用不平和為最大的關鍵，若目執著於觀看更好看的景色，耳執著聽更好聽的音樂，口執著吃更好吃的味道，形體中精神便無法專一，導致血氣動盪，心便會受其影響無法安靜的作出判斷，最後使形體不得安寧，遠離清靜之性，故《淮南》云：「目好色，耳好聲，口好味，接而說之。不知利害嗜慾也，食之不寧於躰，聽之不合於道，視之不便於性。〔註77〕」

> 今目悅五色〔註78〕，口嚼滋味，耳淫五聲，七竅交爭以害其性，日

〔註72〕陳麗桂：《秦漢時期的黃老思想》，頁81。

〔註73〕同註70，卷十四，頁106。

〔註74〕簡松興云：「從氣的角度而言，『嗜欲』也屬於氣，而且是一種『邪氣』。」簡松興：《西漢天人思想研究——以《淮南子》、《春秋繁露》、《史記》為中心》，頁115。

〔註75〕「使口厲爽」本作「使口爽傷」。王念孫：「使口爽傷本作使口厲爽。……而莊子天地篇『五色亂目，使目不明；五聲亂耳，使耳不聰；五味濁口，使口厲爽；趣舍滑心，使性飛揚』，即淮南所本。」（清）王念孫《讀書雜志》，下冊，頁826。今從校改。

〔註76〕同註70，卷七〈精神〉，頁46。

〔註77〕（漢）劉安：《淮南子》，卷十四〈詮言〉，頁106。

〔註78〕「今目悅五色」本作「令自悅五色」。今本皆作今目悅五色，景宋本作令自，形近而誤。當據改。

　　引邪欲而澆其身夫調，身弗能治，奈天下何！〔註79〕

因此，欲望產生之後，會對心性與形體造成損傷，「夫聲色五味，遠國珍怪，
瓖異奇物，足以變心易志，搖蕩精神，感動血氣者，不可勝計也〔註80〕」，當
人受欲望影響，過度追求感官聲色享樂時，內在血氣、精神便無法專一，並
使心執著於對奇珍異物的認識，而忘記主宰四支活動及調節血氣流暢，導致
天性受到傷害，失去原本最初的平靜。藉此《淮南》強調欲望對人體之傷害
影響是非常深遠的，但更進一步，也點出人的可貴之處，在於能夠透過修養
的功夫，變化氣質，使原本受欲望矇蔽的心性回到原本自然無爲之道的境界。
張立文云：「克服這些感情欲望的干擾，內心完全體現道、遵行道，這才是德。
〔註81〕」

第五節　心性修養論

　　人生而靜，天之性也。感物而動〔註82〕，性之害也。物至而神應，
　　知之動也。知與物接而好憎生焉。好憎成形而知誘於外，不能反己，
　　而天理滅矣。〔註83〕

羅光云：「人的天性本來安靜，不求有爲。但因有外物的感動和誘惑，人性乃
動而被好憎所害。〔註84〕」當形體中血氣便能流動通暢，五藏中也不會受雜
亂之氣阻礙其運行，形體就不會受外在禍福境遇的引誘影響，這就是虛一清
靜的天性最自然的表現。然而人之所以會有善惡、好憎等表現，在於後天學
習判斷與外在欲望影響所造成。「人性安靜而嗜欲亂之〔註85〕」，當外在形體
以及內在感官受到過多欲望引誘，使得心中作爲主宰作用之精神營亂，失去
原本的清靜而無法做出適宜的判斷，好惡就會產生。若人無法藉由學習修養
的功夫，使流洩在外的元氣重新回到充滿於形體的狀態，使精神由營亂回到

〔註79〕 同註77，卷二十〈泰族〉，頁157。
〔註80〕 同註77，卷八〈本經〉，頁55。
〔註81〕 張立文：《心》，頁87。
〔註82〕 「感物而動」本作「感而後動」。王叔岷：「感下當有物字，文意乃明。禮記
　　　　樂紀、史記樂書並作『感於物而動』，文子道原篇作『感物而動』，皆有物字，
　　　　當據補。」王叔岷：《諸子斠證》，頁329。今從校改。
〔註83〕 （漢）劉安：《淮南子》，卷一〈原道〉，頁4。
〔註84〕 羅光：《中國哲學思想史（兩漢、南北朝篇）》，頁576。
〔註85〕 同註83，卷二〈俶眞〉，頁15。

原本恬靜自然的狀態，就會導致原本清靜的天性受到遮蔽而心也就無法失去正確判斷能力，最後導致形體也受到損傷。故陶建國云：「人生修養，首在破除情慾及外在之誘惑。〔註86〕」

> 故心不憂樂，德之至也；通而不變，靜之至也；嗜欲不載，虛之至也；無所好憎，平之至也；不與物殽〔註87〕，粹之至也。能此五者，則通於神明。通於神明者，得其內者也。〔註88〕

人的本性易受外物遮蔽而使形氣神受到損傷，因此《淮南》帶出修養功夫的重要。〈泰族〉云：「有其性，无其養，不能遵道。〔註89〕」只要人能透過後天的學習與修養功夫變化氣質，使血氣平順、形體安定、精神飽滿，就能回到心性最初始「德、靜、虛、平、粹」趨近於道的狀態。

一、養形氣神

> 是故聖人使人各處其位，守其職，而不得相干也。故夫形者非其所安也而處之則廢，氣不當其所充而用之則泄，神非其所宜而行之則昧。此三者，不可不慎守也。〔註90〕

《淮南》認為形氣神是人最基礎的組成構造，因此三者缺一不可。形體為形下具體部分，精神為形上生生創造作用，而元氣不只是生命最基本的元素，元氣無形且流動的特性，更是溝通形神的重要關鍵，因此《淮南》云：「一失位，則二者傷矣。〔註91〕」若形體無元氣做基石，便無法順暢溝通精神，就不能使形體正常運作而受到損傷。若只有元氣，而無形體使其充滿，精神也就無法發揮作用，那麼元氣就只是流動的氣體而已。若精神無形體承載，元氣就無法溝通使其作出思考判斷。故在人生命中三者一也，缺少任一部分其他二者之運作就會不協調，生命也就不能保持圓滿和諧的狀態。〔註92〕因此

〔註86〕 陶建國：《兩漢魏晉之道家思想》，頁254。

〔註87〕 「不與物殽」本作「不與物散」。王引之：「諸書無訓散為雜亂者，散皆當為殽，隸書殽或作殺，與散相似。散或作殽，與殽相似，故殽誤為散。」（清）王念孫《讀書雜志》，下冊，頁773。今從校改。

〔註88〕 同註83，卷一〈原道〉，頁7～8。

〔註89〕 同註83，卷二十，頁153。

〔註90〕 （漢）劉安：《淮南子》，卷一〈原道〉，頁9。

〔註91〕 同註90，頁9。

〔註92〕 雷健坤：「形體以『安』為本，非其所安而處之則可能損傷而成殘廢；氣以『聚』為本，所充不當就會泄；神以『清明』為本，所用不宜則智昏暗昧。……尤

便需要透過修養功夫使三者回到最初清靜美好的狀態。

> 故閉四關，止五遁，則與道淪。是故神明藏於無形，精神反於至眞，
> 則目明而不以視，耳聰而不以聽，心條達而不以思慮，委而弗爲，
> 和而弗矜〔註93〕，冥性命之情〔註94〕，而智故不得雜焉。精泄於目
> 則其視明，在於耳則其聽聰，留於口則其言當，集於心則其慮通。
> 故閉四關則身無患，百節莫苑，莫死莫生，莫虛莫盈，是謂眞人。
> 〔註95〕

　　要如何修養形氣神，《淮南》提出節欲，因爲欲是影響心性平和最主要的因素，因此感官功能的調節成爲首要的課題。《淮南》認爲目明、耳聰、心條達、口言當爲四官最自然的表現，但若感官經驗不滿足或受到外在環境影響時，心就會作出不合常道的決定，欲望就會產生，使形氣神失其位且無法順暢表現，進而使人之情過度表現，失去清靜的本性，最後導致人的行爲偏差，身心受到損傷。因此《淮南》指出人若能學習靠修養功夫關閉四官使其不受外在欲望影響，就能保養精氣於形體間，使形體不受損傷，精神清明而判斷思慮清晰，達到眞人的境界〔註96〕。

　　其氣與神是使形體『活』起來的根本，氣充神使，我們才有形體的運動，視聽的感受和辨別是非的能力。」雷健坤：《綜合與重構——《淮南子》與中國傳統文化》，頁117。

〔註93〕「和而弗矜」本作「和而弗矜」。于大成：「說文十四上矛部：『矝，矛柄也。從矛，令聲』，段注曰：『各本篆作矝，解云：今聲，今依漢石經論語、溧水校官碑、魏受禪表皆作矝。正之毛詩與天、臻、民、旬、填等字韻，讀如鄰，古音也』，則矝字古作矜。……唯景宋本作矝，高注，尚存古書之舊。氾論篇『無矝伐之色』，景宋本亦作矝。」于大成：《淮南鴻烈論文集》，上冊，頁102。

〔註94〕「冥性命之情」本作「眞性命之情」。今本皆作冥性命之情，眞形近而誤。當據改。

〔註95〕同註90，卷八〈本經〉，頁54～55。

〔註96〕張運華云：「《淮南子》認爲保養精神，最根本的方法就是使精神內守形骸而不外越，要做到這一點就必須排除外界的一切誘惑，『閉四關止五遁』，『四關』即耳、目、心、口，『五遁』即指滯遁於五種物質享受，也就是滯遁于金、木、水、火、土五種物質享受，只有這樣，才能使精神處於一種虛靜的狀態，保持精神的清明。」張運華：《先秦兩漢道家思想研究》，頁221～222。
雷健坤云：「四關指人身與物相接的通道，『閉』不是要屏棄人的官能，而是要人順其自然而養，除生命本然需要之外，概所摒棄，使耳目等感官得到充分的修養和調適。『五遁』是指在金、木、水、火、土五個方面的物質享受，而這五『流遁』乃『亂之所由生者』，沉溺于任何一種都『足以亡天下矣』，

夫精神氣志者，靜而日充者以壯，躁而日耗者以老。是故聖人將養
其神，和弱其氣，平夷其形，而與道沈浮俛仰。〔註97〕

正因形氣神為人生命之基本內涵，因此三者的修養功夫就非常重要，若精神
氣志充盈流暢，形體便能安定強壯，反之精氣外泄無法保養形體，形體便容
易損傷。而形氣神又以神最為重要，曾春海云：「〈詮言訓〉明確指出『神貴
於形也。故神制則形從，形勝則神窮』。形體會因行為的張狂和自身的貪墮而
淪於不保，蓋養形重於養神，則神明日喪，心思不能充分伸張其生命力，以
致行為舉措不得當。〈原道訓〉主張『故以神為主者，形從而利；以形為制者，
神從而害之。』雖然，形神應交養，神為主形為從，以神導形；然而，神明
之修養必須扣緊形體，養神不能離開養形。〔註98〕」故聖人亦以養神為先，
心神若能清靜，形體便能安定、血氣和順，三者各司其位，生命就能經由修
養功夫得到平和虛靜，近於道的境界〔註99〕。

二、反性於初

三官交爭〔註 100〕，以義為制者，心也。割痤疽非不痛也，飲毒
藥非不苦也，然而為之者，便於身也。渴而飲水非不快也，飢而大

因此一定要止於此五流遁。」雷健坤：《綜合與重構——《淮南子》與中國
傳統文化》，頁 123。
〔註97〕（漢）劉安：《淮南子》，卷一〈原道〉，頁 10。
〔註98〕曾春海：《兩漢魏晉哲學史》，頁 40。劉長林云：「養生的關鍵在養神，養神
是養生的最高層次。『治身，太上養神，其次養形。』（《泰族訓》）由於『制
使四支（肢），流行血氣』，『經天下之氣』，全靠心神統攝（《原道訓》），所
以淮南特別強調要『心平志易，精神內守』。（齊俗訓）」劉長林：《中國象科
學觀——易、道與兵、醫（修訂版）》，下冊，頁 783。胡奐湘云：「養生的
關鍵在養神，養神是養生的最高層次。」胡奐湘：〈《淮南子》的人體觀和養
生思想〉，收入楊儒賓主編《中國古代思想中的氣論及身體觀》（臺北：巨流
圖書公司，1997 年 2 月），頁 508。
〔註99〕徐復觀云：「心雖為形之主，但形、神、氣應各得其位，這才可稱為『全其身』。
『全其身則與道為一矣。』」徐復觀：《兩漢思想史》第二冊，頁 148。牟鍾鑒
云：「《淮南子》的養生論同他的形神觀和人性論相一致。要點可分述如下：1、
從形神關係上說，要形、神、氣俱養而以養神為主。……如何養神？第一要
使『精神內守形骸而不外越』，……第二、要使精神保持平靜虛寂，……2、
從性情關係上說，養生要清心寡欲，棄情反性。」牟鍾鑒：《呂氏春秋與淮南
子思想研究》，頁 228～229。
〔註100〕「三官交爭」本作「三宮交爭」。今本皆作宮，指人之官能，宮形近而誤。當
據改。

餐非不澹也〔註101〕，然而弗爲者，害於性也。此四者，耳目鼻口
不知所取去，心爲之制，各得其所。由是觀之，欲之不可勝，明矣。
凡治身養性，節寢處，適飲食，和喜怒，便動靜，内在己者得〔註
102〕，而邪氣自不生，豈若憂瘕疵之興痤疽之發〔註103〕，而豫備
之哉！〔註104〕

張立文云：「心和，是道的性質的體現。道作爲萬物本體，其本質就是虛靜
無爲，調和陰陽，生長萬物。由道產生的人心，亦要求清靜和平，以應萬變。
〔註105〕」就個人修養而言，當形體因感官嗜欲的過度追求而不協調時，最
重要的就是反性於初始清靜之貌。因此，首先必須要由心開始，因爲心爲形
之主，心是形體與器官的主宰，故《淮南》強調心必須先回到虛靜專一的狀
態，然後節寢處，適飲食，使身體回歸平靜，「使耳目精明玄達而無誘慕，
氣志虛靜恬愉而省嗜慾，五藏定寧充盈而不泄，精神內守形骸而不外越〔註
106〕」，如此心中精神便能安靜，形體中血氣也能條暢，心就不易受到情感的
影響而波動，邪氣就不會產生。〔註107〕

靜漠恬澹，所以養性也；和愉虛無，所以養德也。外不滑内，則性
得其宜，性不動和，則德安其位。養生以經世，抱德以終年，可謂

〔註101〕「飢而大餐非不澹也」本作「飢而大飡非不澹也」。楊樹達：「『飡』字誤，當
　　　　作『餐』。説文云：『餐，吞也。』」楊樹達：《淮南子證聞・鹽鐵論要釋》，頁
　　　　144。今從校改。
〔註102〕「内在己者得」本作「使在己者得」。何寧云：「『使在己者得』，『使』當爲
　　　　『内』。上文云：『耳目鼻口不知所取去，心爲之制，各得其所。』所謂『内』
　　　　即指心言之。曰『節寢處，適飲食，和喜怒，便動靜』，即心爲之制而内在
　　　　己者得也。若作『使在己者得』，則其義不明。……道藏本、中立本『使』
　　　　正作『内』。」何寧：《淮南子集釋》，中册，頁1016。今從校改。
〔註103〕「而邪氣自不生，豈若憂瘕疵之興痤疽之發」本作「而邪氣因而不生，豈若
　　　　憂瘕疵之與痤疽之發」。王念孫云：「『邪氣因而不生』本作『邪氣自不生』，
　　　　言治身養性皆得其道，則邪氣自然不生，非常恐其生而豫備之也。今本作『邪
　　　　氣因而不生』者，『自』誤爲『因』，……又案：『興』與『發』同義，各本『興』
　　　　誤作『與』，今據太平御覽引改。」（清）王念孫：《讀書雜志》，下册，頁896。
　　　　今從校改。
〔註104〕（漢）劉安：《淮南子》，卷十四〈詮言〉，頁106。
〔註105〕張立文：《心》，頁85。
〔註106〕（漢）劉安：《淮南子》，卷七〈精神〉，頁46。
〔註107〕陳麗桂云：「是以養生首當養心，詮言曰：『聖人勝心。』心得其養，則形、
　　　　神皆得其養。養之以何？曰：養之以專一。」陳麗桂：《淮南鴻烈思想研究》，
　　　　下册，頁187。

能體道矣。若然者，血脈無鬱滯，五藏無蔚氣，禍福弗能撓滑，非譽弗能塵垢，故能致其極。〔註108〕

修養工作最重要就是調節形體中血氣，使其不鬱積而條暢，五臟之中就不會有雜亂之氣，清靜的心性就不會被遮蔽，如此外在禍福毀譽就不會造成影響，這就是心性修養最極致的表現。由於本性之初是靜漠恬澹、和愉虛無的，因此回歸本性初始的狀態，就能使心境不受外物的干擾，天道在人身上最好的表現也能在適合的位置得到彰顯。若能明瞭此理使生命得到修養，必能體道終其天年。〔註109〕《淮南》藉此加強反性之初的過程與重要性。

原天命，治心術，理好憎，適情性，則治道通矣。原天命則不惑禍福，治心術則不妄喜怒〔註110〕，理好憎則不貪無用，適情性則欲不過節。不惑禍福則動靜循理，不妄喜怒則賞罰不阿，不貪無用則不害物性〔註111〕，欲不過節則養性知足。〔註112〕

金春峰云：「總之，《淮南子》主張自然的人性及其本性的復歸。〔註113〕」因此，《淮南》認為心的主宰作用是能否反性之初的關鍵，只要心能認知清靜之性的重要，「通洞條達，恬漠無事，無所凝滯，虛寂以待〔註114〕」，使精神存養盈滿於形體間，不被欲望、情感、禍福等外在因素遮掩，那麼一切勢利、巧辯、聲色、美惡等就不會動搖心志，依循自然天理調整心志，喜怒就不會

〔註108〕同註106，卷二〈俶真〉，頁16。

〔註109〕陳靜云：「《淮南子》說，健康的生活是以內樂外，而不是以外樂內，而知、欲、情恰好是受制于外物的牽領，所以，人如果希望過健康的生活，保持健康的身心狀態，就一定要去知、去欲、去情，以靜漠恬愉養性，以和悅虛無養德，這樣才能達到『養生以經世，抱德以終年』的目的。」陳靜：《自由與秩序的困惑——《淮南子》研究》，頁266。

〔註110〕「治心術則不妄喜怒」本作「治心術則不忘喜怒」。妄作忘，形近而誤，下文正作不妄喜怒則賞罰不阿，當據改。

〔註111〕「不貪無用則不害物性」本作「不貪無用則不以欲用害性」。王念孫云：「劉本無下『用』字，是也。此因上『用』字而衍。」于大成云：「韓詩外傳二：『原天命，治心術，理好惡，適情性，則治道畢矣。原天命則不惑禍福，不惑禍福則動靜脩。治心術則不妄喜怒，不妄喜怒則賞罰不阿。理好惡則不貪無用，不貪無用則不害物性。適情性則不過欲，不過欲則養性知足。四者不求於外，不假於人，反諸己而存矣』，淮南所祖也。」參見（清）王念孫：《讀書雜志》，下冊，頁893；于大成：《淮南鴻烈論文集》，下冊，頁925～926。今從韓詩外傳校改。

〔註112〕（漢）劉安：《淮南子》，卷十四〈詮言〉，頁104。

〔註113〕金春峰：《漢代思想史》，頁227。

〔註114〕同註112，卷二〈俶真〉，頁16。

妄增，分別好憎就能不生貪婪之心，調適情性就不會被欲望牽引。如此一來，自然天命就能如理流行，賞罰也不會混亂，嗜欲也不會損害本性，身心便能得以因修養而知足，達到天人合一「天地之間，宇宙之內，莫能夭遏〔註 115〕」的境界。〔註 116〕

三、學

> 且夫身正性善，發憤而成仁，帽憑而爲義，性命可說，不待學問而合於道者，堯、舜、文王也；沉醰耽荒，不可教以道，不可喻以德，嚴父弗能正，賢師不能化者，丹朱、商均也。曼頰皓齒，形夸骨佳，不待脂粉芳澤而性可說者，西施、陽文也；嗜膝哆噭，籧篨戚施，雖粉白黛黑弗能爲美者，嫫母、仳催也。夫上不及堯、舜，下不及商均，美不及西施，惡不若嫫母，此教訓之所俞也，而芳澤之所施。〔註 117〕

天道自然，故天性自然無爲，當天性落實到人身成爲人之本性時，亦是清靜專一的，因此《淮南》認爲只要反性之初，就能達天道境界。但在人性方面，《淮南》主張「性分三品」，將人性分爲上人之性、中人之性、下人之性。于大成云：「此處把人性分爲三等，也是就其天性之自然而分的。上智不必教，下愚不可教，中人可以上，可以下，教之則上躋於聖賢，不教則日趨於下流。這與孔子說的『唯上智與下愚不移』是一致的。〔註 118〕」

　　《淮南》以古人爲例：堯、舜、文王本身就爲賢聖之人，天資聰慧且不需外人教導就能合於天道，西施、陽文不需刻意打扮本身就體態就很優美，

〔註 115〕同註 112，卷二〈俶眞〉，頁 16。

〔註 116〕陶建國云：「因此《淮南子》強調人要反回虛靜無爲之本性，摒除一切外在誘因，返回純然之大道。」陶建國：《兩漢魏晉之道家思想》，頁 255。徐復觀云：「而體道之實，即是把由好憎而流放于外的性，恢復它（性）內在于生命之初的原有地位。所以『反諸性』是體道的眞實內容。」徐復觀：《兩漢思想史》第二冊，頁 141～142。

〔註 117〕同註 112，卷十九〈脩務〉，頁 146。

〔註 118〕于大成：《中國歷代思想家（四）──劉安》，頁 203。廖其發云：「《脩務訓》還提出性三品的觀點，……即有的人生來具備完善的善性，只要自己發憤積思就可以形成仁義等思想品質，而不需要接受外來的教育；有些人根本沒有接受教育的可能性；介于這兩種人之間的人能夠接受教育，也只有通過教育才能獲得知識，形成思想品質。」廖其發：《先秦兩漢人性論與教育思想研究》（重慶：重慶出版社，1999 年 12 月），頁 287～288。

這是不需要學習的，但如丹朱、商均本質粗劣，且沉酗耽荒，嫫母、仳倠本來就醜陋難看，這是靠後天學習也無法改善的，只要順其自然即可。因此只有「上不及堯、舜，下不及商均，美不及西施，惡不若嫫母」的中人才是可以教導、學習及變化氣質的對象。

> 是故聖人之學也，欲以反性於初，而游心於虛也。達人之學也，欲以通性於遼廓而覺於寂漠也。若夫俗世之學也則不然，擢德塞性，內愁五藏，外勞耳目，乃始招蛟振繽物之毫芒，搖消掉捎仁義禮樂，暴行越智於天下，以招號名聲於世。此我所羞而不爲也。〔註119〕

首先，《淮南》言俗世之學，俗世之學刻意要求勞動五臟耳目，追求毫末細微的事物，過度強調仁義禮智，以及施展智巧，導致本性遠離原本的自然狀態。其次，《淮南》舉出聖人與達人之學，兩者在學習上只求回歸本性自然，使心靈到達虛靜專一的境界，如此一來形氣神自然就能順暢表現，思慮判斷就會清晰，行事就不容易出錯。而這就是《淮南》所強調的。

> 今夫盲者，目不能別晝夜，分白黑，然而搏琴撫弦，參彈復徽，攫援摽拂，手若蔑蒙，不失一弦。使未嘗鼓瑟者，雖有離朱之明，攫掇之捷，猶不能屈伸其指。何則？服習積貫之所致。故弓待撒而後能調，劍待砥而後能利。玉堅無敵，鏤以爲獸，首尾成形，磑諸之功。木直中繩，揉以爲輪，其曲中規，隱栝之力。唐碧堅忍之類，猶可刻鏤，揉以成器用，又況心意乎！〔註120〕

《淮南》列舉出盲者無法看見事物，但只要肯學習，仍能彈出完美的曲子。另外弓必定要調整、劍必定要砥礪，才能變成好用的武器，木揉打爲輪、玉雕琢爲器，皆需要不斷努力學習並加以實踐，更何況是人的心志，「這說明人不僅需要教育，也是可以接受教育的。認爲人的天性是教育的基礎，而教育則是使人具備完善道德的必要條件，『故無其性，不可教訓；有其性，無其養，不能遵道』。〔註121〕」《淮南》藉此強調「學不可已〔註122〕」、「夫學，亦人之砥錫也〔註123〕」的重要性。

> 人之性有仁義之資，非聖人爲之法度而教導之，則不可使鄉方。故

〔註119〕（漢）劉安：《淮南子》，卷二〈俶真〉，頁15。
〔註120〕（漢）劉安：《淮南子》，卷十九〈脩務〉，頁148。
〔註121〕廖其發：《先秦兩漢人性論與教育思想研究》，頁287。
〔註122〕同註120，頁148。
〔註123〕同註120，頁147。

> 先王之教也，因其所喜以勸善，因其所惡以禁姦，故刑罰不用而威
> 行如流，政令約省而化燿如神。故因其性則天下聽從，拂其性則法
> 縣而不用。〔註124〕

除了外在知識技能的學習之外，《淮南》還相當重視是非判斷的學習，《淮南》
認爲人的本性合於天道故爲善，但若受外在嗜欲誘惑便會無法分辨事物善
惡，並作出違背道德的行爲。此時就必須要靠聖人所定的規範教導，順其所
喜勸導爲善，順其所惡禁止爲姦，使「中人」得以透過學習使心性清平回到
美善的境界。可見聖人的教導不是用刑罰威嚇人民，而是要順其不同的氣質
之性加以誘導，便能到達教化的效果。廖其發認爲聖人之學「即根據人們的
天性特徵來施行教育，會取得很好的教育效果，而違背人們的天性特徵，即
使用刑法威逼也沒有用處。〔註125〕」

《淮南》在修養論的部分，除了強調內在心性修養之外，向外學習的功
夫同樣也非常重要，人若能不斷的學習外在的知識技能與是非判斷，同時反
性之初，維持內心的平靜，便能使心性上同於天道並且到達天人是一的境界。

第六節　心性修養之展現

心性修養除了可運用在個人身上，更可擴大至社會、國家、軍隊，因爲
「養生治身的路徑同時也是治國經世的方法。因爲社會國家不過是人身的擴
充和放大。〔註126〕」若是爲政者也能體道而行，並使百姓修養心性，順天道
自然施政，國家就能安定無災，以虛靜專一之心領軍，將士就能齊心一致，
戰事必能無往不利。

一、政　治

> 主者，國之心。心治則百節皆安，心擾則百節皆亂。故其心治者，
> 支體相遺也；其國治者，君臣相忘也。〔註127〕

〔註124〕同註120，卷二十，〈泰族〉，頁153。

〔註125〕同註121，頁354～355。

〔註126〕胡奐湘：〈《淮南子》的人體觀和養生思想〉，收入楊儒賓主編《中國古代思想
　　　　中的氣論及身體觀》，頁512。劉長林云：「治身養生的路徑同時也是治國經
　　　　世的方法，因爲社會國家不過是人身的擴展和放大。」劉長林：《中國象科學
　　　　觀——易、道與兵、醫（修訂版）》，下冊，頁786。

〔註127〕（漢）劉安：《淮南子》，卷十〈繆稱〉，頁68。

　　在政治方面：一國之君就像一人之心一樣，扮演主宰的角色，因此君王只要能修養本性，反心於初，思慮就能清明，判斷就能精準，君王若能教育百姓，使百姓之心也能回到純善清靜的境界，社會自能安定〔註128〕，故《淮南》云：「民性善而天地陰陽從而包之，則財足而人贍矣，貪鄙忿爭不得生焉〔註129〕。」此外，《淮南》還舉「至人之治〔註130〕」為例：說明最高明的君王治理國家，絕對必須使心志與精神合而為一，形體與本性調和，或靜或動都能隨順自然天性而為，如此一來就能「洞然無為而天下自和，憺然無欲而民自樸〔註131〕」，百姓不被外在情勢所牽引，不受欲望、機祥、忿爭等影響，自給自足，天下安寧，這就是至人之治最理想的狀態。

二、軍　事

> 兵靜則固，專一則威，分決則勇，心疑則北，力分則弱。故能分人之兵，疑人之心，則錙銖有餘；不能分人之兵，疑人之心，則數倍不足。故紂之卒，百萬之心；武王之卒，三千人皆專而一。故千人同心則得千人力，萬人異心則無一人之用。……故將以民為體，而民以將為心。心誠則支體親刃〔註132〕，心疑則支體撓北。心不專一，則體不節動；將不誠必，則卒不勇敢。〔註133〕

　　李增云：「將領為一軍之心，心為體之主，體由心使。〔註134〕」在軍事方面：《淮南》認為將領若能反心之初，使心靈回到虛靜專一的境界，自然就能專注於戰事的判斷，肢體也會因心平氣和而能順利伸展，戰爭自能無往不利。《淮南》指出在戰爭時，兵卒專一齊心，便能使軍隊勇猛威武，不受外在環境干擾，將領專一心志，便能思慮清晰，勇敢果決，將士同心，便能齊心應戰獲得勝利。戴黍云：「『將』必須做到心誠，也即摒除私欲，才能使得『民』

〔註128〕劉長林云：「心身為國家的根基，心身治好，國家自然強盛。」劉長林：《中國象科學觀──易、道與兵、醫（修訂版）》，下冊，頁786。

〔註129〕同註127，卷八〈本經〉，頁52。

〔註130〕同註127，卷八〈本經〉，頁53。

〔註131〕同註127，卷八〈本經〉，頁53。

〔註132〕「心誠則支體親刃」本作「心誠則支體親劀」。王念孫：「親劀二字義不可通，……刃當為劀，寫者脫其半耳。……劀即親昵也，支體親昵謂從心也。」參見（清）王念孫：《讀書雜志》，下冊，頁904。今從校改。

〔註133〕（漢）劉安：《淮南子》，卷十五〈兵略〉，頁113。

〔註134〕李增：《淮南子》，頁318。

勇敢向前。〔註135〕」《淮南》並舉武王爲例，說明縱使有萬人軍隊，只要有一人無團結應敵之心，戰爭就不會成功。種種說明都在強調心境專一對戰爭的影響與重要性。

　　由以上可知，不論是在政治、軍事和個人修養方面，內在的修養都非常重要，只要能反心性於初，使心靈回到寂漠清靜的狀態，便能使血氣作用條暢，精神飽滿，筋骨肢體活動順利，任何事情就能迎刃而解，並且達到反璞歸眞，合於天道的境界。

〔註135〕戴黍：《淮南子治道思想研究》，頁 201。

第七章 結 論

　　《淮南》對後世思想發展有重要的影響，研究討論者也相當眾多，故以下就後世對《淮南》之批判與褒揚，以及其對後世所造成的影響，作一整理討論，希望能夠更加了解《淮南》在思想史上的地位。

第一節　後世批評與褒揚

一、批　評

　　後世對《淮南》的批評，主要針對其書內容博亂無章而論。自班固《漢書・藝文志》將其歸於雜家以來，許多學者便對其書主旨雜亂多所批判。高似孫《子略》云：

> 又讀其書二十篇，篇中文章無所不有，……所謂蘇飛、李尚、左吳、
> 田由、雷被、毛披、伍被、大山、小山諸人，各以才智辯謀，出奇
> 馳雋，所以其書駁然不一。〔註1〕

高似孫雖肯定其內容豐富無所不有，但也點出《淮南》全書內容主旨駁然不一，缺乏中心思想的缺點，高氏認為造成此因之由，在於全書為眾賓客共同撰著，導致各篇主題思想不一。劉績亦云：

> 右《淮南》一書，乃全取《文子》而分析其言，襍以《呂氏春秋》、
> 《莊》、《列》、《鄧析》、《慎子》、《山海經》、《爾雅》諸書，及當時

〔註1〕　（宋）高似孫：《史略・子略》（臺北：廣文書局有限公司，1968年3月，《書目續編》），卷四，頁149。

　　　　　　所召賓客之言，故其文駁亂，序事自互舛誤。〔註2〕

劉績認爲《淮南》全書雜取先秦以降眾書思想內容，再加上經由眾家賓客共
同創作撰寫，造成內容思想雜亂並且相互牴觸。除此之外，《淮南》書中以陰
陽五行思想對天道宇宙創生過程及其內容作許多闡釋，因此有學者指出此爲
後世迷信思想之先河。王云度云：

　　　不過，嚴格地講，《淮南子》的宇宙論並不科學，還存在宇宙有始
　　　的觀點；在將陰陽學說同氣化理論結合時，也接受了陰陽家的「氣
　　　類相感論」，使其唯物主義理論體系中包含有神秘的雜質。這是劉
　　　安迷信方術的思想根源，也是《淮南子》後來成爲道教經典的內在
　　　因素。〔註3〕

王云度提出由於書中充滿陰陽五行以及氣類相感思想，導致後世迷信方術等
思想興起，甚至成爲道教思想的根源。縱然學者對《淮南》全書內容提出許
多批評，但仍無損此書的地位，而且後世也對其書無中心思想一點提出了不
同的意見。至於迷信之說，陰陽五行在《淮南》書中被視爲天道運行所產生
的規則系統，因此它以陰陽五行觀對萬物生成、天文、地理、時令、曆法等
變化提出詮釋，希望透過陰陽五行之氣生勝之理找出天道運行規律，提供君
主施政行事參考。

二、褒　揚

　　關於《淮南》一書內容雜亂無章，無中心思想一點，後世已有學者對此
表達不同意見。劉知幾云：

　　　昔漢世劉安著書，號曰《淮南子》。其書牢籠天地，博極古今，上自
　　　太公，下至商鞅。其錯綜經緯，自謂兼於數家，無遺力矣。〔註4〕

劉知幾站在肯定的立場，說明《淮南》全書內容思想包羅萬有，且對眾家思
想兼容並蓄，而《淮南》一書之中心思想，後世學者大多認爲應屬道家思想。
〔註5〕胡適云：

〔註2〕　何寧：《淮南子集釋》，下冊，〈淮南鴻烈解二十八卷弘治王溥刻本劉績題識〉，
　　　　頁1504。
〔註3〕　王云度：《劉安評傳》，頁271。
〔註4〕　（唐）劉知幾、（清）浦起龍釋：《史通通釋》（臺北：里仁書局，1980年9
　　　　月），卷十〈自敘〉，頁291。
〔註5〕　詳說參見本文第二章〈劉安生平與思想淵源〉，頁20～25。

道家集古代思想的大成，而《淮南王書》又集道家的大成。道家兼收

并蓄，但其中心思想終是那自然無爲而無不爲的「道」。〔註6〕

胡適不但言《淮南》爲道家思想的著作，更是讚揚其以道家思想爲主，並兼容眾家之長，成爲一部集道家思想大成之著作。王云度云：

《淮南子》集古代思想之大成，開後世學術之先聲，具有承上啓下
的學術地位。……道家在先秦諸子中最注重哲學思維，以道家學術
爲主的《淮南子》無論在本體論、方法論和認識論等方面都將中國
古代哲學推向了一個高峰。〔註7〕

于大成亦云：

淮南王書，紀綱道德，總統仁義，籠天地于形內，挫萬物于筆嵩。
因陰陽之大順，采儒、墨之善，撮名、法之要，而成一家之言。班
史列之雜家，後世接武呂覽。論其義著瞻富，文信奚足方駕！言其
條貫縣密，淮南宜稱絕論。〔註8〕

由此可知，後世學者大多肯定其書在思想史上的地位，言其承上兼容先秦眾家學術之要而成一家之言，啓下以陰陽五行之氣描繪天道運行創生之理，同時並以道家思想融會各家學說，在思想上有著承先啓後之功。

第二節　後世影響

《淮南》繼承戰國以來的氣論思想，並且加以發揮，形成一個龐大的氣化整體觀，對同時期與後世思想皆產生重大的影響，以下根據朝代，對《淮南》一書所造成的影響作一整理。

一、漢　代

（一）董仲舒

董仲舒（176～104B.C.）廣川人，《史記‧儒林列傳第六十一》云：「以治春秋，孝景時爲博士。〔註9〕」《漢書‧董仲舒傳第二十六》云：「仲舒所著，

〔註6〕 胡適：《中國中古思想史長篇》（合肥：安徽教育出版社，2006 年 8 月），頁
109。

〔註7〕 王云度：《劉安評傳》，頁 270。

〔註8〕 于大成：《淮南鴻烈論文集》，上冊，頁 69。

〔註9〕 （漢）司馬遷撰、（宋）裴駰集解：《史記》，冊二，卷一百二十一，頁 1277。

皆明經術之意，及上疏條教，凡百二十三篇。而說春秋事得失，聞舉、玉杯、
蕃露、清明、竹林之屬，復數十篇，十餘萬言，皆傳於後世。〔註 10〕」此處
言「治春秋」、「說春秋事得失」即指《春秋繁露》，此書今有偽書爭議，但此
處不論，不過後世皆將《春秋繁露》視作董仲舒之著作，故此根據《繁露》
內容討論其與《淮南》之間的影響關係。《春秋繁露‧卷第十三‧治水五行第
六十一》：

> 日冬至，七十二日木用事，其氣燥痡而青，七十二日火用事，其氣
> 慘陽而赤；七十二日土用事，其氣溼痡而黃；七十二日金用事，其
> 氣慘淡而白；七十二日水用事，其氣清寒而黑；七十二日復得木。
> 木用事，則行柔惠，誕群禁，至於立春，出輕繫，去稽留，除桎梏，
> 開門闔，通障塞，存幼孤，矜寡獨，無伐木。火用事，則正封疆，
> 循田疇，至于立夏，舉賢良，封有德，賞有功，出使四方，無縱火。
> 土用事，則養長老，存幼孤，矜寡獨，賜孝悌，施恩澤，無興土功。
> 金用事，則修城郭，繕牆垣，審群禁，飭甲兵，警百官，誅不法，
> 存長老，無焚金石。水用事，則閉門闔，大搜索，斷刑罰，執當罪，
> 飭梁關，禁外徙〔註11〕，無決池隄。〔註12〕

此以五行之氣的特質對節氣與用事的規律準則作出詮釋，其目的在藉由天道
間五行之氣運轉規則的建立，對天地萬物以及人事變化作出說明，希望替君
王施政行事提出規範。而此段敘述與《淮南‧天文》五行時令之內容幾乎相
同。另外如《春秋繁露‧卷第十四‧治亂五行第六十二》：

> 火干木，蟄蟲蚤出，蚿雷蚤行〔註13〕；土干木，胎夭卵毈，鳥蟲多
> 傷；金干木，有兵；水干木，春下霜。土干火，則多雷；金干火，

〔註10〕（漢）班固撰、（唐）顏師古注、（清）王先謙補注：《漢書補注》，冊二，卷
五十六，頁 1173。

〔註11〕「徙」本作「陡」。此為形近之誤，今根據《淮南‧天文》：「壬子受制，則閉
門闔，大搜客。斷罰刑，殺當罪，息關梁，禁外徙。」注：「水用事，象冬閉
固，故禁外徙也。」校改。

〔註12〕（漢）董仲舒撰、蘇輿義證：《春秋繁露義證》（北京：中華書局，2002 年 8
月），頁 381～382。

〔註13〕「蚿雷蚤行」本作「雷蚤行」。注：「案他本下有蚿字」。（漢）董仲舒撰：《春
秋繁露》（臺北：臺灣商務印書館，1975 年 6 月，《四部叢刊》初編經部據上
海商務印書館縮印武英殿聚珍版本），頁 75。今據補。蘇輿注：「盧云：蚿，
疑當作眩，謂電光也。」說見（漢）董仲舒撰、蘇輿義證：《春秋繁露義證》，
頁 383。

草木夷；水干火，夏雹；木干火，則地動。金干土，則五穀傷有殃；
水干土，夏寒雨霜；木干土，倮蟲不爲；火干土，則大旱。水干金，
則魚不爲；木干金，則草木再生；火干金，則草木秋榮；土干金，
五穀不成。木干水，冬蟄不藏；土干水，則蟄蟲冬出；火干水，則
星墜；金干水，則冬大寒。〔註14〕

此段《繁露》描述五行干犯所產生的種種異象，此亦與《淮南‧天文》的描述相似，不過《淮南》則是將五星取代其五行的說法，明確指出此爲五星運行干犯時會產生的災異。透過這兩段敘述可知，《淮南》與《繁露》在五行生勝次序以及五行用事與災異的說法相近，又劉安與董仲舒兩人所處時代相同，故兩書中相似的說法，當爲漢初相當流行的觀念，因此才會造成兩書五行思想相互影響的狀況。

（二）司馬遷

司馬遷（145～86B.C.）字子長，馮翊夏陽人，司馬遷有《史記》，班固言其書目的「凡百三十篇，亦欲以究天人之際，通古今之變，成一家之言。〔註15〕」《史記》當中除了記載歷代帝王、諸侯、名人的傳記之外，還整理了許多天文、曆法等相關知識，而這些內容與《淮南‧天文》間有密切的關係。《史記‧卷二十七‧天官書第五》：

察日、月之行以揆歲星順逆。曰東方木，主春，日甲乙……察剛氣
以處熒惑。曰南方火，主夏，日丙丁。……歷斗之會以定填星之位。
曰中央土，主季夏，日戊己，黃帝主德，女主象也。……察日行以
處位太白。曰西方，秋，司兵，月行及天矢，日庚辛，主殺。……
察日辰之會，以治辰星之位。曰北方水，太陰之精，主冬，日壬癸。

〔註16〕

此爲〈天官書〉中的五星架構，司馬遷以五行作爲記載五星的規範，其中內容除了以五行將五星、方位、季節、干支等加以連結之外，他更將五星運行規律、五星災異以及一年太歲之歲名等紀錄都納入五星架構當中，形成完整的五星系統，而這些皆是根據《淮南‧天文》當中對五星的記載以及後來更

〔註14〕 （漢）董仲舒撰、蘇輿義證：《春秋繁露義證》，頁383～384。

〔註15〕 （漢）班固撰、（唐）顏師古注、（清）王先謙補注：《漢書補注》，卷六十二〈司馬遷傳第三十二〉，頁1257。

〔註16〕 （漢）司馬遷撰、（宋）裴駰集解：《史記》，冊一，頁516～521。

精確的天文觀察數據所組織完成的。除了天文，在與曆法相關的內容詮釋上，也可看到〈天文〉的影響。《史記・卷二十五・律書第三》：

> 亥者，該也。言陽氣藏於下，故該也。……子者，滋也。……丑者，紐也。……寅言萬物始生蝡然也。……卯之爲言茂也。……辰者，言萬物之蜄也。……巳者，言陽氣之已盡也。……午者，陰陽交，故曰午。……未者，言萬物皆成，有滋味也。……申者，言陰用事，申賊萬物，故曰申。……酉者，萬物之老也，故曰酉。……戌者，言萬物盡滅，故曰戌。〔註17〕

此爲司馬遷以陰陽二氣消長釋十二地支名稱的由來，此亦與〈天文〉當中對十二地支的描繪大致相同，由此則可看出《史記・律書》對〈天文〉內容亦有所繼承。自《史記》以降，後代史書中關於天文曆律方面的相關記載與敘述〔註18〕，皆可看出《淮南・天文》內容深遠的影響。

（三）揚　雄

揚雄（53～18B.C.）字子雲，蜀郡成都人，《漢書・揚雄傳第五十七下》：「顧而作太玄五千文，支葉扶疏，獨說十餘萬言，深者入黃泉，高者出蒼天，大者含元氣，纖者入無倫，然而位不過侍郎，擢纔給事黃門。〔註19〕」揚雄著述甚多，其中又以《太玄》最爲特殊且爲最能表現其氣論思想之著作。《太玄》仿《易》而作，旨在說明元氣所生世界之規律，並藉由《太玄》贊辭之吉凶對處世禍福作出提醒。《淮南》對《太玄》的影響，則多爲對天道運行規律的部分。《太玄・卷八》：

> 三八爲木，爲東方，爲春，日甲乙，辰寅卯，聲角，色青，味酸，

〔註17〕 同註16，頁491～492。

〔註18〕 例如：《漢書・卷二十一下・律曆志第一下・歲術》：「角十二，亢九，氐十五，房五，心五，尾十八，箕十一，東七十五度。斗二十六，牛八，女十二，虛十，危十七，營室十六，壁九，北九十八度。奎十六，婁十二，胃十四，昴十一，畢十六，觜二，參九，西八十度。井三十三，鬼四，柳十五，星七，張十八，翼十八，軫十七，南百一十二度。」（漢）班固撰、（唐）顏師古注、（清）王先謙補注：《漢書補注》，冊一，頁436。《宋書・卷十一・律志》：「道始於一，一生二，二生三，三而九，故黃鐘之數六，分而爲雌雄十二鐘，鐘以三成，故置一而三之，凡積分十七萬七千一百四十七爲黃鐘之實」。（南朝梁）沈約：《宋書》百卷（全二冊）（臺北：藝文印書館，1956年，據清乾隆武英殿刊本景印），冊一，頁104～105。等等皆受《淮南・天文》之影響。

〔註19〕 （漢）班固撰、（唐）顏師古注、（清）王先謙補注：《漢書補注》，卷八十七下，頁1534。

臭膻，形訕信，生火，勝土，時生，藏脾……帝太昊，神勾芒，星從其位，類爲鱗……四九爲金，爲西方，爲秋，日庚辛，辰申辛，聲商，色白，味辛，臭腥，形革，生水，勝木，時殺，藏肝……帝少昊，神蓐收，星從其位，類爲毛……二七爲火，爲南方，爲夏，日丙丁，辰巳午，聲徵，色赤，味苦，臭焦，形上，生土，勝金，時養，藏肺……帝炎帝，神祝融，星從其位，類爲羽……一六爲水，爲北方，爲冬，辰子亥，聲羽，色黑，味鹹，臭朽，形下，生木，勝火，時藏，藏腎……帝顓頊，神玄冥，星從其位，類爲介……五五爲土，爲中央，爲四維，日戊己，辰辰未戌丑，聲宮，色黃，味甘，臭芳，形殖，生金，勝水，時該，藏心……帝黃帝，神后土，星從其位，類爲裸。五行用事者王，……其在聲也，宮爲君，徵爲事，商爲相，角爲民，羽爲物。其以爲律呂也，黃鍾生林鍾，林鍾生太蔟，太蔟生南呂，南呂生姑洗，姑洗生應鍾，應鍾生蕤賓，蕤賓生大呂，大呂生夷則，夷則生夾鍾，夾鍾生无射。无射生仲呂。

〔註20〕

此段《太玄》言五行用事之規律，其以五行生數將方位、季節、干支、音律等等作出歸納，藉此論述天道運行之規律，最後並以五音配上五事，強調五行次序爲君王行事之準則，而此便是從《淮南》五星系統加以推衍而成。而其關於五行生勝、音律次序與天文觀等看法，亦皆有承自《淮南・天文》對天文所作的描繪。

（四）王　充

王充（27～？）字仲任，會稽上虞人，爲東漢初年重要的思想家，《後漢書・王充王符仲長統列傳第三十九》云：「充好論說，始若詭異，終有理實。以爲俗儒守文，多失其眞，乃閉門潛思，絕慶弔之禮，戶牖牆壁各置刀筆。箸論衡八十五篇，二十餘萬言，釋物類同異，正時俗嫌疑。〔註21〕」王充著《論衡》目的在藉由論述物類之理序，破除俗世虛妄不實的觀念。而王充《論衡》的撰寫過程中，《淮南》對其產生不小影響。

〔註20〕（漢）揚雄撰、（宋）司馬光集注、劉韶軍點校：《太玄集注》（北京：中華書局，2005年3月），頁195～200
〔註21〕（南朝宋）范曄撰、（唐）李賢注、（清）王先謙集解：《後漢書集解》，卷四十九，頁585。

> 淮南之國，在地東南，如審升天，宜舉家先徙崑崙〔註22〕，乃得其
> 階；如鼓翼邪飛，趨西北之隅，是則淮南王有羽翼也。今不言其徙
> 之崑崙〔註23〕，亦不言其身生羽翼，空言升天，竟虛非實也。〔註24〕

此爲王充藉言淮南王安成仙之事，說明人無法成仙升天之實，由此可知淮南
王成仙傳說東漢已很流行，除此之外，《淮南》書中所載文字亦常被王充《論
衡》引用。《論衡·卷十一·談天篇》：

> 儒書言：共工與顓頊爭爲天子，不勝，怒而觸不周之山，使天柱折，
> 地維絕。女媧銷煉五色石以補蒼天，斷鼇足以立四極。天不足西北，
> 故日月移焉；地不足東南，故百川注焉。……與人爭爲天子，不勝，
> 怒觸不周之山，使天柱折，地維絕，有力如此，天下無敵。〔註25〕

《論衡》此處所描繪共工與顓頊的故事，即脫胎自《淮南·天文》之文，且
《淮南》原文本作「天柱折，地維絕」，今據向宗魯校作「天維絕，地柱折」。
而《論衡》所用疑受《淮南》影響而誤。此外，《論衡·談天第三十一》：

> 說易者曰：「元氣未分，渾沌爲一。」儒書又言：「溟涬濛澒，氣未
> 分之類也。及其分離，清者爲天，濁者爲地。」……天地，含氣之
> 自然也。〔註26〕

王充言天地未形之前爲渾沌元氣，元氣間清者爲天，濁者爲地，且天地間萬
物皆爲含氣之自然所化生，此與《淮南》言宇宙生元氣，元氣間清揚者爲天，
重濁者爲地的觀念相近，但《淮南》認爲道才是最高本體。由此可知，《論衡》
除了文句上對《淮南》多所徵引之外，其氣論思想更是在《淮南》元氣的基
礎上，發展出自然元氣論。

　　此外，東漢末年，道教產生，道教講求長生不死、得道成仙，「要成爲神
仙必須得道。道教的得道方術分爲外練內修兩部分，即通常所說的外丹術與
內丹術。……『內丹』是以人體爲『爐鼎』，以體內的『精』、『氣』爲藥物，

〔註22〕 「徙」本作「從」。黃暉云：「『從』當作『徙』，二字形近，又涉上文『從崑
　　　　崙上』而誤。」說見（漢）王充著、黃暉校釋：《論衡校釋（附劉盼遂集解）》
　　　　（全四冊）（北京：中華書局，2006 年 12 月），冊二，卷七〈道虛篇〉，頁
　　　　319。
〔註23〕 「徙」本作「從」。說同註22。
〔註24〕 同註22，卷七〈道虛篇〉，頁319。
〔註25〕 同註22，頁 469～470。
〔註26〕 （漢）王充著、黃暉校釋：《論衡校釋（附劉盼遂集解）》，冊二，卷十一，頁
　　　　472。

通過『吐故納新』，使精氣神凝，……故稱做『內丹』。〔註27〕」由於《淮南》在修養方面講求寡欲反性之初，又云：「若吹呴呼吸，吐故內新，熊經鳥伸，鳧浴蝯躩，鴟視虎顧，是養形之人也，不以滑心。〔註28〕」《淮南》中講求保養形氣神，與道教養生之術相近，因此被視爲是道教的淵源。而道教的發展自漢末興，至唐代大盛，氣論思想更對道教思想及其著作中產生極大的影響。

二、唐　宋

　　唐代氣論思想的代表爲柳宗元（773～819）與劉禹錫（772～842），兩人的氣論思想皆受《淮南》氣化天道論之影響。宋代更是氣論思想盛行的時代，並開啓明清氣論思想的發展。以下簡述《淮南》氣論思想對唐宋思想家之影響。

（一）柳宗元

　　彼上而玄者，世謂之天；下而黃者，世謂之地；渾然而中處者，世謂之元氣；寒而暑者，世謂之陰陽。〔註29〕

柳宗元認爲「厖昧革化，惟元氣存〔註30〕」，故元氣爲宇宙最高本體，且天地形成之後，元氣繼續實存於天地間，並透過其中陰陽二氣「吁炎吹冷，交錯而動〔註31〕」的生生作用創造萬物。此受《淮南》道生宇宙，宇宙間所蘊含的陰陽二氣化生萬物的觀念影響。

（二）劉禹錫

　　濁爲清母，重爲輕始。兩儀既位，還相爲庸。噓爲雨露，噫爲雷風。乘氣而生，群分匯從，植類曰生，動類曰蟲。倮蟲之長，爲智最大，能執人理，與天交勝，用天之利，立人之紀。綱紀或壞，復歸其始。
　　〔註32〕

劉禹錫則認爲氣分清濁、輕重，氣中清濁相互調和，化生萬物。李霞云：「唐

〔註27〕楊有禮：《新道鴻烈：淮南子與中國文化》，頁217。
〔註28〕（漢）劉安：《淮南子》，卷七〈精神〉，頁48。
〔註29〕（唐）柳宗元：《柳宗元集》（全二冊）（臺北：頂淵文化事業有限公司，2002年9月），冊一，卷十六〈天說〉，頁442。
〔註30〕同註29，卷十四〈天對〉，頁365。
〔註31〕同註29，卷十四〈天對〉，頁365。
〔註32〕（唐）劉禹錫著、瞿蛻園箋證：《劉禹錫集箋證》（全三冊）（上海：上海古籍出版社，1989年12月），上冊，卷五，〈天論下〉，頁145。

代柳、劉的元氣論就其形態來說，仍屬於宇宙生成論或曰氣原論；就其思想淵源來說，主要是來自於秦漢道家。〔註33〕」且觀兩人之說，其對氣有清濁的特質，以及元氣爲宇宙間最基礎的生化作用，和萬物皆爲氣化生生，而人最尊貴等觀點，皆是繼承《淮南》以來的氣論思想。

（三）張　載

而關於氣論思想的討論，至宋代又達一高峰，許多學者皆有其獨到的氣論觀點，其中重要的代表爲張載（1020～1077）。張載《正蒙·太和篇第一》云：

> 太虛無形，氣之本體，其聚其散，變化之客形爾。……太虛不能無氣，氣不能不聚而爲萬物，萬物不能不散而爲太虛。……知虛空即氣，則有無、隱顯、神化、性命通一無二，顧聚散、出入、形不形，能推本所從來，則深於易者也。〔註34〕

李霞云：「張載又對莊子的氣有聚散說及《淮南子》以『虛霩』論氣的思想加以提煉，將秦漢時期的氣本原論發展到氣本體論的新形態。〔註35〕」李霞認爲張載當中太虛即氣的觀念，是由《淮南》：「太始生虛霩〔註36〕，虛霩生宇宙，宇宙生元氣〔註37〕」中虛霩的概念而來。

三、明　清

氣論思想仍爲明清思想家所關注的重點〔註38〕，許多思想家相繼提出自

〔註33〕 李霞：《道家與中國哲學（明清卷）》（北京：人民出版社，2005 年 5 月），頁 225～226。

〔註34〕 （宋）張載：《張載集》（臺北：漢京文化事業有限公司，2004 年 3 月），頁 7～8。

〔註35〕 李霞：《道家與中國哲學（明清卷）》（北京：人民出版社，2005 年 5 月），頁 226。

〔註36〕 「太始生虛廓」景宋本作「道始于虛霩。」王引之云：「『道始於虛霩』當作『太始生虛霩』，即承上文『太始』而言。」說見（清）王念孫：《讀書雜志》，下冊，頁 785。今從校改。

〔註37〕 （漢）劉安：《淮南子》，卷三〈天文〉，頁 18。

〔註38〕 根據王俊彥分析歸納，明代氣學討論共可分四大類：（一）以氣爲本：以吳廷翰、呂坤、高拱等爲代表；（二）理氣是一：以薛瑄、黃潤玉、羅欽順、魏校等爲代表；（三）心理氣是一：以湛若水、呂柟、高攀龍、劉宗周；（四）由易說氣：以崔銑、韓邦奇、孫應鰲等爲代表。詳說參見王俊彥：《王廷相與明代氣學》（臺北：秀威資訊科技股份有限公司，2005 年 10 月），第貳篇〈明代之氣學思想〉，頁 225～440。

己對氣論的看法，氣論思想大盛。以下簡述《淮南》氣論思想對明清思想家
之影響。

（一）王廷相

王廷相（1474～1544），字子衡，號浚川，別號平崖，世稱浚川先生。其
明代重要的氣論思想家，《王廷相集‧慎言》有云：

> 天者，太虛氣化之先物，地不得而並焉。天體成，則氣化屬之天。
> 故太虛真陽之氣感於太虛真陰之氣，一化而爲日星雷電，一化而爲
> 月雲雨露，則水火之種具矣。〔註39〕

王俊彥云：「王廷相以太虛之氣爲最高本體，其中只有陰陽兩種相生作用之性
質，其中並無層次之分別。此即《淮南子》之道，但一由氣說本體，一由道
說本體。……兩家皆將日月星辰視爲天的內容。只是一者陰陽由元氣直貫下
來，陰陽是通貫有無的；一者陰陽則是有宇宙而後有者，只存於形下界。王
廷相由火水蒸成土而有地，說地在天之後，此與《淮南子》天先地後主張同。
〔註40〕」由此可看出，其氣化宇宙生成觀中有許多觀念都承襲《淮南》對宇
宙生成的討論。

（二）戴 震

清代思想家也將氣論視爲重要關注的目標，此舉戴震（1723～1777）之
說爲代表。《孟子字義疏證‧卷上‧理》云：

> 明理義之悅心，猶味之悅口，聲之悅耳，色之悅目之爲性。味也，聲
> 也，色也，在物而接於我之血氣；理義在事而接於我之心知。〔註41〕

血氣心之爲戴震相當特殊的氣論觀點，王俊彥云：「從氣化來說氣化有創造的
能力，賦予人身自能具有創造或認識能力的心知，而所謂的聲、色、臭、味
都是人之血氣的表現，故同爲血氣的心與血氣之聲、色、臭、味應該是能相
通的。……心知是氣化流行本具的彼此感通知作用，理義則是氣化流行之生
生理序，故理義雖爲在外之事，心爲在內之知，但二五之本質相同，所以在
內之心知可通在外之事理，實則只是氣化整體中，不同時空位階的互相認知

〔註39〕 （明）王廷相：《王廷相集》（北京：中華書局，1989 年 9 月），頁 849。

〔註40〕 王俊彥：《王廷相與明代氣學》（臺北：秀威資訊科技股份有限公司，2005 年
10 月），頁 16。

〔註41〕 （清）戴震：《孟子字義疏證》（臺北：世界書局，1974 年 7 月），卷上〈理〉，
頁 31。

與互相呼應,故可說理義接於心知。〔註42〕」由此可知,《淮南》對血氣及心志的討論對戴震血氣心知的觀念產生,有重要的影響。

藉由上述討論可發現,氣論思想自戰國末年產生以來,至秦漢氣化宇宙觀思想大盛,東漢末道教產生,提倡修身養氣,以至唐宋明清,氣論思想一脈相承,而《淮南》的氣論思想,皆在其中扮演重要的角色。

第三節　結　語

綜觀上述本文對《淮南》氣論思想的討論,可歸納出幾個重點:

一、《淮南》的氣論思想由道開展,道為《淮南》全書思想的最高形上本體,因此首篇即論〈原道〉,高誘注云:「原,本也。本道根真,包裹天地,以歷萬物,故曰原道。〔註43〕」可知道為天地本原,而氣是道中蘊含的關鍵元素,宇宙生元氣,故氣為蘊含於宇宙中最根源的本體,同時氣中陰陽兩種相對的作用相互調和,化生萬殊物類,天道間自然的規律,如四時、十二月、二十四節氣等等,也是透過陰陽二氣的消長變化比例而輪轉無窮,周而復始。《淮南》中雖標舉道的地位,但文字當中也透露出氣化作用的重要性,也正因為氣流動於形上道體與形下萬物之間,具有溝通上下的特殊性,因此使道的作用不再虛玄恍惚,氣中有道、道在氣中,道是真實的存在於天地萬物之間,透過氣化作用生生不息。

二、自然天道間一切秩序,《淮南》皆以陰陽五行之氣建構,其中以〈天文〉、〈地形〉〈時則〉最具代表性。此三篇之內容,明顯皆以陰陽五行之氣作為天道變化的準則,舉凡道生萬物的過程,日月星辰、山川地貌、蟲魚鳥獸的產生,天道運行次序,甚至曆法、時序、節氣、音律的輪轉,以及人的精神形體心性的變化,宇宙間天地人等所有事物,皆是由陰陽五行之氣不同比例的調和創生所建構而成。因此透過了解陰陽五行氣化規律便成為《淮南》當中的重點,為了掌握天道的變化,《淮南》整理分析了宇宙間陰陽五行相生相勝的種種系統,企圖藉由認識掌握陰陽五行生剋的變化,進一步預測天道

〔註42〕 王俊彥:〈戴震的氣化整體觀〉,收入中國文化大學中國文學系中國文學組,中國文大學中國文學系文藝創作組,中國文化大學中國文學研究所編輯《金榮華教授七秩華誕祝壽論文集》(臺北:萬卷樓圖書有限公司,2007 年),頁155。

〔註43〕 (漢)劉安:《淮南子》,卷一〈原道〉,頁2。

循環的規律，同時藉由說明陰陽五行系統具有輪轉不息的特色，展現氣化天道同樣具有生生無限的特色。此外，陰陽五行之氣被視爲天道創生的秩序，萬物皆依自然理序生長變化，故百姓必須因循此理耕種行事，人君更需遵循天道自然之理施政。若是違反此天道規律，天地間就會因爲陰陽五行之氣失去平衡而產生災禍異象，譴告人君。

　　三、氣類相感與天人感應爲漢代流行之說，《淮南》中更強調其重要性。《淮南》認爲「夫天地運而相通，萬物摠而爲一〔註44〕」，萬物皆由天道陰陽五行之氣不同比例所創生，天地萬物皆一氣流行，因此相同氣類事物便能相互感應，互相影響。而天道所生萬物又人最爲尊貴，因爲人爲天地之精氣所生，因此天人相類故人可與天相互感應。《淮南》認爲不論是百姓或人君皆可與天感應，尤其是人君，人君施政若違逆天道間陰陽五行之氣的理序，天就會降下災禍提出警告，相反地，人君若能遵循自然天道變化行政處事，天道就會回應合宜的節候使萬物順利生長、農作豐收、社會上無災難產生。

　　四、形體與心性間的運行和溝通，皆是氣化作用的展現。《淮南》認爲組成人最重要的元素爲形氣神，形爲肢體孔竅與臟器，氣爲流動於形體間最精華的物質，又稱爲血氣，神爲心靈生生的作用，又稱爲精神。三者皆由天道所生，且以心志生生神妙的主宰認知判斷作用最爲重要，因此只要心知作用能遵循天道自然規律，形氣神能順利運作，使人生達到清靜平和的境界。「人生而靜，天之性也〔註45〕」，人爲天地之精氣所生，因此《淮南》主張人皆稟受天道自然本性而生，天性是清淨無爲的，但人性有各種可能性，一但人性受外界影響就容易產生各種情緒，破壞心靈的平和，此時就需要靠修養工夫使人回到天性最自然調和的狀態。因此，《淮南》相當強調修養與學習的重要，《淮南》認爲只有一般凡人可以透過心性修養與學習工夫，達到保養形氣神以及反性於初、不受外在誘惑的狀態。

　　五、《淮南》創作的目的在「經古今之道，治倫理之序，總萬方之指，而歸之一本，以經緯治道，紀綱王事。〔註46〕」因此，《淮南》以氣論思想描繪天道運行次序、萬物創生過程以及人生命修養的內容，皆是爲了透過了解與建構以陰陽五行組成的氣化世界及其生生規律，替君王提供施政與行事的依

〔註44〕　（漢）劉安：《淮南子》，卷七〈精神〉，頁46。
〔註45〕　同註44，卷一〈原道〉，頁4。
〔註46〕　同註44，卷二十一〈要略〉，頁162。

據與準則,並強調君王須遵循自然無爲天道規律的重要。

　　因此本文希望藉由對《淮南》氣論思想全面的探討與分析,能將道與氣的關係,以及氣爲宇宙萬物最根源的本質、萬物創生變化與輪轉無窮的特性完整表現,同時藉由《淮南》中道落實於天地間所產生具體卻又具有無限義涵的世界與規律,傳達出漢代貫通有無、包羅萬有的氣化整體觀。

引用文獻

一、古籍（採四部分類法，每類之著作，均依時代先後排比）

（一）經

1. 《周易正義》十卷，（魏）王弼、（晉）韓康伯注、（唐）孔穎達等正義，臺北：藝文印書館《十三經注疏》本，2001 年 12 月。

2. 《尚書正義》二十卷，（漢）孔安國傳、（唐）孔穎達等正義，臺北：藝文印書館《十三經注疏》本，2001 年 12 月。

3. 《毛詩正義》七十卷，（漢）毛公傳、鄭玄箋、（唐）孔穎達正義，臺北：藝文印書館《十三經注疏》本，2001 年 12 月。

4. 《禮記正義》六十三卷，（漢）鄭玄注、（唐）孔穎達正義，臺北：藝文印書館《十三經注疏》本，2001 年 12 月。

5. 《春秋左傳正義》六十卷，（周）左丘明傳、（晉）杜預注、（唐）孔穎達正義，臺北：藝文印書館《十三經注疏》本，2001 年 12 月。

6. 《春秋繁露義證》，（漢）董仲舒撰、蘇輿義證，北京：中華書局，2002年 8 月。

7. 《論語注疏》二十卷，（魏）何晏等注、（宋）邢昺疏，臺北：藝文印書館《十三經注疏》本，2001 年 12 月。

8. 《爾雅注疏》十卷，（晉）郭璞注、（宋）邢昺疏，臺北：藝文印書館《十三經注疏》本，2001 年 12 月。

9. 《孟子注疏》十四卷，（漢）趙岐注、（宋）孫奭疏，臺北：藝文印書館《十三經注疏》本，2001 年 12 月。

10. 《孟子字義疏證》，（清）戴震著，臺北：世界書局，1974 年 7 月。

11. 《說文解字注》，（漢）許慎撰、（清）段玉裁注，臺北：洪葉文化事業有限公司據經韻樓藏版影印，2001 年 10 月。

（二）史

1. 《史記》一百三十卷（全二冊），（漢）司馬遷撰、（宋）裴駰集解，臺北：藝文印書館據清乾隆武英殿刊本景印，2005 年 2 月。

2. 《漢書補注》一百卷（全二冊），（漢）班固撰、（唐）顏師古注、（清）王先謙補注，臺北：藝文印書館據清光緒庚子春日長沙王氏校刊本，1996 年 8 月。

3. 《後漢書集解》一百二十卷（全二冊），（南朝宋）范曄撰、（唐）李賢注、王先謙集解，臺北：藝文印書館據乙卯秋中長沙王氏校刊本景印，1996 年 8 月。

4. 《晉書斠注》百三十卷（全二冊），（唐）房玄齡撰、（清）吳士鑑、劉承幹同注，臺北：藝文印書館據清乾隆武英殿刊本景印，1996 年 8 月。

5. 《宋書》百卷（全二冊），（南朝梁）沈約撰，臺北：藝文印書館據清乾隆武英殿刊本景印，1956 年。

6. 《國語》二十一卷，（魏）韋昭注，臺北：臺灣商務印書館，《四部叢刊》初編史部據上海商務印書館縮印杭州葉氏藏明金李校刊本，1975 年 6 月。

7. 《史通通釋》，（唐）劉知幾撰、（清）浦起龍釋，臺北：里仁書局，1980 年 9 月。

8. 《史略·子略》，（宋）高似孫撰，臺北：廣文書局有限公司《書目續編》，1968 年 3 月。

（三）子

1. 《荀子集解·考證》，（唐）楊倞注、（清）王先謙集解，臺北：世界書局，2005 年 10 月。

2. 《張載集》，（宋）張載著，臺北：漢京文化事業有限公司，2004 年 3 月。

3. 《周髀算經》二卷，（漢）趙君卿注，臺北：臺灣商務印書館，《四部叢刊》初編子部據上海商務印書館縮印南陵徐氏積學齋明刊本，1975 年 6 月。

4. 《太玄集注》，（漢）揚雄撰、（宋）司馬光集注、劉韶軍點校，北京：中華書局，2005 年 3 月。

5. 《唐開元占經》，（唐）瞿曇悉達撰，臺北：台灣商務印書館景印清文淵閣《四庫全書》本，1983 年。

6. 《墨子閒詁》（二冊），（清）孫詒讓撰，臺北：世界書局，1958 年。

7. 《呂氏春秋校釋》（全二冊），（周）呂不韋等撰、陳奇猷校釋，臺北：華正書局有限公司，2004 年 6 月。

8. 《淮南子》二十一卷，（漢）劉安撰，臺北：台灣商務印書館，《四部叢刊》正編子部據上海涵芬樓景印劉泖生影寫北宋本，1979 年 11 月。

9. 《淮南子》，（漢）劉安撰、（漢）高誘註、（清）莊逵吉校，臺北：中國子學名著集成編印基金會 影清嘉慶甲子（九年）姑蘇聚文堂重刊莊逵吉本，1978 年 12 月。

10. 《淮南天文訓補注》二卷，（清）錢塘撰，臺北：藝文印書館，《百部叢書集成》據清道光錢熙祚校刊指海叢書影印，1968 年。

11. 《淮南許注異同詁》（坿補遺續補），（清）陶方琦撰，上海：上海古籍出版社《續修四庫全書》據北京圖書館藏據北京圖書館藏清光緒刻本影印，1995 年。

12. 《讀淮南子札記》，（清）陶鴻慶撰，臺北：世界書局，1975 年 11 月。

13. 《淮南子校理》，（清）吳承仕撰，1924 年。

14. 《淮南舊注參正》，（清）馬宗霍撰，濟南：齊魯書社，1984 年 3 月。

15. 《淮南子斠補》，（清）呂傳元撰，影《戴庵叢書》，1926 年。

16. 《日知錄》，（明）顧炎武撰、黃侃、張繼校勘，臺北：明倫出版社，1970 年 10 月。

17. 《論衡校釋（附劉盼遂集解)》（全四冊），（漢）王充著、黃暉校釋，北京：中華書局，2006 年 12 月。

18. 《西京雜記》六卷，（晉）葛洪撰，臺北：台灣商務印書館，《四部叢刊》初編子部據上海商務印書館縮印江安傅氏雙鑑樓藏明刻本，1979 年。

19. 《老子道德經》，（晉）王弼注，臺北：藝文印書館，《百部叢書集成》本，1967 年。

20. 《援鶉堂筆記》，（清）姚範撰，上海：上海古籍出版社，《續修四庫全書》景印清道光姚瑩刻本，1997 年。

21. 《札樸》，（清）桂馥撰，北京：中華書局，1992 年。

22. 《讀書雜志》（全二冊），（清）王念孫著，臺北：世界書局，據同治庚午十一月金陵書局重刊本影印，1988 年 11 月。

23. 《諸子平議》（第二冊），（清）俞樾撰，臺北：中國文獻出版社 《春在堂全書》（全八冊），1968 年 9 月。

24. 《香草續校書》（全二冊），（清）于鬯著，北京：中華書局，2006 年 7 月。

（四）集

1. 《楚辭補注》十七卷，（漢）劉向集、（漢）王逸章句、（宋）洪興祖補注，臺北：臺灣商務印書館《四部叢刊》初編集部據上海商務印書館縮印江南圖書館藏明覆宋刊本，1975 年 6 月。

2. 《劉禹錫集箋證》（全三冊），（唐）劉禹錫著、瞿蛻園箋證，上海：上海古籍出版社，1989 年 12 月。

3. 《柳宗元集》（全二冊），（唐）柳宗元著，臺北：頂淵文化事業有限公司，2002 年 9 月。

4. 《蘇魏公文集》，（宋）蘇頌撰，北京：線裝書局，舒大剛主編：《宋集珍本叢刊》（第 12 冊），2004 年 5 月

5. 《王廷相集》，（明）王廷相著，北京：中華書局，1989 年 9 月。

6. 《文選》六十卷，（梁）昭明太子撰、（唐）李善注，臺北：藝文印書館據宋淳熙本重雕鄱陽胡氏藏版，2003 年 3 月。

7. 《古文苑》，（宋）章樵等撰，臺北：臺灣商務印書館《四部叢刊》初編集部據上海商務印書館縮印常熟瞿氏藏宋本，1975 年 6 月。

二、近人專書（依編著者姓氏筆劃排列）

1. 于大成著，《中國歷代思想家（四）—— 劉安》，臺北：臺灣商務印書館，1999 年 2 月。

2. 于大成著，《淮南鴻烈論文集》（全二冊），臺北：里仁書局，2005 年 12 月。

3. 王云度著，《劉安評傳》，南京：南京大學出版社，2006 年 4 月。

4. 王叔岷撰，《莊子校詮》（全三冊），臺北：中央研究院歷史語言研究所，2007 年 6 月。

5. 王叔岷撰，《諸子斠證》，北京：中華書局，2007 年 10 月。

6. 王俊彥著，《王廷相與明代氣學》，臺北：秀威資訊科技股份有限公司，2005 年 10 月。

7. 王夢鷗著，《鄒衍遺說考》，臺北：台灣商務印書館，1966 年 1 月。

8. 方立天著，《中國古代哲學問題發展史》（上冊），北京：中華書局，1992 年 12 月。

9. 牟鍾鑒著，《呂氏春秋與淮南子思想研究》，濟南：齊魯書社，1987 年 9 月。

10. 任繼愈主編，《中國哲學發展史（秦漢）》，北京：人民出版社，1998 年 5 月。

11. 何寧撰，《淮南子集釋》（全三冊），北京：中華書局 2006 年 4 月。

12. 李增著，《淮南子》，臺北：三民書局股份有限公司，1992 年 7 月。

13. 李增著，《淮南子哲學思想研究》，臺北：洪葉文化事業有限公司，1997 年 10 月。

14. 李澤厚著，《中國古代思想史論》，臺北：谷風出版社，1987 年 9 月。

15. 李霞著，《道家與中國哲學（明清卷）》，北京：人民出版社，2005 年 5 月。

16. 周桂鈿著，《秦漢哲學》，武漢：武漢出版社，2006 年 5 月。

17. 金春峰著，《漢代思想史》，北京：中國社會科學出版社，1997 年 12 月。

18. 胡適著，《胡適選集（序言)》，出版不祥。

19. 胡適著，《中國中古思想史長篇》，合肥：安徽教育出版社，2006 年 8 月。

20. 高麗珍著，《淮南子神話與古代地理知識的探討》，臺北：揚智文化，1993 年 4 月。

21. 徐復觀著，《兩漢思想史》全三冊，上海：華東師範大學出版社，2004 年 2 月。

22. 孫紀文著，《淮南子研究》，北京：學苑出版社，2005 年 7 月。

23. 陳鼓應著，《管子四篇詮釋—稷下道家代表作解析》，北京：商務印書館，2006 年 4 月。

24. 陳德和著，《淮南子的哲學》，嘉義：南華管理學院，1999 年 2 月。

25. 陳廣忠著，《中國道家新論》，合肥：黃山書社，2001 年 11 月。

26. 陳廣忠、梁宗華著，《道家與中國哲學（漢代卷)》，北京：人民出版社，2005 年 5 月。

27. 陳錫勇著，《宗法天命與春秋思想初探》，臺北：文津出版社，1992 年 8 月。

28. 陳錫勇著《老子校正》，臺北：里仁書局，2003 年 9 月。

29. 陳遵媯著，《中國古代天文學簡史》，臺北：木鐸出版社，1982 年 4 月。

30. 陳遵媯著，《中國天文學史》第二冊，臺北：明文書局股份有限公司，1985 年 5 月。

31. 陳遵媯著，《中國天文學史》第五冊，臺北：明文書局股份有限公司，1998 年 11 月。

32. 陳靜著，《自由與秩序的困惑——《淮南子》研究》，昆明：雲南大學出版社，2004 年 11 月

33. 陳麗桂著，《秦漢時期的黃老思想》，臺北：文津出版社，1997 年 2 月。

34. 陳麗桂著，《戰國時期的黃老思想》，臺北：聯經出版社，2005 年 11 月。

35. 梁啓超著，《梁啓超學術論叢》（第二冊），臺北：南嶽出版社，1978 年 3 月。

36. 陶建國著，《兩漢魏晉之道家思想》，臺北：文津出版社，1990 年 3 月。

37. 陶磊著，《《淮南子·天文》研究：從數術史的角度》，濟南：齊魯書社，2003 年 7 月。

38. 張立文著，《道》，臺北：漢興書局有限公司，1994 年 5 月。

39. 張立文著，《氣》，臺北：漢興書局有限公司，1994 年 5 月。

40. 張立文著，《天》，臺北：七略出版社，1996 年 11 月。

41. 張立文著，《心》，臺北：七略出版社，1996 年 11 月。

42. 張運華著，《先秦兩漢道家思想研究》，吉林：吉林教育出版社，1998 年 12 月。

43. 勞思光著，《新編中國哲學史（二)》，臺北：三民書局股份有限公司，2002 年 10 月。

44. 曾春海著，《兩漢魏晉哲學史（修訂版)》，臺北：五南圖書出版股份有限公司，2004 年 1 月。

45. 馮友蘭著，《中國哲學史新編》第三冊，臺北：藍燈文化事業股份有限公司，1991 年 12 月。

46. 項維新、劉福增主編，《中國哲學思想論集（總論篇)》，臺北：牧童出版社，1976 年 8 月。

47. 雷健坤著，《綜合與重構——《淮南子》與中國傳統文化》，北京：開明出版社，2000 年 9 月。

48. 楊有禮著，《新道鴻烈：淮南子與中國文化》，開封：河南大學出版社，2005 年 4 月。

49. 楊樹達著，《淮南子證聞·鹽鐵論要釋》，上海：上海古籍出版社，2006 年 12 月。

50. 楊儒賓主編 《中國古代思想中的氣論及身體觀》，臺北：巨流圖書公司，1997 年 2 月。

51. 劉文典撰，《淮南鴻烈集解》（全二冊），北京：中華書局，2006 年 3 月

52. 劉長林著，《中國象科學觀——易、道與兵、醫（修訂版)》（上、下冊），北京：社會科學文獻出版社，2008 年 1 月。

53. 劉家立撰，《淮南集證》（全三冊），臺北：廣文書局，1978 年 7 月。

54. 廖其發著，《先秦兩漢人性論與教育思想研究》，重慶：重慶出版社，1999 年 12 月。

55. 趙中偉著，《道者，萬物之宗：兩漢道家形上思維研究》，臺北：紅葉文化事業有限公司，2004 年 4 月。

56. 蔣禮鴻著，《蔣禮鴻集》（第四冊）， 杭州：杭州教育出版社，2001 年 8 月。

57. 熊鐵基著。《秦漢新道家》，上海：上海人民出版社，2001 年 3 月。

58. 鄭良樹著，《淮南子通論》，臺北：海洋詩社，1964 年 5 月。

59. 鄭良樹著，《淮南子斠理》，臺北：嘉新水泥公司文化基金會研究論文，1969 年。

60. 鄭慧生著，《古代天文曆法研究》，河南：河南大學出版社，1995 年 7 月。

61. 黎翔鳳撰，《管子校注》（全三冊），北京：中華書局，2006 年 4 月。

62. 薄樹人編，《中國天文學史》，臺北：文津出版社，1996 年 5 月。

63. 謝承仁著，《中華傳統思想文化淵源》，北京：人民出版社，2004 年 10 月。

64. 謝松齡著，《天人象：陰陽五行學說史導論》，山東：山東文藝出版社，1997 年 4 月。

65. 戴黍著，《淮南子治道思想研究》，廣州：中山大學出版社，2005 年 9 月。

66. 鄺芷人著，《陰陽五行及其體系》，臺北：文津出版社，2003 年 7 月。

67. 羅光著，《中國哲學思想史（兩漢、南北朝篇）》，臺北：台灣學生書局，1978 年 11 月。

68. 顧頡剛主編，《古史辨》第五冊，臺北：藍燈文化事業股份有限公司，1987 年 11 月。

69. （日）小野澤精一、福永光司、山井涌編；李慶譯，《氣的思想—中國自然觀與人的觀念的發展》，上海：上海人民出版社，2007 年 3 月。

三、單篇論文（依編著者姓氏筆劃排列）

1. 王俊彥撰，〈戴震的氣化整體觀〉，中國文化大學中國文學研究所編輯《金榮華教授七秩華誕祝壽論文集》，臺北：萬卷樓圖書有限公司，2007 年。

2. 白光華撰，〈我對《淮南子》的一些看法〉，臺北：文史哲出版社，陳鼓應主編《道家文化研究》（第六輯）2000 年 8 月。

3. 李美燕撰，〈漢代樂律與天人思想同構之宇宙圖式及方法意義〉，臺北：國立政治大學中文學系編《第三屆漢代文學與思想學術研討會論文集》，2000 年 12 月。

4. 吳志鴻撰，〈兩漢的宇宙論思想：宇宙發生論與結構論之探討〉，臺北：哲學與文化月刊雜誌社，《哲學與文化月刊》，第 395 期（第卅卷第九期），2009 年 9 月。

5. 呂凱撰，〈西漢儒道與陰陽家之分流〉，臺北：國立政治大學中文學系編《第二屆漢代文學與思想學術研討會論文集》，1999 年 7 月。

6. 洪嘉琳撰，〈《淮南子·原道》之得道論〉，臺北：輔仁大學中國文學系所編《第二屆先秦兩漢學術全國研究生論文發表會論文集》，2000 年 6 月。

7. 黃玉麟撰，〈道器之間：《淮南子·天文訓》以氣為樞的道物歷程〉，臺北：哲學與文化月刊雜誌社《哲學與文化月刊》，第 399 期（第卅四卷第八期），2007 年 8 月。

8. 陽濟襄撰，〈由《淮南子》看先秦至漢初「陰陽」觀念之轉化〉，臺北：輔仁大學中國文學系所編《第二屆先秦兩漢學術全國研究生論文發表會

論文集》，2000 年 6 月。

9. 陳鼓應撰，〈從《呂氏春秋》到《淮南子》論道家在秦漢哲學史上的地位〉，臺北：國立臺灣大學文史哲學報，2000 年 6 月。

10. 陳麗桂撰，〈《淮南子》與《春秋繁露》中的感應思想〉，臺北：輔仁大學中國文學系所編《先秦兩漢論叢》（第一輯），1999 年 7 月。

11. 陳麗桂撰，〈漢代的氣化宇宙論及其影響〉，臺北：文史哲出版社，陳鼓應主編《道家文化研究》（第八輯），2000 年 8 月。

12. 陳麗桂撰，〈《淮南子》中的陰陽學（一）—天文〉，臺北：國立政治大學中國文學系編《第四屆漢代文學與思想學術研討會論文集》，2003 年 4 月。

13. 陳麗桂撰，〈先秦儒道的氣論與黃老之學〉，臺北：哲學與文化月刊雜誌社《哲學與文化月刊》，第 398 期（第卅三卷第八期），2006 年 8 月。

14. 戴君仁撰，〈雜家與淮南子〉，陳新雄、于大成主編：《淮南子論文集》，臺北：木鐸出版社，1975 年 12 月。

四、學位論文（依編著者姓氏筆劃排列）

1. 曾錦華撰，《呂氏春秋十二紀紀首、淮南子時則訓及禮記月令之比較研究》，臺北：國立政治大學中國文學研究所碩士論文，1988 年 6 月。

2. 陳麗桂撰，《淮南鴻烈思想研究》（上下），臺北：國立臺灣師範大學國文研究所博士論文，1983 年 3 月。

3. 簡松興撰，《西漢天人思想研究——以《淮南子》、《春秋繁露》、《史記》為中心》臺北：輔仁大學中國文學系博士論文，1998 年 6 月。

參考文獻

一、古籍（採四部分類法，每類之著作，均依時代先後排比）

1. 《大戴禮記》十三卷，（漢）戴德撰、（宋）韓元吉注，臺北：臺灣商務印書館，《四部叢刊》初編經部據上海商務印書館縮印無錫孫氏小添天藏明嘉趣堂本，1975年6月。

2. 《春秋繁露》，（漢）董仲舒撰，臺北：臺灣商務印書館，《四部叢刊》初編經部據上海商務印書館縮印武英殿聚珍版本，1975年6月。

3. 《荀子》二十卷，（唐）楊倞注，臺北：臺灣商務印書館，《四部叢刊》初編子部據上海商務印書館縮印古逸叢書本，1975年6月。

4. 《管子》二十四卷，（周）管仲撰、（唐）房玄齡注，臺北：臺灣商務印書館，《四部叢刊》初編子部據上海商務印書館縮印常熟瞿氏藏宋本，1975年6月。

5. 《黃帝內經》二十四卷，（唐）王冰注，臺北：臺灣商務印書館《四部叢刊》初編子部據上海商務印書館縮印明翻北宋本，1975年6月。

6. 《太玄經》十卷，（漢）揚雄撰，臺北：臺灣商務印書館，《四部叢刊》初編子部據上海商務印書館縮印明萬玉堂翻宋本，1975年6月。

7. 《墨子》十五卷，（周）墨子撰，臺北：臺灣商務印書館，《四部叢刊》初編子部據上海商務印書館縮印明嘉靖唐堯臣本，1975年6月。

8. 《呂氏春秋》二十六卷，（周）呂不韋撰、（漢）高誘注，臺北：臺灣商務印書館，《四部叢刊》初編子部據上海商務印書館縮印明刊本，1975年6月。

9. 《論衡》三十卷，（漢）王充著，臺北：臺灣商務印書館，《四部叢刊》初編子部據上海商務印書館縮印明通津草堂刊本，1975年6月。

10. 《老子道德經》二卷，（漢）河上公章句，臺北：臺灣商務印書館，《四部叢刊》初編子部據上海商務印書館縮印常熟瞿氏藏宋本，1975年6月。

11. 《沖虛至德眞經》八卷，（晉）張湛注，臺北：臺灣商務印書館，《四部叢刊》初編子部據上海商務印書館縮印常熟瞿氏藏北宋刊本，1975 年 6 月。

12. 《南華眞經》十卷，（晉）郭象註、（唐）陸德明音義，臺北：臺灣商務印書館，《四部叢刊》初編子部據上海商務印書館縮印明刊本，1975 年 6 月。

二、今籍（依編著者姓氏筆劃先後排列）

1. 于省吾撰《淮南子新證》，臺北：藝文印書館，1957 年。

2. 陳廣忠譯注，《淮南子譯注》，吉林：吉林文史出版社，1996 年 11 月。

3. 陳麗桂校注，《新編淮南子》（全二冊），臺北：國立編譯館，2002 年 4 月。

4. 許匡一譯注，《淮南子》（全二冊），臺北：台灣古籍出版有限公司，2005 年 12 月。

5. 劉康德撰，《淮南子直解》，上海：復旦大學出版社，2001 年 9 月。

三、單篇論文（依著者姓氏筆劃先後排列）

1. 丁原明撰，〈《淮南子》道論新探〉，《齊魯學刊》1994 年第 6 期。

2. 丁原明撰，〈《文子》與《淮南子》思想之異同〉，《文史哲》1994 年第 6 期。

3. 王叔岷撰，〈淮南子斠證〉（上），臺北：國立臺灣大學，《國立臺灣大學文史哲學報》第五期，1953 年 12 月。

4. 王德裕撰，〈《淮南子》哲學思想述評〉，《重慶師院學報哲社版》1994 年第四期。

5. 周立升撰，〈《淮南子》的易道觀〉，臺北：文史哲出版社，陳鼓應主編《道家文化研究》（第二輯），2000 年 8 月。

6. 雷健坤撰，〈《淮南子》與《春秋繁露》的思想比較〉，《晉陽學刊》第六期，2002 年。

四、學位論文（依著者姓氏筆劃先後排列）

1. 王璟撰，《黃老思想治身治國一體之理論研究——以《淮南子》爲中心》，臺北：國立臺灣師範大學國文研究所碩士論文 2001 年。

2. 郭立民撰，《淮南子政治思想之研究》，臺北：國立政治大學政治學研究所博士論文，1989 年。

3. 陳怡君撰，《《淮南鴻烈》中「無爲」概念之探討》，臺北：國立台灣大學哲學研究所碩士論文，2004 年 6 月。

4. 黃琪撰《淮南子「道」之研究——天、人、治道之貫通》，臺中：私立

　　東海大學哲學研究所碩士論文，1995 年 1 月。

5. 黃淑貞撰，《淮南子天道觀之研究》，高雄：高雄師範大學國文研究所碩士論文 1997 年 6 月。

6. 黃嘉琳撰，《揚雄《太玄》《法言》之氣論思想研究》，臺北：中國文化大學中國文學研究所碩士論文，2008 年 6 月。

7. 劉智妙撰《淮南子無爲思想研究》，高雄：高雄師範大學國文研究所碩士論文 1988 年 5 月。